KB182350

남명(南冥) 순례길의 노래 2
도학(道學)의 성지(聖地), 덕산(德山)에서

경상대학교 남명학연구소

남명학교양총서 32

남명(南冥) 순례길의 노래 2

도학(道學)의 성지(聖地), 덕산(德山)에서

최석기 지음

景仁文化社

책머리에

남명(南冥) 조식(曺植, 1501~1572) 선생은 퇴계(退溪) 이황(李滉, 1501~1570) 선생과 함께 우리나라 문명을 높은 수준으로 끌어올린 분으로, 이익(李瀷)은 이 두 분에 이르러 우리나라 문명이 지극한 경지에 오르게 되었다고 하였으며, 송시열(宋時烈)은 우리나라 도학자로 퇴계 · 남명 두 선생을 제일 먼저 꼽았다.

사화가 극심하던 16세기, 이 두 선생은 학자들이 나아가야 할 방향과 목표를 뚜렷하게 알려주신 분으로, 퇴계학은 경상좌도 안동문화권에 뿌리를 내리고 널리 전파되었으며, 남명학은 경상우도 진주문화권에 뿌리를 내리고 널리 전파되었다.

17세기 정치적인 영향으로 경상우도 지역은 학문이 침체되고 학파가 와해되다시피 되었지만, 남명학은 이 지역 사람들의 정신 속에 면면이 전승되어 학파와 당색을 불문하고 남명 선생을 사표로 삼았다. 그리하여 경상좌도에서 퇴계 선생을 모신 도산서원으로 구도적인 순례여행을 떠났듯이, 경상우도 학자들도 남명 선생을 모신 덕천서원을 도학의 원류가 흐르는 곳으로 생각해 끊이지 않고 순례를 하였다. 그리하여 경상우도 지역 학자들이 남긴 시문집을 보면 덕천서원을 순례하고 그 감회를 노래한 시편을 자주 접할 수 있다.

이 책은 현 경상남도 산청군 시천면에 소재한 남명 선생이 말년에 은거한 산천재 등의 유적지와 남명 선생 사후에 건립한 덕천서원 등지를 순례하고 남긴 시문을 유적지별로 모아 번역한 것이다.

이처럼 이 책은 특정 장소 중심으로 남명 선생 유적지를 순례한 사람들이 남긴 시문을 모아 놓은 것이기 때문에 후인들이 남명유적지에서 느끼는 감회를 실감할 수 있으며, 우리 선인들이 남명 선생을 얼마나 추모하고 그 정신을 본받아 계승하려 했는지를 여실히 알 수 있다. 또한 남명유적지를 찾는 사람들도 이 시문을 함께 곁들어 보면, 그 장소적 이미지와 의미가 새삼 되살아 날 것이다. 그리고 남명유적지를 대상으로 스토리텔링을 할 경우에도 좋은 이야기 거리를 제공할 것이다.

2017년 9월 1일

남명학관 산해실에서 최석기가 쓰다.

차 례

I 덕천서원(德川書院)에서

차 례

- 문상해(文尙海), 남명서원에 배알하다
- 하진달(河鎭達), 덕천서원에 배알하다
- 박후대(朴垕大), 덕천서원에 배알하다
- 하종락(河鍾洛), 덕천서원에 배알하다
- 민백기(閔百祺), 덕천서원 사당에 배알하다

제3절 덕천서원 강회

- 김성운(金聖運), 덕천서원에서 신국수(申國叟)-명구(命耈)-, 하응서(河應瑞)-세응(世應)-와 함께 제생에게 시부(詩賦)를 시험하고 운자를 나누어 숭(崇) 자를 얻어서 지음
- 하범운(河範運), 안찰사 신공(申公)-석우(錫愚)-이 진주목사 박후(朴侯)-현규(顯奎)-로 하여금 덕천서원에서 『심경』을 설강하게 함
- 하달홍(河達弘), 덕천서원 강회
- 하경칠(河慶七), 정후(鄭侯)-현석(顯錫)-가 덕천서원에 강회를 개설하였는데, 강이 끝난 뒤 운자를 내어 지음
- 최숙민(崔琡民), 기사년 덕천서원 유허지에 모여 예를 익히고 강론을 듣고서 남명선생의 「덕산복거」 절구 한 수를 가지고 운자를 나누어 시를 짓는데 감상의 회포를 붙여 산(山) 자를 얻다
- 권재규(權在奎), 덕천서원 강회

제4절 덕천서원에서의 강회

- 박제인(朴齊仁), 덕천서원이 병화를 입은 지 10년 뒤 진경직(陳景直) 군이 개연히 의지를 다져 중건하는 일을 주관하기에 천리

먼 곳에서 상상하며 감탄을 금할 수 없어 율시 한 수를 읊어 멀리서 위로하는 회포를 붙인다

- 진극경(陳克敬), 덕천서원을 중수함
- 하홍도(河弘度), 덕천서원에서 비가 온 뒤 달을 보고
- 하홍도(河弘度), 덕천서원에서 우중에
- 신명구(申命耇), 덕천서원에 입재한 여러 군자들에게 줌
- 권중도(權重道), 덕천서원에서 신상사(申上舍)-명구(命耇)-의 시에 차운함
- 정상호(鄭相虎), 덕천서원을 지나며 구두로 읊다
- 정 식(鄭 栻), 덕천서원에서 하상사(河上舍)-세응(世應)-의 시를 받들어 차운함
- 박명직(朴命稷), 덕산서원 현판의 시에 차운함
- 권 뢰(權 埭), 방장산을 유람하던 날 덕천서원을 다시 찾을 것을 생각하며
- 김이표(金履杓), 을묘년 정월 남명선생 유집을 중간하는 일로 덕천서원에 가려 하다가 눈을 만나 가지 못하고 감회를 읊조리다
- 김기주(金基周), 중추일 덕천서원에 당도하여
- 김극영(金克永), 덕천서원 경의당을 중건해 낙성하기에 참석하려 가는 도중에 지음
- 정재성(鄭載星), 중추에 정내형(鄭乃亨)-용기(龍基)-과 덕산을 유람하며
- 조상하(曺相夏), 초봄에 덕천서원에서 모임
- 하우선(河禹善), 상사일에 비로 덕천서원에서 지체함
- 권창현(權昌鉉), 비 때문에 덕천서원에 머물러 묵다

第5절 덕천서원 유허지에서

- 하수일(河受一), 덕산서원을 지나면서 서원은 잿더미가 되었고 오직 세심정만 남아 있는 것을 보고 느낌이 있어서
- 하달홍(河達弘), 덕천의 옛터를 지나며
- 안익제(安益濟), 덕천서원이 훼철된 것을 보고서 개탄하여 절구 한 수를 지음
- 안익제(安益濟), 덕산서원 유허지에서
- 최원근(崔元根), 덕천서원 유허지에서 느낌이 있어
- 이택환(李宅煥), 산석(山石) 김풍오(金豊五)-현옥(顯玉)-의 「두류정사잡영(頭流精舍雜詠)」에 차운함-덕천원(德川院)
- 전기주(全基柱), 덕천서원을 지나며 느낌이 있어
- 박태형(朴泰亨), 덕천서원 옛터를 지나며
- 안종창(安鍾彰), 덕천서원 유허지를 지나며
- 강태수(姜台秀), 덕천서원 옛터를 지나며 느낌이 있어
- 한우석(韓禹錫), 박간암(朴艮嵒)이 덕천서원 옛터를 지나며 지은 시에 차운함

第6절 덕천서원 경의당(敬義堂)에서

- 하　징(河　憕), 덕천서원 경의당
- 신명구(申命耈), 경의당에서 만난 여러 벗들에게 줌
- 김　돈(金　墪), 덕천서원 경의당 창수록
- 하진현(河晉賢), 경의당
- 박경가(朴慶家), 경의당
- 신병조(愼炳朝), 경의당에서 연찬을 마치던 때의 아름다운 모임

- 신병조(愼炳朝), 경의당 창수
- 안유상(安有商), 경의당에서 제생에게 보임
- 안유상(安有商), 경의당에서 김순부(金舜孚)-극영(克永)-를 작별하며
- 하봉수(河鳳壽), 경의당에서 성호남(成湖南) · 김택주(金澤柱) · 이건모(李建模)와 만나기로 하였는데 그들이 박재구(朴在九) · 하재화(河載華) · 김준영(金駿永)과 더불어 수창하여 시 한 축을 지었다. 나는 맨 뒤에 당도했는데 김준영이 차운을 요청하니 어찌 감히 사양하겠는가
- 하봉수(河鳳壽), 경의당 창수
- 하봉수(河鳳壽), 경의당 낙성
- 권재규(權載奎), 경의당에서 묵다
- 성환부(成煥孚), 경의당에서 학교를 일으킬 적에 군언(群彦)의 시에 차운함
- 한우석(韓禹錫), 경의당을 중건하고 지은 시에 차운함
- 이용수(李瑢秀), 경의당을 낙성하고 지은 시에 차운함
- 정종화(鄭鍾和), 백촌(柏村) 하장(河丈)이 경의당흥학시를 보내왔는데 나는 가서 종유하지 못했지만 기쁜 감정이 깊어서 졸렬함을 잊고 삼가 차운해 올리다
- 최긍민(崔兢敏), 경의당을 낙성하고 지은 시에 차운함
- 조상하(曺相夏), 칠석에 경의당에서 벗을 만남
- 하용환(河龍煥), 경의당
- 하종락(河鍾洛), 경의당을 중창하여 낙성한 다음날 이홍기(李弘基) · 한성락(韓聲洛) · 조용환(趙鏞桓) · 권재형(權載衡)과 함께 허경교(許敬敎)-만책(萬策)-의 염주서사(濂洲書舍)에서 비로 지

체하다

- 권평현(權平鉉), 경의당
- 성환혁(成煥赫), 경의당

제7절 덕천서원 앞 수우송(守愚松)

- 손명래(孫命來), 수우송

제1절 덕천서원

○ 덕천서원-경의당 및 진덕재 · 수업재가 있다.-

선생 돌아가신 뒤 그 옛날 서원을 세워서,

해마다 춘추로 중정일[1]에 제사를 올렸네.

경의는 예로부터 전한 것을 인한 것이고,

진덕재와 수업재는 경전에서 고찰한 것이네.

예의는 실정을 따라 행해 성실을 말미암고,

향기로운 제사 음식에 명덕의 향기 남았네.

동서 재실의 계단이 가지런한 줄 알겠고,

세심정 눈에 환하니 영령이 살아계신 듯.

山頹昔日立宮庭 歲歲春秋薦仲丁

敬義學仍傳自古 進修模是考諸經

禮儀爲實由誠實 黍稷惟馨在德馨

齋室階梯知井井 洗心明眼賴英靈

▪ 작자 : 하홍도(河弘度, 1593~1666)

▪ 출전 : 『謙齋集』 권1, 「德川書院-有敬義堂 · 進德齋 · 修業齋-」.

○ 진주 조남명을 모신 서원

두류산은 원대한 형세가 있고,

서원은 열린 모습이 보기 좋네.

1) 중정일(仲丁日) : 2월 두 번째 정(丁)이 들어가는 날을 말함.

맑은 시내는 회포를 풀기에 좋은데,
푸른 숲이 서원 옆에 정숙하게 섰네.
아름답구나, 산수가 잘 어우러진 자리,
진실로 은자가 선택한 땅에 알맞구나.
서원에 이르자 글 읽는 소리는 들리지 않고,
떨어지는 해가 대문을 쓸쓸히 비추고 있네.
몸이 피로하여 사당에 배알하는 일 못하고,
이리저리 거닐면서 마음 내키는 대로 쉬네.
아련한 마음으로 물가 정자 난간에 기대니,
저녁 운무가 둘러보는 시야에서 일어나네.
풀벌레 울음소리 학의 둥지에서 그치고,
디딜방아 찧는 소리 수면에 메아리치네.
물결 위의 꽃잎은 잠겼다가 절로 떠오르고,
소나무 그림자는 고요한데도 오히려 도네.
이러한 나의 충만한 생각을 가져다가,
서원에 모셔진 선생에게 올리길 원하네.
구하는 마음에는 혹 느리고 급함이 있고,
물을 건너는 방도에는 깊고 얕음이 있네.
성성자라는 방울은 혼몽함을 깨뜨리는 것,
번쩍이는 경의검이 시퍼런 섬광을 드러내네.
번뇌를 떨쳐버리고 잠시 귀를 기울여,
깊이 나아가신 참된 견해를 기다리리.

끊임없이 흘러내리는 무이산[2]의 물결이여,

흘러가며 적셔줌 어찌 두루 미치지 않으리.

두류산을 유람하고 쓴 기문이 있는데,

너무 떠들썩하게 소문날까 자못 꺼려지네.

어찌 이 크나큰 동천 같으신 분이,

한 선비 기명언을 용납하지 못하셨는지.[3]

頭流有遠勢 釁宇好開面

淸川散襟抱 碧林肅庭院

佳哉仁智宅 允宜薖軸選

經過斷絃誦 落日照門扇

身疲懶修謁 散步且游衍

悠然倚水檻 暮靄生流眄

啾啾鸛巢定 雲碓響水面

川華湛自浮 松影靜猶轉

持玆沖融意 願爲院師薦

求心或緩急 涉道有深淺

惺惺鈴破夢 閃閃劍露電

抖擻亦暫耳 深造待眞見

---

2) 무이산 : 송나라 때 주희가 은거한 산으로 주자학의 근원지인데, 조식이 은거한 덕산의 구곡산을 무이산이라 하였기 때문에 여기서는 남명학을 가리킨다.

3) 기명언(奇明彦)을……못하셨는지 : 기명언은 16세기 전라도 학자 기대승(奇大升)을 말함. 명언은 그의 자이다. 조식이 1558년 쌍계사 방면을 유람했을 때, 기대승 일행도 지리산을 유람하였다. 조식은 외척 심의겸(沈義謙)과 친하게 지내는 기대승을 못마땅하게 생각하고 있었다.

源源武夷波 游泳豈未遍

頭流有遊記 頗嫌太喧闐

如何大洞府 不容一明彦

■ 작자 : 김창흡(金昌翕, 1653~1722)

■ 출전 : 『三淵集』 권8, 「晉州曹南冥書院」.

○ 덕산서원

분양[4]의 백리 길에 또 다시 이번 걸음,

수석이 맑은 곳을 유람하기 위함 아니네.

방장산은 남쪽 고을의 이름난 명승지,

남명 선생은 우리나라의 위대한 스승.

마음을 논한 벗들 중 세상 뜬 이 많으니,

안면 있는 원숭이와 새들이 환영할 뿐이네.

천고의 명철한 이들 모두 덕으로 들어갔으니,

바위 문[5]이 이로부터 후인의 길을 열어주리.

汾陽百里又斯行 非爲遊觀水石清

方丈南州名勝地 冥翁東國大先生

論心士友多存沒 識面猿禽但送迎

千古哲人皆入德 巖門從此啓來程

■ 작자 : 안덕문(安德文, 1747~1811)

---

4) 분양(汾陽) : 진양(晉陽)을 말함.

5) 바위 문 : 덕천서원으로 들어가는 입구에 있는 입덕문(入德門)을 가리키는 듯하다.

■ 출전 : 『宜庵集』 권2, 「德山書院」.

제2절 덕천서원에 배알하고서

○ 조남명

만종과 천사[6]를 한 터럭처럼 경시하고,

공명과 부귀의 영화를 초개처럼 보았네.

일찍부터 공부는 오직 경의에 두었고,

만년의 봉사[7]는 단지 충성을 드러낼 뿐.

유림들은 후세에 모범을 알게 되었고,

천한 사람들도 당시 선생의 성명 말했네.

방장산이 지금까지 우뚝 솟아 푸르니,

엄숙히 천년토록 선생 모습 상상하네.

萬鍾千駟一毫輕 芥視功名富貴榮

早歲工夫惟敬義 晩年封事只忠誠

儒林後世知模範 走卒當時誦姓名

方丈至今靑壁立 凜然千載想儀形

■ 작자 : 조겸(趙㻩, 1569~1652)

■ 출전 : 『鳳岡集』 권2, 「曺南冥」.

---

6) 만종과 천사 : 1종(鍾)은 6곡(斛) 4두(斗)로 만종은 큰 재물을 의미한다. 사(駟)는 말 4필로 천사는 큰 부(富)를 의미한다.

7) 만년의 봉사 : 조식이 1568년에 올린 「무진봉사」를 가리킨다.

○ 덕천서원에 배알하고 느낌이 있어

방장산 비로봉은 하늘 끝에 꽂힌 듯한데,

연꽃 같은 수려한 모습 응축한 듯 빼어나네.

낮은 봉우리 언덕 굽어보니 수많은 나무들,

높은 경지 배우지 못해 절로 앞에 둘러선 듯.

方丈毗盧揷震躔 芙蓉秀色獨凝然

俯視岡巒千幹葉 學高不得自環前

■ 작자 : 문후(文後, 1574~1644)

■ 출전 : 『練江齋集』 권1, 「謁德川院有感」.

○ 덕천서원을 찾아서 –신해년(1611) 봄–

남쪽 고을의 두 분 징사,

산해 선생[8]과 수우당 선생[9]일세.

세상에 은둔해도 근심이 없었지만,

시대를 걱정하는 마음 잊지 않으셨네.

완악한 자도 청렴하게 한 풍도 아득해져,

격렬하고 혼탁한 길 깊고도 길기만 하네.

그 고상함이 인륜의 명교를 부지했으니,

어찌 굳이 제왕을 섬길 필요가 있으리.

---

8) 산해 선생(山海先生) : 남명 조식을 가리킴. 조식이 30세부터 45세까지 김해 산해정에 은거했기 때문에 그렇게 부른다.

9) 수우당 선생(守愚堂先生) : 조식의 제자 최영경(崔永慶)을 말함. 수우당은 그의 호이다.

南州兩徵士 山海與愚堂

遯世雖無悶 憂時亦不忘

廉頑風緬邈 激濁道深長

高尙扶名敎 何須事帝王

■ 작자 : 조임도(趙任道, 1585~1664)

■ 출전 : 『澗松集』 권1, 「尋德川書院」.

○ 조봉강(趙鳳岡)[10]이 덕천서원 추향(秋享) 때 지은 시에 차운함 -갑신년(1644)-

지리산 기슭 천년을 전해질 곳에서,

취했다가 깨어나 사흘 동안 머물렀네.

의지해 귀의하니 분수 있음 알겠고,

묘하게 합하니 어찌 말미암지 않으리.

거의 안연[11]처럼 되기를 생각했으니,

국량과 재주는 염구[12]를 비웃었네.

어르신이 이런 도덕을 마련해 놓으시어,

미천한 사람들 거두어주심 다행히 입네.

嶽麓千年地 醉醒三日留

依歸知有數 妙契豈無由

殆庶思顔氏 局才笑冉求

---

10) 조봉강(趙鳳岡) : 조겸(趙璑 1569~1652)을 말함. 봉강은 그의 호이다.

11) 안연(顔淵) : 공자의 제자로 문하에서 가장 뛰어났던 인물이다.

12) 염구(冉求) : 공자의 제자.

丈人能辨此 賤子幸蒙收

■ 작자 : 하홍도(河弘度, 1593~1666)

■ 출전 : 『謙齋集』 권2, 「次趙鳳岡德川秋享韻」.

○ 덕천서원에 배알하다

남명 조선생(南冥曺先生)

맑은 기운이 남방의 두류산에 모여,

세상에 보기 드문 남명 선생 낳았네.

천인벽립의 우뚝하고 높은 기상은,

거의 우리 맹자의 경지에 이르렀네.

한 칼에 선악을 분명히 절단하니,

고경이 바로 선생의 스승이었네.

큰 도는 진실로 멀리 있지 않으니,

성신과 명선 참으로 나에게 달린 것.

두려운 마음으로 방울 소리에 경동하고,

늠름하게 물 담긴 잔을 받들고 정진했네.

요순의 도를 만나지 않은 것이 없었지만,

기꺼이 소부 · 허유처럼 은거하여 지내셨네.

은자를 부르는 곡조를 웃으면서 들었고,

암벽의 계수나무[13] 만년 향기 붉게 풍겼네.

---

13) 암벽의 계수나무 : 「초은사(招隱士)」의 "계수나무 가지를 부여잡고 올라 거

맑은 풍도 제택에 은거한 엄광[14]을 본받았고,

본래의 즐거움은 유신씨 들에서 농사짓는 것.[15]

성대한 덕이 방장산과 가지런하여,

천년토록 사람들이 우러러보리.

옛 거문고에 남은 소리 끊어졌으니,

나의 거문고줄 누가 높이 다스리리.

淑氣鍾南紀 間世生夫子

壁立千仞像 庶幾我孟氏

一刀截兩段 古經卽南指

大道諒未遠 誠明亶在己

惕惕警囊鈴 凜凜奉杯水

匪無堯舜遇 甘與巢由似

笑聽招隱操 巖桂晩香紫

清風齊澤救 ○樂莘郊耜

盛德齊方丈 千載景仰止

古桐絕遺音 我絲誰危理

기에 머무네.[攀援桂枝兮聊淹留]"라는 시구에서 따온 것으로, 은거를 지향하는 의미를 갖는다.

14) 엄광(嚴光) : 후한 광무제의 벗으로 출사하지 않고 초야에 은거한 인물이다.

15) 본래의……것 : 상(商)나라 초 탕(湯)임금을 도와 태평지치를 이룩한 이윤(伊尹)의 포부를 두고 한 말이다. 『맹자』「만장 상」에 "이윤이 유신씨의 들녘에서 농사를 지으면서 요임금과 순임금의 도를 즐겼다."라고 하였다.

수우당 최선생(守愚堂崔先生)

예전에 도동에 있는 비석[16]을 읽어 보고,
남명 선생의 서원[17]에 배향된 줄 알았네.
선생은 북쪽 지방에서 난 영특한 인물,
스승을 좇아 남쪽 지방으로 내려왔네.
남쪽 지방 참으로 어진 이들 많았는데,
그중에서 단연 으뜸으로 일컬어졌네.
맑은 풍도는 속진이 끊어진 듯했고,
한번 보면 기이한 지취에 감복했네.
화려한 비단으로 깊은 문양을 짰는데,
처사를 오히려 옥에 가두고 말았네.[18]
높은 절개 지킴은 이원례[19] 같았고,
맑은 풍도는 범맹박[20]과 같았다네.
밤마다 북문에서 참혹한 형벌 받아,

16) 도동에……비석 : 경남 진주시 상대동 도강서당(道江書堂)에 있는 선조사제문비(宣祖賜祭文碑)를 가리킨다.

17) 남명 선생의 서원 : 남명 조식을 모신 산청군 시천면 소재 덕천서원을 가리킨다.

18) 처사를……말았네. : 1589년 정여립 역모사건으로 일어난 기축옥사에 최영경이 연루되어 옥에 갇힌 것을 가리킨다.

19) 이원례(李元禮) : 후한 때 사람으로 환관으로부터 당고(黨錮)의 화를 당하여 옥사한 인물이다. '천하의 모범인 이원례.[天下模範李元禮]'로 일컬어졌다.

20) 범맹박(范孟博) : 후한 때 사람 범방(范滂)을 말함. 맹박은 그의 자이다. 범방은 이응(李膺)·두밀(杜密) 등과 뜻을 함께 한 인물로, 어지러운 세상을 다스려 맑고 깨끗하게 하려는 뜻을 가지고 지방관으로 부임하였다.

처절하게 피골이 상하고 말았네.
가혹한 형벌에 어찌 지조를 변하리,
송백 같이 변함없는 절개를 보였네.
혀를 차며 탄복한 백사옹[21]이여,
다 죽게 되었으니 한탄한들 무엇 하리.
지하에서 다시 되살아나게 한다면,
채찍을 잡더라도 내 부끄럽지 않으리.

曩讀猪洞碑 認有先生宅
先生北方英 從師至南國
南國固多賢 裒然稱巨擘
清標絕塵俗 一見異趣服
貝錦織深文 處士猶招獄
峻節李元禮 淸風范孟博
夜夜北門霜 凄切病肌骨
桁楊詎移操 松柏愈見節
咄咄白沙翁 殄瘁嗟何益
九原再起來 執鞭非吾恧

■ 작자 : 문정유(文正儒, 18세기 중반)
■ 출전 : 『東泉集』 권1, 「謁德川書院」.

21) 백사옹(白沙翁) : 백사는 이항복(李恒福)의 호이다. 이항복이 당시 국청(鞫廳)의 문사랑(問事郞)이었다.

○ 남명서원에 배알하다

입덕문 앞으로 나그네들 찾아오지 않으니,

선생이 다니시던 길 푸른 이끼에 묻혔네.

가련타 요순시대의 군민으로 만들고자 한 계책,

산간의 달만 황량하게 높은 대를 비추누나.

入德門前客不來 先生行路鎖靑苔

可憐堯舜君民計 山月荒凉照古臺

- 작자 : 문상해(文尙海, 1765~1835)
- 출전 : 『南平文氏嘉湖世稿』 권2, 『滄海集』, 「謁南冥書院」.

○ 덕천서원에 배알하다

도 망하고 말씀도 없어진 지 몇 백 년 만에,

하늘이 돌아보고서 돈독히 현인을 낳았네.

밝은 시대엔 화려한 봉황이 천 길 하늘에 날고,

상서로운 세상엔 신비한 용이 깊은 못에 있었네.

후배들 존숭하는 것 일월을 우러르는 듯하고,

선현이 남기신 법도는 산천재에 깃들어 있네.

백세 뒤에도 그 풍도 듣고 오히려 흥기하니,

황홀하게 친히 모시고서 배운 사람들임에랴.

道喪言湮幾百年 皇天眷佑篤生賢

明時彩鳳翔千仞 瑞世神龍伏九淵

後輩尊崇瞻日月 前人經紀傍山天

聞風百代猶興起 怳若親陪間丈筵

■ 작자 : 하진달(河鎭達, 1778~1835)

■ 출전 : 『櫟軒集』 권1, 「謁德川書院」.

○ 덕천서원에 배알하다

덕으로 산 이름 삼고 덕으로 시내 이름 삼았으니,

선생이 여기 머물러 살며 이 동천을 즐기셨구나.

천추토록 그 높은 발자취 계승한 사람 없어,

부질없이 밝은 냇물과 높은 산만 남아 있네.

德以爲山德以川 先生止止樂夫天

千秋高躅無人繼 空有澄然與崒然

■ 작자 : 박후대(朴垕大, 18세기 말)

■ 출전 : 『安敬齋遺稿』 권1, 「謁德川書院」.

○ 덕천서원에 배알하다

예로부터 떳떳한 본성 치의[22]를 칭송하지,

숭덕사 사당 앞엔 잡초가 절로 드물구나.

남기신 실마리 이어져 끝내 없어지지 않아,

길이 후학들로 하여금 귀의함이 있게 하네.

古來彝性頌緇衣 崇德祠前草自稀

遺緖綿綿終不墜 長敎後學有依歸

22) 치의(緇衣) : 『시경』 정풍(鄭風)의 편명. 치의는 검은색 조복(朝服)을 의미하는데, 국왕이 현자를 좋아하는 것을 말한다. 『예기』 「치의」에도 "현인을 좋아하기를 치의처럼 한다."라는 공자의 말씀이 있다.

■ 작자 : 하종락(河鍾洛, 1895~1969)

■ 출전 :『小溪遺稿』권1,「謁德川書院」.

○ 덕천서원 사당에 배알하다

방장산에 들어와서 덕천서원을 물었더니,

고인이 은거하시던 백운 가에 있다 하네.

백대를 전해질 고풍 흘러 다하지 않으며,

세심정 아래의 시냇물은 끊임없이 흐르네.

方丈山中問德川 古人棲息白雲邊

百代高風流不盡 洗心亭下水涓涓

■ 작자 : 민백기(閔百祺, 16세기 말)

■ 출전 :『德林詩稿』『東湖集』,「謁德川祠」.

제3절 덕천서원 강회

○ 덕천서원에서 신국수(申國叟)-명구(命耉)-, 하응서(河應瑞)-세응(世應)-와 함께 제생에게 시부(詩賦)를 시험하고 운자를 나누어 숭(崇) 자를 얻어서 지음-서문도 아울러-

명나라 숭정 기원 1주갑이 되는 무진년(1688)으로부터 30년이 지난 뒤 정유년(1717) 3월 3일 덕천서원 앞 취성정에서 모임을 가졌다. 산은 물을 따르고 물은 산을 따라 물결은 텅 빈 하늘을 머금고 푸른 나무는 그늘을 드리웠다. 따뜻함을 희롱하고 서늘함을 호소하니 새소리는 귀

기울여 듣는 데 교묘하며, 붉은 색 분분하고 녹색에 화들짝 놀라니 화초와 나무들은 눈으로 보는 데 교묘하네. 때로 혹 솔바람이 갑자기 불면 대나무 물결이 서로 응하여 사람들로 하여금 상쾌하게 속진을 벗어난 생각이 있게 한다. 땅이 이미 기이한데, 경관 또한 매우 기이하다. 더구나 우리 선사 문정공(文貞公) 선생을 제향하는 곳으로서 아직도 남아 있는 유풍과 여운이 벽 사이에는 경의가 있고 하늘에는 일월이 있어 평평한 남명로를 가리키며 바른 길로 달려가는 자에게 있어서랴. 지난 중춘에 신국수 · 하응서가 나를 맞이하여 서로 만나 서원에 있는 제생들에게 시 · 부를 사적으로 시험하였다. 그리고 다시 오늘 모임을 갖기로 정하였으니 오늘이 바로 그 옛날 왕희지가 회계(會稽)에서 연회를 베풀던 날과 같다. 다행히 전인의 향기로운 발자취를 따르고, 또 성상께서 남쪽으로 온천에 거둥하시어 어가가 길을 나서는데 경사스런 구름이 기이하게 드리우고 따스한 바람이 화창하게 불어 만물이 기쁘게 뜻을 얻은 듯한 절기에 우리들의 이번 모임이 마침 그 때를 만났다. 여러 어진 이들이 모두 이른 뒤에 서로 함께 절을 하고 머리를 조아리고서 성상께서 장수하시기를 축원하는 뜻을 멀리서 올렸다. 그리고서 시 · 부로써 유생들을 시험하였는데, 시 · 부는 모두 「난정기(蘭亭記)」를 쓰고, 또 주문공(朱文公)의 밀암고사(密菴古事)[23]에 의지했다. 「난정기」 중 '숭산(崇山)' 이하 16자[24]를 가지고 운자를 나누어 시를 지

23) 밀암고사(密菴古事) : 주자가 밀암(密菴)을 유람하면서 운자를 나누어 시를 지은 일을 말함. 주자의 『회암집(晦庵集)』 권6, 권8 등에 이에 관한 몇 편의 시가 있다.

24) 16자 : 왕희지의 「난정기」 중 '숭산(崇山)' 이하 '준령무림수죽 우유청류격단

어 노래했다. 한 때의 좋은 일이 난정에서의 모임과 비견될 수 있다. 그런데 지경이 아름답고 경관이 빼어난 점에 대해서는 두소릉(杜少陵: 杜甫)의 시에 '방장산은 바다 건너 삼한 땅에 있네.'라는 구절이 있으니, 지금 사람이 한 마디 말을 덧붙이면 망령된 것이다. 그리고 또한 난정에서의 모임에 일찍이 선정신의 향기로운 자취를 느끼고 전하의 성수를 축하한 일이 있었는지 모르겠다. 아! 왕희지가 난정에서 모임을 한 영화(永和) 9년(353)은 지금 1천 년이 지나 동진(東晉) 시대의 풍류는 기러기가 긴 창공으로 날아가듯이 흘러가버렸다. 그러나 왕희지의 난정 모임을 따라 당시의 일을 기록하고 우주에 축수를 하여 지금까지 새로운 듯하니, 비록 작은 기예의 문장이라 하지만 어찌 기록하는 일을 그만두랴. 드디어 성명을 나열해 쓰고 저술한 것을 기록해 후인들에게 남겨준다. 후인들이 오늘날 우리를 보는 것이 오늘날 우리들이 옛날 사람을 보는 것만 못하리라 어찌 알겠는가. 皇明崇禎紀元之周甲著雍執徐之越三十年 强圉作噩之三之三 會于德川書院之醉醒亭 山以水襲 水以山襲 龍鱗涵虛 翠羽成陰 而弄暄訴凄 禽鳥巧於傾聽 紛紅駭綠花樹巧於承睞 時或松飆 驟濤 篁水相應 令人灑然有出塵想 地旣奇而景亦大奇也 況我先師文貞公俎豆之所 而遺風餘韻 猶有存者 壁間敬義 天上日月 而指南冥途平趨正路者乎 前於仲春 申國叟河應瑞 邀余相會 私試居齋諸生詩賦 更定是會於是日 是日卽會稽修契日也 方幸踵前人之芳武 而且聖駕南幸溫泉 翠華啓程 慶雲奇布 惠風和暢 萬物欣欣然若得意焉 吾儕此會 適當其時 群賢畢至 相與拜手稽首 遙獻南山之祝 因課士以

영대좌우(峻嶺茂林脩竹 又有淸流激湍 映帶左右)'를 가리킨다.

詩賦 詩賦皆用蘭亭記 且依朱文公密菴古事 乃以記中崇山以下十六字 分韻賦詩歌詠之 一時好事 可伯仲於蘭亭 而至若地勝景絕 杜少陵已有方丈三韓外之句 今人贅一言 則妄也 而亦未知蘭亭會上 曾有挹先正之芳芬而祝行殿之聖壽事耶 嗟乎 永和九年 今已千載 江左風流 鴻去長空 而因王逸少蘭亭 記當日之事 壽宇宙 而至今若新 雖曰小道文 何可已也 遂列書姓名 因記所述 以遺後 安知後之視今 不如今之視昔也

신령스러운 산이 이 세상에 있는데,
방장산이 동해의 동쪽에 있네.
아름다운 동천에는 꽃과 대가 여기저기,
빼어난 봉우리엔 삼나무 단풍나무 우거졌네.
훌쩍 세상 밖의 물외로 벗어나니,
호탕한 기운이 하늘 위로 통하네.
동쪽으로 수십 리를 뻗어 내리다,
남방에 맺힌 천왕봉 형세가 웅장하네.
그 밑에는 구곡의 시냇물이 있어서,
청결함이 주자 살던 무이산과 같네.
남명 선생 옛날 여기에 터 잡았으니,
연원이 낙양 · 민중[25]으로 거슬러 오르네.
선생 당시 문하에 드나든 선비들은,
하수를 마신 듯 내면이 모두 충실했네.

25) 낙양 · 민중 : 낙양은 정자(程子)가 살던 곳이고, 민중은 주자(朱子)가 살던 곳으로 정주학을 의미한다.

선생의 위패 봉안하고 제사를 올리니,
천년토록 남은 풍도 상쾌하도다.
우리 도가 이에 힘입어 추락하지 않아,
지금까지 여러 어리석은 자를 열어주네.
덕천 물가엔 소나무가 그늘 드리우고,
화려한 누각이 물에 잠겨 영롱하구나.
더구나 오늘은 삼월 삼일이라,
봄빛이 정히 화창하고 화창하도다.
숲속 꽃들은 바야흐로 활짝 피어나고,
들녘의 아지랑이 다시 허공에 아른대네.
변함없이 푸른 산이 겹겹이 늘어선 곳,
흰 꽃과 붉은 꽃이 사방에 만개했네.
냇물은 화려한 꽃잎을 싣고 흘러가고,
산들은 노을에 물들어서 영롱해지네.
여러 현자들이 좋은 모임을 갖는 자리,
어른과 동자 모여 시 짓고 술 마시네.
게다가 듣건대 어가가 궁궐을 나와서,
남쪽으로 거둥해 온천을 향한다 하네.
어가가 거둥하는 길엔 티끌 끊어지고,
아름다운 기운이 울창하여 무성하리.
은혜로운 바람이 먼 곳에서 불어오고,
상서로운 구름이 먼 허공에 떠 있네.
절하고 축수를 기원하는 뜻을 올리며,

질병이 없으시어 건강하시길 빌었네.
즐거움이 극에 달해 함께 담론을 하니,
말하는 기운이 긴 무지개 뻗친 듯하네.
조용히 신음하며 도가 태창하기를 바라고,
낭랑히 읊조리며 농사 풍년들기를 바라네.
시절은 마침 난정의 모임 때를 만났고,
장소는 궁벽한 산음 땅과 접한 지역이네.
일을 기록함은 왕희지를 모방하고,
운자를 나누는 것 주자를 본떴네.
붓의 놀림 조화의 경지로 나아가니,
사람이 조물주의 솜씨를 빼앗은 듯.
이 땅에 다시 고사를 하나 더하니,
시냇물은 성대하고 산은 더 높구나.

神山天地間 方丈東海東

玉洞散花竹 瓊岫攢杉楓

飄然出世外 浩氣天上通

東走數十里 南構勢轉雄

下有九曲水 淸潔武夷同

先師昔卜築 溯源洛閩中

當時門下士 飮河腹皆充

揭虔薦俎豆 千載爽餘風

吾道賴不墜 至今開群蒙

松陰德川邊 畫閣蘸玲瓏

況是三月三 春光政融融

林花方爛漫 野靄更空濛

依然積翠間 白白又紅紅

水被紋錦去 山將彩霞籠

群賢成好會 詩酒其冠童

且聞翠華發 南幸溫泉宮

輦路塵埃絕 佳氣鬱蔥蔥

惠風來遠地 祥雲蔽遙空

拜獻南山壽 庶幾無疾癃

樂極共喧呼 吐氣如長虹

沈吟希道泰 朗詠願年豊

時値蘭亭會 地接山陰窮

記事追右軍 分韻慕晦翁

筆步造化處 人巧奪天工

此地添故事 水洋山更崇

■ 작자：김성운(金聖運, 1673~1730)

■ 출전：『珠潭集』 권1, 「德川書院 與申國叟 命耇 河應瑞 世應 試諸生 詩賦 分韻得崇字-并序-」.

○ 안찰사 신공(申公)-석우(錫愚)-이 진주목사 박후(朴侯)-현규(顯奎)-로 하여금 덕천서원에서 『심경』을 설강하게 함

향사에 참여한 나의 걸음 마침 강회를 할 때,

온 고을 많은 선비들 성대하게 모두 모였네.

명산의 맑은 기상 선생이 사시던 집에 모이고,

성현이 남긴 말씀 학문을 논하는 자리에 있네.

안찰사가 선유하는 곳에 고을 수령을 오게 하니,

역말로 전한 문교 교화를 두루 베푸심 우러르네.

관원을 보내 설강하니 완연히 백록동서원 같고,

맑게 갠 달밤 바람에 빛나는 별천지 세상이로세.

參享吾行際講會 全鄕多士集紛然

名山淑氣先生宅 前聖遺謨問學筵

鳧舃仙遊來地主 馹傳文敎仰旬宣

宛如鹿洞登冠佩 霽月光風別界天

■ 작자 : 하범운(河範運, 1792~1858)

■ 출전 : 『竹塢集』 권1, 「按使申公-錫愚- 使州牧朴侯-顯奎- 設講心經于德川」.

○ 덕천서원 강회

한번 남명 선생이 태어나신 뒤로,

우리 고을에 군자들이 많아졌지.

벽에는 일월 같은 경의를 써 붙이고,

마루 위에서는 글 읽는 소리 들었네.

나를 징창하길 수레 뒤집힌 듯해야 하니,

또한 그대들은 옥처럼 자신을 갈고 닦게.

게다가 어진 고을 수령을 만났으니,

소 잡는 칼을 어찌 닭 잡는 데 쓰리.

一自先生後 吾鄕君子多

壁間懸日月 堂上聽絃歌

懲我爲車覆 且君如玉磨

況逢賢太守 牛刀割鷄加

■ 작자 : 하달홍(河達弘, 1809~1877)

■ 출전 : 『月村集』 권1, 「德川書院講會」.

○ 정후(鄭侯)-현석(顯錫)-가 덕천서원에 강회를 개설하였는데, 강이 끝난 뒤 운자를 내어 지음

손님과 주인이 한 강당에 모였는데,

지주에게 읍하고 양보하는 이 많네.

선생의 유풍인 경의를 우러러 보고,

백성을 교화하며 글 읽는 소리 듣네.

행실은 반드시 충효를 먼저 해야 하니,

옥은 쪼고 다듬기를 기다려야 하는 듯.

어진 수령이 강회를 개설한 마음,

영광스런 빛이 사림에 더해지네.

賓主一堂會 冠紳揖讓多

遺風瞻敬義 治化聽絃歌

行必先忠孝 玉將待琢磨

賢侯今日意 榮耀士林加

■ 작자 : 하경칠(河慶七, 1825~1898)

■ 출전 : 『農隱遺集』 권1, 「鄭侯顯奭設講會于德川書院講畢拈韻」.

○ 기사년(1869) 덕천서원 유허지에 모여 예를 익히고 강론을 듣고서 남명선생의 「덕산복거」 절구 한 수를 가지고 운자를 나누어 시를 짓는데 감상의 회포를 붙여 산(山) 자를 얻다

비가 온 뒤 봄 하늘이 맑게 개였는데,
골짜기 안 그윽하고 간결함에 젖었네.
가지고 있는 것 무엇을 남겨주리,
길은 막히고 겹겹의 푸른 봉우리뿐인데.
자꾸자꾸 서쪽을 향해 나아가니,
은하 십리 같은 물굽이 나오네.
은행나무 꺾이고 행단 바위 무너지니,
소나무는 죽고 뜰의 이끼만 시퍼러네.
이 땅이 어떤 곳이던가,
방황을 하며 돌아갈 수가 없네.
원로들이 무너진 담장 밑에 모이고,
여러 유생들은 잡초 사이에 서 있네.
모래를 펴서 예절 도식을 그리고,
가시덤불 펴서 강석 자리 마련했네.
묵묵히 마음속으로 선현을 사모하고,
정숙히 읍하고 겸양하는 모습 한가롭네.
힘써 여씨향약을 따라서 살려는 것이지,
감히 한탁주[26]의 얼굴을 범하는 것 아니네.
조씨 문중의 소학 동자들,

명료하게 봄옷이 찬란하구나.

힘써 독서를 부지런히 하면,

천리가 순환하기 좋으리라.

백록동도 희녕연간[27]에 처참했으니,

사문의 큰 운수가 닫혀버렸네.

진실로 남강태수[28] 같은 분이 나오면,

충심을 진동시킴이 어찌 어려우리.

우리 유가의 일월이 밝게 드리웠으니,

만고의 두류산처럼 변치 않으리라.

雨後春天晶 谷裏滋幽簡

秉之欲遺誰 路阻重碧巒

悠悠向西之 銀河十里灣

杏摧壇石圮 松死庭苔斑

此地是何地 彷徨不能還

父老頹垣下 諸生亂草間

鋪沙禮圖畵 披荊講座班

默默羹墻慕 肅肅揖讓閑

---

26) 한탁주(韓侂冑) : 주자의 학문을 위학(僞學)으로 몰아 배척한 남송 시대 권력자. 여기서는 대원군을 은근히 가리켜 말한 것이다.

27) 희녕연간(熙寧年間) : 북송 신종(神宗)의 연호로 1068년부터 1077년까지를 말함. 이 시기에 왕안석(王安石)이 집권하여 신법을 시행하였다.

28) 남강태수(南康太守) : 주희를 말함. 주희는 50세 때인 1179년 지남강군(知南康軍)으로 나아가 약 3년 동안 지방관을 역임하였는데, 경내의 백록동 서원을 복원하고 강학을 하였다.

黽勉從呂約 非敢抗韓顏

曹門小學童 了了春服爛

勉爾勤讀書 天理好循環

白鹿熙寧帳 斯文大運關

苟有南康守 震夷亦豈艱

吾家日月明 萬古頭流山

■ 작자 : 최숙민(崔琡民, 1837~1905)

■ 출전 :『溪南集』권1,「屠維上巳 會德川院遺址習禮聽講 因以先生卜居詩一絕分韻賦詩 寓感傷之懷 得山字」.

○ 덕천서원 강회

남명 조 선생을 알현할 수 없어서,

문에 들어서니 아련한 느낌 많아지네.

행단은 유학의 정맥을 전한 자리이고,

복사꽃 뜬 냇물엔 남기신 노래가 있네.

문명이 융성한 운수 지금 막 만났는데,

좋은 벗들 다행히 함께 모여 연마하네.

선생의 지결 경의 두 글자에 분명하니,

이 참된 지결에 다시 무엇을 덧붙이랴.

不見曹夫子 入門曠感多

杏亶傳正脈 桃水有遺歌

奎運今纔值 良朋幸共磨

分明敬義字 眞訣更無加

■ 작자 : 권재규(權在奎, 1870~1952)

■ 출전 :『直菴集』 권1, 「德川書院 講會」.

제4절 덕천서원에서의 감회

○ 덕천서원이 병화를 입은 지 10년 뒤 진경직(陳景直)[29] 군이 개연히 의지를 다져 중건하는 일을 주관하기에 천리 먼 곳에서 상상하며 감탄을 금할 수 없어 율시 한 수를 읊어 멀리서 위로하는 회포를 붙인다

따비와 수레로 재를 퍼내고 깨진 기와 정돈하여,
서원을 중수하니 완연한 옛 모습 거의 되찾으리.
정신이 성대하여 하늘을 오르고 내리는 듯하며,
제기는 잘 진설되어 공손하고 경건함 엄숙하리.
천왕봉의 푸른빛은 옛 모습 그대로 푸를 테고,
밝고 텅 빈 못의 물도 근원 있는 옛 모습이리.
오직 바라건대 천추의 세월에 항상 변함없어,
청결한 술과 정성스런 제물 예에 허물없기를.

-'원천(源泉)'의 '원(源)' 자는 율격에 맞지 않기 때문에 '활수(活水)'의 '활(活)' 자가 되어야 마땅할 듯하다. 源泉之源 於律未協 恐當作活水之活-

畚灰輦燼整頹甎 棟宇重新尙宛然

29) 진경직(陳景直) : 진극경(陳克敬, 1546~1617)을 말함. 경직은 그의 자이다.

精爽洋洋如陟降 豆籩秩秩儼恭虔

天王蒼翠昔顔面 潭水澄虛舊源泉

惟願千秋恒勿替 潔尊肥俎禮無愆

■ 작자 : 박제인(朴齊仁, 1536~1618)

■ 출전 :『篁嵒集』 권1, 「德川書院 被兵燹十年 陳君景直 慨然厲志幹事 重建 千里遙想 感歎不已 遂吟一律 遠寄慰懷 -景直 名克敬 號柏谷 晉州人-」.

○ 덕천서원을 중수함

덕산 산 아래는 선생이 소요하시던 곳,
병화를 겪은 뒤에 사당을 새로 중건했네.
춘추의 향사 때 제사지내는 예를 밝히면,
사석에 임하신 듯해 공경히 예를 올리리.

德山山下杖屨所 祠屋重新劫火餘

春秋俎豆明禋禮 如復函筵敬揖裾

■ 작자 : 진극경(陳克敬, 1546~1617)

■ 출전 :『栢谷實記』 권1, 「重修德川書院」.

○ 덕천서원에서 비가 온 뒤 달을 보고-임신년(1632) 정월-

한 해 정월이 벌써 십육일이 되어,
달처럼 차갑던 날 태양처럼 따스하네.
천심은 참으로 예측하기 쉽지 않지만,
내 생각엔 양기가 순한 것을 기뻐하네.

歲首旣生魄 氷輪如火輪

天心未易測 愚意喜陽純

■ 작자 : 하홍도(河弘度, 1593~1666)

■ 출전 : 『謙齋集』 권1, 「德川書院 雨後見月」.

○ 덕천서원에서 우중에

홀로 지낸 것이 벌써 사흘이나 되니,

사방이 황량하여 한 조각구름과 같네.

부슬부슬 저녁나절에 내리는 비는,

가늘고 가늘어 밤 깊어야 들리네.

孤棲到三日 四荒同一雲

愔愔夕時雨 細細夜深聞

■ 작자 : 하홍도(河弘度, 1593~1666)

■ 출전 : 『謙齋集』 권1, 「德川書院 雨中」.

○ 덕천서원에 입재한 여러 군자들에게 줌

날아갈 듯한 사당이 푸른 시냇가에 있으니,

징사의 밝은 풍도 백대에 걸쳐 전해지리.

경의를 종지로 한 옛날 공부 정맥을 부지했고,

은거하여 수양한 남은 교화 유생들에게 남겼네.

태산 같고 추상열일 같은 기상 다투어 추앙하니,

활발한 물의 참된 근원을 세상에 누가 없애리.

신음하는 병으로 여러분들 뒤를 따르지 못하니,

나그네의 회포 오늘 또 다시 기쁨이 없습니다.

翼然祠宇碧溪灣 徵士淸風百代間

敬義舊功扶正脉 藏修餘化屬儒冠

泰山秋氣人爭仰 活水眞源世孰拚

吟病莫趁衿珮後 客懷今日更無歡

■ 작자 : 신명구(申命耉, 1666~1742)

■ 출전 : 『南溪集』 권2, 「贈德川書院入齋諸君子」.

○ 덕천서원에서 신상사(申上舍)-명구(命耉)-의 시에 차운함

인산(仁山)은 빼어나고 지수(智水)는 맑은데,

이 도가 천년토록 후생을 흥기시키네.

입덕문이 열려 있어 정로를 찾을 수 있고,

세심정 예스러워 높은 명성 우러를 수 있네.

산수가 완연히 선현의 자취를 간직하고 있어,

글 읽는 소리 학덕 높은 분 소리처럼 은미하네.

한 정맥의 연원이 오늘날 추락하려고 하니,

솔바람과 오동나무의 달도 슬픈 감정 띠었네.

仁山智水秀而淸 斯道千年起後生

入德門開尋正路 洗心亭古仰高名

林泉宛帶先賢躅 絃誦微茫大雅聲

一脉淵源今欲墜 松風梧月摠含情

■ 작자 : 권중도(權重道, 1680~1722)

■ 출전 : 『退庵集』 권1, 「德川書院 次申上舍-命耉-韻」.

○ 덕천서원을 지나며 구두로 읊다

연하세계로 길이 나아가니 내 일찍이 우거하던 곳,

인륜을 부지한 청풍 사람들 가지런히 할 수 있으리.

천년토록 저 높은 산은 사람들이 우러르는 곳,

두류산이 우뚝하게 낙동강 서쪽에 서 있구나.

烟霞長往此曾棲 扶鼎淸風可以齊

千載高山人仰止 頭流獨立洛江西

■ 작자 : 정상호(鄭相虎, 1680~1752)

■ 출전 : 『東野遺稿』 권1, 「過德川書院 口號」.

○ 덕천서원에서 하상사(河上舍)-세응(世應)-의 시를 받들어 차운함

만고의 세월토록 바위 사이로 뚫린 길,

길을 찾으니 길이 돌고 돌아 그윽하구나.

푸른 산봉우리는 구름까지 솟구쳤고,

맑은 못은 달을 비추며 흘러가네.

선경을 여기서 의당 취할 수 있는데,

현포[30]를 다시 어디에서 구하랴.

진경을 찾는 흥취 다하지 않아서,

도리어 분수 밖의 수심이 생기네.

萬古巖開穴 行尋路轉幽

30) 현포(玄圃) : 곤륜산 정상에 있는 신선이 사는 곳.

碧峀當雲立 淸潭和月流

仙區宜可取 玄圃更何求

不盡探眞興 還成分外愁

■ 작자 : 정식(鄭栻, 1683~1746)

■ 출전 : 『明庵集』 권1, 「德川書院 奉和河上舍-世應-」.

○ 덕산서원 현판의 시에 차운함

분명하고 분명하게 곧장 길을 가리키니,

도덕의 동네로 들어가는 문이 열려 있네.

성성자 방울소리의 남은 메아리 들리는 듯,

은빛 물결은 활발한 연원으로 거슬러 오르네.

높은 기절은 날씨가 추워진 뒤에 드러나고,

심성수양은 마음 움직이기 전 존양에 있네.

다시 선생이 사시던 산천재 정사에 올라,

흉금을 열고서 가득 쌓인 번뇌를 씻노라.

明明直指路 入德洞開門

鈴珮聞遺響 銀波溯活源

節高寒後見 心養靜時存

更上山天榭 披衿滌累煩

■ 작자 : 박명직(朴命稷, 1781~1852)

■ 출전 : 『箭湖集』 권1, 「次德山院板上韻」.

○ 방장산을 유람하던 날 덕천서원을 다시 찾을 것을 생각하며

먼 물외의 연하에서 하룻밤의 꿈이 깨니,

어느 해 다시 서원 앞 세심정에 오를 꺼나.

바람 쐬니 아름다운 거문고 소리 기억나고,

추위 심해도 노송이 계곡에 가득 푸르르리.

遠外煙霞一夢醒 何年重上洗心亭

臨風記得瑤琴響 寒盡高松滿壑靑

■ 작자 : 권뢰(權𡊮, 1800~1873)

■ 출전 :『龍耳窩集』 권1,「方丈山遊日 憶再尋德川書院」.

○ 을묘년(1855) 정월 남명선생 유집을 중간하는 일로 덕천서원에 가려 하다가 눈을 만나 가지 못하고 감회를 읊조리다

사문이 불행하여 천 년이 지난 지금,

초야의 맑은 풍도 한 맥이 전해질 뿐.

주정의 공부는 경의에 마음을 두셨고,

편안하고 곧은 사업 대축괘를 취하셨네.

연원이 성대하여 사우를 논하고,

단서가 이어져서 성현을 강론하네.

어찌 하면 후생들이 찾아 올라갈까,

지남의 바른 길 남기신 책 속에 있네.

산해 선생 남기신 글 남은 데 힘입어,

우리 묵재[31] 선조도 연원록에 수록되었네.

지금 선생 유집 중간하는 일에 가지 않으면,

교유 깊은 집에 뜻있는 후손으로 부끄러우리.

斯文不幸後千載 林下淸風一脈傳

主靜工夫居敬義 安貞事業筮山天

淵源浩浩論師友 端緖綿綿講聖賢

那得後生尋上去 指南正路在遺篇

山海遺文賴獨存 曾吾默祖錄淵源

如今未赴重刊役 成愧交深有志孫

■ 작자 : 김이표(金履杓, 1812~1881)

■ 출전 :『尙友堂集』,「乙卯正月 以南冥先生遺集重刊事 擬赴德川院 遇雪未果 仍吟感懷」.

○ 중추일 덕천서원에 당도하여

십 년 만에 다시 덕천강 강가에 찾아오니,

전처럼 풍경과 연무가 눈에 가득 새롭구나.

남명선생 흠모하지 않으면 어찌 이 걸음 하리,

세심정 위에 올라서 맑고 참된 경지를 맛보네.

十年重到德江濱 依舊風煙滿目新

不爲冥翁寧有此 洗心亭上挹淸眞

■ 작자 : 김기주(金基周, 1844~1882)

---

31) 묵재(默齋) : 김돈(金墩, 1701~1770)을 말함. 김이표의 증조부이다.

■ 출전 : 『梅下集』 권1, 「仲秋日 到德川書院」.

○ 덕천서원 경의당을 중건해 낙성하기에 참석하려 가는 도중에 지음

선사가 남기신 향기로운 덕 몇 해나 되었던가,
수많은 선비들이 의관을 갖추고 덕천을 향하네.
성성자 방울소리 끊어진 지 삼백 년이 되었으니,
누가 우리들로 하여금 참된 지결을 듣게 할까.

先師剩馥幾何年 濟濟衣冠向德川

響輟惺鈴三百載 誰教吾輩聞眞詮

■ 작자 : 김극영(金克永, 1863~1941)

■ 출전 : 『信古堂遺輯』 권7, 「德川敬義堂 重建落成 往赴道中作」.

○ 중추에 정내형(鄭乃亨)-용기(龍基)-과 덕산을 유람하며-경의당(敬義堂)-

남명선생 분명한 지결 경이직내 의이방외,
우리 유가의 일월 같은 빛을 보존해 왔네.
무성한 초목 해마다 깊어지고 경의당 우뚝하니,
선비들이 찾아와 응당 향기로운 제물을 올리리.

冥翁的訣直而方 存得吾家日月光

茂草年深堂更屹 士來端合薦馨芳

■ 작자 : 정재성(鄭載星, 1863~1941)

■ 출전 : 『苟齋集』 권3, 「仲秋 與鄭乃亨龍基 遊德山」.

○ 초봄에 덕천서원에서 모임

이른 봄에 새들은 아직 지저귀지 않고,

객이 와 누각에선 이야기 소리 들리네.

상심한 마음에 뿔나팔을 불었더니,

난리 때의 심정으로 놀라서 일어나네.

春早鳥無語 客來樓有聲

傷心吹角子 警起亂離情

■ 작자 : 조상하(曺相夏, 1887~1925)

■ 출전 : 『石菴遺稿』 권1, 「首春 會德川書院」.

○ 상사일[32]에 비로 덕천서원에서 지체함

강바람이 비를 몰고 와 뿌리고,

숲속의 햇빛 봄기운을 일으키네.

상사일인 오늘 아침의 모임,

난초 들고 몇 사람에게 문안하리.

江風嘘送雨 林日釀生春

上巳今朝會 秉蘭問幾人

■ 작자 : 하우선(河禹善, 1894~1975)

■ 출전 : 『澹軒集』 권2, 「上巳日 滯雨德川書院」.

32) 상사일(上巳日) : 음력 삼월 삼일을 가리킨다.

○ 비 때문에 덕천서원에 머물러 묵다

여덟 사람이 덕천서원 강당에 모이기로 약속했는데,

정오가 되기도 전에 일제히 와 한 자리에 다 모였네.

괴이하게도 산간의 구름이 장마 비를 뿌리니,

떠나는 소매를 잡아당겨 고의로 방해하는 듯.

八人約會德川堂 未午齊來盡一床

怪底山雲因洒霖 如挽征袖故爲妨

- 작자 : 권창현(權昌鉉, 1900~1976)
- 출전 :『心齋集』권1,「以雨滯宿德川書院」.

제5절 덕천서원 유허지에서

○ 덕산서원을 지나면서 서원은 잿더미가 되었고 오직 세심정만 남아 있는 것을 보고 느낌이 있어서

임진왜란 뒤 처음 덕천서원을 찾았는데,

시냇가에는 오직 정자만 덩그렇게 남았네.

서직이 새로 무성히 난 것을 보고 놀라고,

발길은 옛날 서원 뜰이 어디인지 모르겠네.

여러 유생들이 글을 읽던 소리 생각나고,

중정일에 제사를 지내던 일이 떠오르네.

천왕봉은 오히려 미동도 않고 서 있는데,

구름 밖으로 몇몇 봉우리가 푸르기만 하네.

亂後初尋院 溪頭獨有亭

眼驚新黍稷 行失舊明庭

絃誦思多士 蘋蘩憶仲丁

天王猶不動 雲外數峰靑

■ 작자 : 하수일(河受一, 1553~1612)

■ 출전 : 『松亭集』 권1, 「過德山書院 院盡灰 獨洗心亭在 仍有感」.

○ 덕천의 옛터를 지나며

경과 의 우리 유가의 일월처럼 빛나니,

선사가 계시어 사림이 의지해 우러르네.

당시 문묘에 종사되지 못한 것 한스러운데,

오늘 서원 사당이 헐리는 것을 차마 보네.

유학의 흥망성쇠 천명이 있는 줄 알겠으니,

서원의 흥폐는 모두 시운에 관계된 것이지.

빈 터의 늙은 은행나무 지키기라도 하는 듯,

선대 조정에서 내린 사제문 비석만 있을 뿐.

敬義吾家日月輝 士林依仰有先師

恨未當年躋聖廡 忍看今日掇貌祠

儒道汙隆知有命 學宮興廢摠關時

空壇老杏如相守 惟有先朝賜祭碑

■ 작자 : 하달홍(河達弘, 1809~1877)

■ 출전 : 『月村集』 권4, 「過德川故墟」.

○ 덕천서원이 훼철된 것을 보고서 개탄하여 절구 한 수를 지음

봄풀은 무성하고 옛 서원은 폐허가 되었는데,

석양녘에 나도 모르게 눈물이 소매를 적시네.

남은 향기 아름다운 자취 이제 어디서 보리,

오직 맑은 풍도 있어 은행나무에서 불어오네.

春草離離古院墟 斜陽不覺淚盈裾

餘芬美躅今何覿 惟有淸風杏樹嘘

- 작자 : 안익제(安益濟, 1850~1909)
- 출전 :『西崗遺稿』 권1, 「見德川書院 已爲廢撥 慨賦一絕」.

○ 덕산서원 유허지에서

삼십 년 동안 이미 상전벽해의 변화를 겪어,

근래에는 서원의 모습이 배나 황량해졌구나.

강상을 부지하던 서원이 토끼가 풀을 뜯는 들이 되었고,

선현에게 향사하던 터가 사슴이 뛰어노는 마당이 되었네.

선생이 손수 심으신 은행나무는 예전처럼 파랗고,

두류산의 산색도 지금까지 변함없이 검푸르네.

선조 의암공[33]께서 덕천서원 그려다 집에 걸어두셨으니,

청컨대 그대들 우리 집 마루에 가서 서원을 완미하세.

三十年間已海桑 伊來物色倍荒凉

---

33) 의암공(宜菴公) : 안덕문(安德文)을 말함.

綱常亘作兎葵野 俎豆墟爲鹿踵場

手植杏亭依舊翠 頭流山色抵今蒼

先祖宜菴移畵揭 請君歸玩我家堂

■ 작자 : 안익제(安益濟, 1850~1909)

■ 출전 :『西崗遺稿』권1,「德山書院遺墟」.

○ 덕천서원 유허지에서 느낌이 있어

옛날 우리 선조 수우당 선생께서,

스승을 찾아 입덕문으로 들어오셨네.

봉우리 빼어나니 문명의 기상이고,

시내는 기다라니 활발한 근원이 있구나.

고독한 절개 지닌 소나무 홀로 빼어나고,

엄연히 신령스런 바위 아직도 남아 있네.

세심정 위에 올라와서 앉으니,

세간의 번뇌 망상 다 사라지네.

昔我守愚祖 尋師入德門

峯出文明像 川長活潑源

節孤松獨秀 神儼石猶存

洗心亭上坐 除却世間煩

■ 작자 : 최원근(崔元根, 1850~1923)

■ 출전 :『二山集』권1,「德川院址 有感」.

○ 산석(山石) 김풍오(金豊五)-현옥(顯玉)-의 「두류정사잡영(頭流精舍雜詠)」에 차운함-덕천원(德川院)-

오래도록 선사에게 제향을 올리던 곳,

잡초가 무성하니 또한 한숨이 절로 나네.

그러나 일월은 끝내 이지러지지 않는 법,

경의 두 자 심법이 밝고 밝게 전해지네.

百年俎豆地 茂草亦堪喟

日月終不蝕 昭昭敬義字

■ 작자 : 이택환(李宅煥, 1854~1924)

■ 출전 : 『晦山集』 권1, 「次山石金豊五顯玉 頭流精舍雜詠」.

○ 덕천서원을 지나며 느낌이 있어

서원의 건물 다 무너져 모두 밭두둑이 되었으니,

시골 노인 밭을 갈아 풀이 연기 속에 묻혔네.

봉심을 온 이들 말 묶어두던 비석 아직 남아 있고,

세심정 아래에는 시냇물 쉬지 않고 부단히 흐르네.

宮墻頹盡鞠爲阡 野老耕田草沒煙

奉審御碑猶不去 洗心亭下水漣漣

■ 작자 : 전기주(全基柱, 1855~1917)

■ 출전 : 『菊圃續稿』 권1, 「過德川院 有感」.

○ 덕천서원 옛터를 지나며

고상한 현인을 사모하기에 덕천을 향했는데,

서원의 건물 매몰된 지 이미 오래 되었구나.
요순의 태평성대 세대 오래되어 회복할 사람 없고,
백이와 유하혜의 풍도 남았지만 전할 이 뉘 있으리.
단지 이끼 낀 비석 한 편에 쌓아둔 것만 보일 뿐,
안타깝게도 숲속의 나무들만 천년토록 서 있구나.
우리들 함께 집으로 돌아가서,
남기신 책 가지고 전후로 강론함만 못하리.

爲慕高賢向德川 門墻埋沒已先天
勛華世古無人復 夷惠風餘有孰傳
秖見苔碑封一片 堪憐林木立千年
吾儕莫若同歸去 謹抱遺書講後前

■ 작자 : 박태형(朴泰亨, 1864~1925)
■ 출전 : 『艮嵒集』 권1, 「過德川院舊基」.

○ 덕천서원 유허지를 지나며

비바람이 처량하게 내려 고목도 비탄에 잠긴 듯,
큰 종소리 한번 끊어진 뒤 밤이 어찌 그리 더딘지.
의로운 초석과 강상의 담장 하늘이 보호할 것이니,
자애로운 후손이 어찌 차마 띠풀을 엮어서 지으리.

風雨蕭蕭古木悲 洪鍾一斷夜何遲
義礎綱垣天所護 慈孫那忍結茅爲

■ 작자 : 안종창(安鍾彰, 1865~1918)
■ 출전 : 『希齋集』 권1, 「過德川院墟」.

○ 덕천서원 옛터를 지나며 느낌이 있어

지는 해에 마음이 상한 옛 덕천서원의 터,
끝없이 난 봄풀의 파란 빛이 하늘에 닿았네.
태산 같은 천인벽립의 기상 어디서 우러르며,
연못에 비친 가을 달 같은 명덕 누가 전할까.
말 매었던 비석과 두 개의 현판만 남아 있고,
은행나무 유풍을 간직한 채 몇 년이나 늙었나.
내 물결 거슬러 오르고 싶지만 말미암을 길 없고,
은하수 같은 십리의 냇물만 세심정 앞을 흐르네.

落日傷心古德川 無邊春草碧連天
壁立泰山何處仰 潭心秋月爲誰傳
碑留御蹟扁雙額 杏帶遺風老幾年
我欲溯洄末由己 銀河十里洗亭前

- 작자 : 강태수(姜台秀, 1872~1949)
- 출전 :『愚齋集』권1,「過德川院舊基 有感」.

○ 박간암(朴艮嵒)[34]이 덕천서원 옛터를 지나며 지은 시에 차운함

남명 선생 모신 서원 일찍부터 덕천에 있어서,
후생들이 복장을 갖추고 날마다 서쪽으로 갔네.

34) 박간암(朴艮嵒) : 박태형(朴泰亨, 1864~1925)를 말함. 간암의 그의 호이며, 자는 문행(文幸), 본관은 함양이다.

서원의 건물 사방에 무너진 것을 차마 보자니,

예로부터 지금까지 버텨온 나무들조차 가련하네.

선생의 경의를 오늘날에 밝힐 사람이 없으니,

기강을 누가 다시 이 시대에 이어 부지하리.

선생의 문장 해와 별처럼 변치 않음이 있어,

우리나라를 전후의 시대 없이 계속 비추리라.

夫子院曾在德川 後生巾服日西天

宮墻忍看東西倒 樹木猶憐古今傳

敬義人無明此日 紀綱誰復續斯年

文章獨有如星日 照我東方無後前

- 작자 : 한우석(韓禹錫, 1872~1947)
- 출전 :『元谷集』권2, 「次朴艮嵒過德川院舊基韻」.

제6절 덕천서원 경의당(敬義堂)에서

○ 덕천서원 경의당

높은 곳에 오르려면 낮은 데를 말미암아야 하고,

방안에 들어가려면 스스로 마루에 올라야 하리.

나아가고 나아가는 데에 차례를 따라야 하니,

부지런히 노력하여 경계해 잊지 말아야 하리.

登高必由下 入室自升堂

進進宜循序 孜孜戒勿忘

■ 작자 : 하징(河憕, 1563~1624)

■ 출전 :『滄洲集』 권1, 「德川書院 敬義堂」.

○ 경의당에서 만난 여러 벗들에게 줌

비온 뒤 바위 계곡에선 맑은 물 쏟아져 내리고,
서원 뜰의 푸른 나무에선 가을바람이 불어오네.
천리 먼 곳 나그네 수심 술에 취해 날려버리고,
한 평생 바란 참된 지취 그윽한 시를 얻었네.
명승지에서 동천의 빼어난 경치 실컷 차지하니,
세상사가 물 위의 거품처럼 하찮게 보이누나.
때로 좋은 벗들이 나를 찾아오기라도 하면,
발길 닿는 대로 산수를 찾아 청유를 즐기네.

雨餘嵒壑瀉澄流 庭院凉生碧樹秋

千里客愁憑醉失 百年眞趣得詩幽

勝區剩占壺中勝 世事從看水上漚

時有好朋來過我 溪山隨處辦淸遊

■ 작자 : 신명구(申命耉, 1666~1742)

■ 출전 :『南溪集』 권2, 「贈敬義堂會諸友」.

○ 덕천서원 경의당 창수록–당시 남명 선생 문집을 중간하는 일로 서원에 있었는데 벗 박정신(朴挺新) · 하관부(河寬夫)가 교정에 참여하여 여가에 운자를 내 서로 읊다.–

학문의 요점은 놓아버린 마음을 구하는 것인데,

우리 안에 있는 닭과 개를 오히려 부르며 찾네.
남명 선생이 반복해 밝게 교훈을 남기셨으니,
후학들은 정녕 그 말씀을 공경히 받들어야 하리.
안타깝구나, 등불을 밝히면 긴긴 밤이 없으련만,
성성자 쇠방울에 큰 소리가 있음을 누가 알리.
오늘 성대한 모임에 지리산 같은 그대들의 창수록,
여러 철인을 외람되이 논하며 법을 공경히 전하네.

學問之要求放心 圈中鷄犬尙招尋
先生反復昭垂訓 后學丁寧敬佩謦
堪嗟端燭無長夜 誰識金鈴有大音
今日班班山汝錄 猥論羣哲法傳欽

세 사람의 마음이 한 사람의 마음과 같아,
한밤중 등불 밑에서 함께 토론하고 고찰하네.
지사의 회포 재주 때문에 죽는 데로 돌아가고,
썩은 유자의 사업 밤새 읊조리는 데로 드네.
연원록 속에서 도학의 정맥을 전한 것 보고,
경의문 앞에는 고요하고 따뜻한 소리 들리네.
험난함 많고 세대는 멀어져 참으로 두려워할 만하니,
남은 세월 각자 가다듬고 서로 공경히 부지하세나.

三人心是一人心 午夜殘燈共討尋
志士情懷歸麝噬 腐儒事業入蛩吟
淵源錄裡看傳脉 敬義門前閴暖音

多險世遠誠可怕 餘年各勅胥持欽

한 심지에 마음을 보니 일편단심의 같은 마음,

백발에 만나길 기약하지 않았는데 서로 찾았네.

어찌 주옥같은 시를 먼저 잘도 지어내는지,

나만 유독 맨 뒤 부끄럽게 졸렬하게 지었구나.

간담을 토해 낸 것 옛날 두 자루 경의검 같고,

아양곡[35] 연주해 내니 그 마음 알아주는 두 벗.

덕천서원 경의당 마루에 정숙하게 앉아 있으니,

백세토록 전해진 고풍에 흠모하는 마음 샘솟네.

一炷看心一片心 不期霜髮幸相尋

爭將瓊律先能就 獨愧殘篇后拙吟

肝膽吐來雙古釼 峩洋彈出兩知音

肅然敬義堂中坐 百載高風起飛欽

장부는 빈한하고 천해도 마음을 바꾸지 않고,

멀리 떨어진 벗 만나지 못해도 다시 찾는 법.

돈독하고 박실한 풍류에 화려하고 걸출한 시구,

강호에 알려진 기량으로 높은 품격의 시 짓네.

젊은 시절 푸른 노을 같던 기상을 생각해 보며,

35) 아양곡 : 고산유수곡(高山流水曲)이라고도 하는데, 백아(伯牙)와 종자기(鍾子期)의 고사에서 연유한 것이다.

노년이 되어 백석음[36]을 부질없이 품고 있네.
은밀히 마음 맞는 벗들 그 예리함 쇠를 자를 듯,
내 형체를 잊으니 서로 공경할 예법 전혀 없네.

丈夫貧賤不移心 雲樹阻餘得更尋
敦朴風流粧傑句 江河器量露高吟
推思妙歲靑霞氣 謾抱窮年白石音
密契金蘭其利斷 忘形全沒禮防欽

■ 작자 : 김돈(金墪, 1702~1770)
■ 출전 : 『默齋集』 권1, 「德川敬義堂唱酬錄-時以南冥先生文集重刋校正事 在院宇 而朴友挺新 · 河友寬夫亦參校 隨暇拈韻相一」.

○ 경의당

계속되는 돌길 전환하기도 돌아가기도 하는데,
그 동천 가운데 하나의 신선세계가 열려 있네.
백대토록 높이 숭상한 조 선생의 풍도는,
삼한을 진압하고 있는 방장산의 형세로세.
인문을 열어 계도하시어 덕을 널리 펴시니,
비구름을 일으켜 은택이 성대히 미친 듯하네.
서원이 있어 아직 우러러 의지하는 곳 있으니,
선생의 덕 천왕봉과 함께 길이 세상에 남으리.

---

36) 백석음(白石音) : 춘추 시대 위(衛)나라 영척(甯戚)이 제 환공에 등용되기를 바라서 불렀다고 하는 노래. 그 노랫말에 "남산은 빛나고 백석은 깨끗하네."라는 말이 있어서 '백석음(白石音)' 또는 '백석가(白石歌)'라고 한다.

石逕重重轉若環 洞天中闢一仙寰

風高百祀曺夫子 勢壓三韓方丈山

開啓人文德施普 作興雲雨澤流殷

宮墻尙有瞻依地 永與天王住世間

■ 작자 : 하진현(河晉賢, 1776~1846)

■ 출전 : 『容窩集』 권2, 「敬義堂」.

○ 경의당

곤괘의 뜻[37] 체득하여 묘한 관건을 열어주셨고,

경의검의 명문[38]에 참된 공부를 보이셨네.

역대 성인들께서 심법을 전한 지결이,

이 당의 현판에 걸린 경의 두 자이네.

體坤開妙鑰 銘釼示眞筌

千聖傳心旨 堂楣二字扁

■ 작자 : 박경가(朴慶家, 1779~1841)

■ 출전 : 『鶴陽集』 권2, 「敬義堂」.

○ 경의당에서 연찬을 마치던 때의 아름다운 모임

덕산은 움쩍 않고 덕천의 물 부단히 흘러가는데,

37) 곤괘의 뜻 : 『주역』 곤괘(坤卦) 문언(文言)의 '경이직내 의이방외(敬以直內 義以方外)'를 가리킨다.

38) 경의검의 명문 : 남명 조식이 지니고 다닌 경의검에 새긴 '내명자경 외단자의(內明者敬 外斷者義)'를 가리킨다.

높은 마루서 글 읽는 소리에 경계 더욱 그윽하네.
매양 유적지를 찾아서 선현을 존모했는데,
마침 갓 서늘해진 때를 만나 먼 객이 찾아왔네.
유생들 성대히 모여 여름 한 철처럼 무성하고,
백발노인 쓸쓸하여 또한 한 가을처럼 시들하네.
학업을 익히는 자들에게 책에 있는 말을 하노니,
만약 우리 도가 아니면 다시 머물 곳이 없다네.

德山不動德川流 絃誦高堂境轉幽
每尋遺躅先賢慕 適遇新凉遠客遊
靑衿濟濟今三夏 白髮蕭蕭又一秋
寄語卷中肄業者 如非斯道更無留

- 작자 : 신병조(愼炳朝, 1846~1924)
- 출전 :『士笑遺藁』권3,「敬義堂 撤研時雅集」.

○ 경의당 창수

영남의 도학의 정맥 삼산서원에 있는데,
산해 선생의 유풍은 이 경의 사이에 있네.
풀 무성한 서원 안에는 옛날 현판 걸려 있고,
유림의 자제로서 새로운 얼굴이 와 있구나.
천 길 위로 날아간 봉황새 어디로 갔는지,
만년토록 밝을 일월이 이 안에 돌아오네.
글을 읽는 소리가 길이 끊어지지 않아서,
사계절 아름답게 일어나 이 당 무사하리.

嶠南道脈有三山 山海遺風在此間

茂草宮墻懸舊額 儒林子弟進新顔

千仞鳳凰那裏去 萬年日月箇中還

絃誦之聲長不絕 四時佳興一堂閒

■ 작자 : 신병조(愼炳朝, 1846~1924)

■ 출전 : 『士笑遺藁』 권3, 「敬義堂唱酬」.

○ 경의당에서 제생에게 보임

방장산 안에 있는 경의당 높다랗구나,

남명 선생 유적이 이 경의당 안에 있네.

가지런한 담장 해 기울자 소나무 푸른빛 머금고,

먼 절벽에 구름 떠나자 바위가 얼굴을 드러내네.

태평 시대 예의법식 어디에서 이을 수 있을까,

남쪽 고을 젊은 유생들 서로 회복하기가 좋구나.

연회 자리에서 제군들의 학업을 면려하노니,

모름지기 청년시절에 잠시도 허송하지 말기를.

敬義堂高方丈山 冥翁遺躅在斯間

方埤日晩松含翠 迢壁雲歸石露顔

昭代儀文從可續 南州衿佩好相還

中筵爲勉諸君業 須趁青年莫暫閒

■ 작자 : 안유상(安有商, 1857~1929)

■ 출전 : 『陶川集』 권2, 「敬義堂 示諸生」.

○ 경의당에서 김순부(金舜孚)-극영(克永)-를 작별하며

남명 선생 남긴 향기 산천에 좋기도 한데,

자식과 함께 소요하며 여름 한 철 보내네.

술 마신 뒤 마음 논하는 것 모두 고인의 의리,

고요한 가운데 속진을 잊으니 완연히 신선일세.

광풍노도가 치는 대지를 어찌 능히 건너갈까,

경의가 우리 유가의 일월이라는 전함이 있구나.

한 평생 살다보니 칠십 팔십의 모두 백발노인,

갈림길에서 생각이 막연해짐을 자못 느끼네.

冥翁遺馥好山川 與子逍遙送夏天

酒後論心皆古義 靜中忘俗宛眞仙

風潮大地能誰濟 日月吾家有此傳

一水東西俱白髮 臨岐頗覺意茫然

■ 작자 : 안유상(安有商, 1857~1929)

■ 출전 :『陶川集』권2,「敬義堂 別金舜孚-克永-」.

○ 경의당에서 성호남(成湖南) · 김택주(金澤柱) · 이건모(李建模)와 만나기로 하였는데 그들이 박재구(朴在九) · 하재화(河載華) · 김준영(金駿永)과 더불어 수창하여 시 한 축을 지었다. 나는 맨 뒤에 당도했는데 김준영이 차운을 요청하니 어찌 감히 사양하겠는가

천왕봉 한 봉우리 만 봉우리 위로 솟구치니,

남명 선생이 옛날 지난 곳을 완연히 대하는 듯.

사우의 연원은 우리나라에서 반이나 되며,

고금에 서원 짓고 중수한 이 몇몇 우리 하씨일세.

-河寧無成 始納院地 河滄洲重創 今河十舍 有是役-

서원 경내를 정비하는 일 다 하진 못했지만,

동천이 전과 달리 밝은 달빛이 많이 비추네.

다만 국화 필 때를 기다려 낙성을 하는 날,

술자리에서 깊이 이상향으로 들어가고자 하네.

-落成期九月九日 故及之-

一天王出萬嵯峨 宛對冥翁昔所過

師友淵源半東國 古今營葺數吾河

宮墻未及斬茅盡 洞壑翛然得月多

第待黃花歌落日 酒鄉深欲入無何

■ 작자 : 하봉수(河鳳壽, 1867~1939)

■ 출전 : 『栢村集』 권2, 「敬義堂 將成湖南・金澤柱・李建模來會 與朴在九・河載華・金駿永 唱酬已成一軸 余末至 駿永要次韻 敢辭」.

○ 경의당 창수

경의당을 중건한 뒤 영남의 인사들이 모두 "유교를 일으키지 않아서는 안 된다."라고 하여 이에 유생을 널리 모집했다. 한 고을의 사표가 되기에 충분한 분들이 모두 자제와 문생을 거느리고서 함께 경의당에 모였다. 함안에서 온 이는 안유상(安有商)이고, 삼가에서 온 이는 송호곤(宋鎬坤)이고, 하동에서 온 이는 이수안(李壽安)이고, 산청에서 온 이는 김극영(金克永)이고, 밀양에서 온 이는 노상직(盧相稷)이고, 진주에서 온 이는 하겸진(河謙鎭)이고, 대구에서 온 이는 조긍섭(曺兢燮)이었다. 나는 변변찮은 학문으로 일찍이 말석에 낀 적이 있어서 이 일을 도왔다. 이윽고 어떤 분은 오고, 어떤 분은 오지 않고, 어떤 분은 와서 반달을 머물기도 하고 한 달을 머물기도 하고 열흘을 머물기도 하고 닷새를 머물기도 하였다. 보내고 맞이하는 일이 매우 많았고, 출입이 매우 번다하였다. 그러나 학규가 잘 정비되고 경의당의 위용이 엄숙하여 이 창수한 시에서 무너진 풍도를 한번 일으킬 수 있었다. 창수한 시를 한 권으로 묶으니, 나라 사람들이 모두 말하기를 "이 세상에 다시 할 수 없는 성대한 일이었다."라고 하였다. 경의당학규는 장회당(張晦堂)[39]의 손으로 정한 것인데, 나와 여러 선비들이 대략 논의하여 정한 것이다. 敬義堂旣重起 嶺人士咸謂不可不興儒敎 乃廣集靑襟 凡一郡之足爲師表者 皆率子弟或門生 共聚于堂 咸安曰安有商 三嘉曰宋鎬坤 河東曰李壽安 山淸曰金克永 密陽曰盧相稷 晉州曰河謙鎭 大邱曰曺兢燮 余以謏學 亦嘗廁於末座 以贊成之 已而 或至 或不至 或至而留半月一月一旬半旬 送迎極浩 出入極煩 然而學規井井 堂威肅肅 可一起頹風於是 唱酬之詩 成可一卷 國人皆曰 斯世所不再之盛擧也 堂規 蓋出張晦堂手定 而余與多士 略有商量者也

높은 경의당과 큰 현판 태산처럼 무거운데,
즐거이 여러 훌륭한 분들과 이 안에 있네.
어깨에 천균의 짐 짊어지니 바야흐로 임무는 큰 데,

39) 장회당(張晦堂) : 장석영(張錫英, 1851~1926)을 말함. 회당은 그의 호이고, 자는 순화(舜華), 본관은 인동이다.

흉중에는 한 장 글도 없으니 이미 뻔뻔한 얼굴일세.
애초 백지 상태에서 허장성세하려는 것 아니었는데,
이에 푸른 하늘에서 좋은 보답이 있게 되었다네.
다시 천왕봉이 우리 좌우에 임한 것을 사랑하니,
백운이 한가로이 드리우고 흩어짐을 앉아서 보네.

高堂巨榜重如山 樂與群英住此間
肩夯千鈞方大擘 胸無一紙已强顔
初非白地張空勢 曾是靑天有好還
更愛天王臨左右 白雲坐對卷舒閑

■ 작자 : 하봉수(河鳳壽, 1867~1939)
■ 출전 :『柏村集』 권3, 「敬義堂唱酬-并小序-」.

○ 경의당 낙성

영남 사림이 구름처럼 모여 낙성을 축하하니,
도학의 비조께서 남긴 말씀 있는 줄 알겠네.
내 평생 이제 신유년[40]이 돌아오는 것을 만나고,
학자들이 공동으로 추진해 후경[41]의 날이 왔네.
태양은 분주한 뜰에서 종일 이 일을 희롱하고,
유생들은 자리에 가득 앉아 심정을 토로하네.

---

40) 신유년 : 1921년을 말함. 남명은 신유년인 1501년 출생했는데, 덕천서원을 중건한 것이 신유년의 전해인 1920년이었으므로 그렇게 말한 것이다.
41) 후경(後庚) :『주역』 손괘(巽卦) 구오효사(九五爻辭)에서 나온 말로, 일의 변화를 의미한다. 여기서는 경의당이 완공된 것을 의미한다.

한 건물의 흥폐는 실로 천운에 관계된 것,

이로부터 인문이 다시 밝아질 수 있으리.

-先生 以辛酉生 而是年適值辛酉-

嶺士如雲賦落成 方知道祖有遺聲

平生正値今回酉 學者同推降後庚

白日紛場終戲事 青襟廣席更輸情

一堂興廢關天數 自此人文可再明

■ 작자 : 하봉수(河鳳壽, 1867~1939)

■ 출전 : 『柏村集』 권2, 「敬義堂落成」.

○ 경의당에서 묵다

단정히 앉아 잠을 이룰 수 없는데,

마치 성성자 소리가 들리는 듯하네.

어찌 해야 대도를 온 세상에 펼쳐서,

성성자 소리를 사방에서 울리게 할까.

端坐不能寐 如聞惺子聲

那當恢大道 襟佩四來鳴

■ 작자 : 권재규(權載奎, 1870~1952)

■ 출전 : 『而堂集』 권4, 「宿敬義堂」.

○ 경의당에서 학교를 일으킬 적에 군언(群彦)[42]의 시에 차운함

선사가 남긴 발자취 높은 산을 우러르는 듯,

세월이 지났어도 사모하는 마음 여기에 있네.

읍하고 겸양하며 의리 전하니 속인을 놀라게 하고,

경이직내 의이방외의 요체는 당명으로 걸려 있네.

신령한 근원에서 흐르는 한 시내 물소리 이어지고,

강의하시던 천 길 은행나무에는 달그림자 돌아오네.

나는 바라노니 여러 영재들이 생각을 밝게 가지고,

겨를 없이 도를 도모하며 한가함 도모하지 않기를.

先師遺躅仰高山 閱世羹墻尙此間

揖讓傳儀驚俗眼 直方留諦揭堂顔

靈源一帶泉聲繼 講樹千尋月影還

我願群英明著意 遑遑謀道不謀閒

■ 작자 : 성환부(成煥孚, 1870~1947)

■ 출전 : 『正谷遺稿』 권2, 「敬義堂興學時 和群彦」.

○ 경의당을 중건하고 지은 시에 차운함 –낙성일이 마침 선생의 탄신일이었다.–

오래도록 황무지 되었다 찬란하게 다시 완공되니,

이제 다시 봄과 여름에 글 읽는 소리 들리겠네.

---

42) 군언(群彦) : 어떤 사람의 자(字)인데 이름은 알 수 없다.

다행히 옛 터에다 전의 모습을 회복하게 되었구나,
선현을 우러러 흠모하니 이런 새날이 오게 되었네.
도동의 청풍[43]에 사람들은 나태한 생각을 각성하고,
덕천의 맑은 기상에 선비들 애틋한 심정 토로하네.
이에 경의는 끝내 비색함이 없다는 것을 알겠으니,
우리 유가의 일월이 거의 다시 밝아질 것이네.

蕪沒經年煥復成 更聞春夏誦絃聲

幸因故址回前觀 仰想前賢降此庚

道洞淸風人立懶 德川淑氣士輸情

從知敬義無終否 日月吾家庶復明

■ 작자 : 한우석(韓禹錫, 1872~1947)

■ 출전 :『元谷集』권1,「次敬義堂重建韻-落成日適先生生日-」.

○ 경의당을 낙성하고 지은 시에 차운함

드높은 경의당을 찬란하게 다시 완공하니,
유교 풍화가 크게 진작되는 소리 서서 듣네.
몸은 임금의 은총을 입어 세 번이나 부름 받았고,
세월은 오래되어 태어난 해 몇 번이나 돌아왔던가.
덕천서원 안에서 글을 읽는 모임 개최하니,
방장산 안의 문화 인정이 속되지 않구나.

---

43) 도동의 청풍 : 도동은 현 진주시 상대동과 하대동 지역을 가리킴. 상대동에 남명 조식의 문인 최영경의 도강서당(道江書堂)이 있어서 그렇게 말한 것이다.

수많은 유생들이 모여 석채례를 행하니,

주자의 옛날 예법이 이곳에서 분명하네.

高堂敬義煥重成 佇見儒風大振聲

身被天恩三聘巷 歲深星史幾回庚

德川院裏開文會 方丈山中不俗情

濟濟衣冠行釋采 滄洲舊禮此分明

■ 작자 : 이용수(李瑢秀, 1875~1943)

■ 출전 : 『性菴集』 권1, 「敬義堂落成韻」.

○ 백촌(柏村) 하장(河丈)[44]이 경의당흥학시를 보내왔는데 나는 가서 종유하지 못했지만 기쁜 감정이 깊어서 졸렬함을 잊고 삼가 차운해 올리다 -임술년(1922)-

이 경의당 무엇 때문에 옛 화산과 같을까,

글 읽는 소리 망한 데서 오히려 들리기 때문.

북쪽으로 서 있는 천왕봉 멀지 않은 줄 알겠고,

남명 선생 직접 곁에서 모시고 있는 듯하구나.

공과 같은 분 무거운 짊을 담당할 만한 인물이니,

-보내온 시에 '어깨에 천균의 짊을 지니 바야흐로 임무는 큰데'라는 시구가 있기 때문에 이렇게 말한 것이다. 來詩有肩夯千勻方大擘之語 故及之-

우리들은 열 배의 노력을 기울이기를 생각하네.

44) 백촌(柏村) 하장(河丈) : 하봉수(河鳳壽, 1867~1939)를 가리킴. 백촌은 그의 호이다.

미미한 양기가 이로부터 회복되기를 바라노니,
함께 거처한다고 윤리를 등한히 하지는 않으리.

玆堂何似古華山 絃誦猶聞板蕩間

北立天王知不遠 南冥夫子若承顔

如公可謂千鈞擔 繄我當思十駕還

庶幾微陽從此復 群居未必爲倫閑

■ 작자 : 정종화(鄭鍾和, 1881~1938)

■ 출전 : 『希齋集』 권1, 「柏村河丈 寄敬義堂興學韻 余未及往從 而喜感則深矣 謹忘拙次呈」.

○ 경의당을 낙성하고 지은 시에 차운함

오랫동안 폐허 되었다 강당 건물 비로소 완공하니,
유림의 많은 선비들이 모두 같은 소리로 호응하네.
제도는 높고도 환하니 능히 으뜸이라 칭하겠고,
때는 길일에 속한데 다시 선생 탄신일을 만났네.
활발한 냇물 근원이 깊으니 선생 당시를 생각하고,
높은 풍도 태산처럼 우러르니 후생의 심정이로세.
정연한 예의법도가 향사를 지내는 자리에 있으니,
남쪽 지방에 천추토록 경의가 영원히 밝으리라.

積歲丘墟棟始成 儒林濟濟共應聲

制能輪奐堪稱甲 時屬吉辰復値庚

活水源深當日思 高風山仰後生情

儀文井井樽籩地 南國千秋敬義明

■ 작자 : 최긍민(崔兢敏, 1883~1970)

■ 출전 :『愼庵集』권1,「次敬義堂落成韻」.

○ 칠석에 경의당에서 벗을 만남

농사일에 너무 바빴다가 비로소 한가한 틈을 타,
나의 속된 수심을 씻으며 굽이진 난간을 올랐네.
어린 콩 김매지 않아 삼경의 길이 풀에 묻혔고,
마지막 더위 비록 혹독하지만 칠할은 시들었네.
인간 세상 작은 모임에는 술이 없어서는 안 되고,
천상의 아름다운 절기 꿈속의 얼굴을 만나는 때.
이번 유람을 통해 흥취와 즐거움 다하지 말게.
칠월 십육일이 올 때까지 이 즐거움 이어가세.

大忙田事始乘閒 濯我塵愁上曲欄

稚菽未治三逕沒 老炎雖酷七分殘

人間小會杯中物 天上佳期夢裏顔

莫把玆遊恣興樂 旣望來日續餘歡

■ 작자 : 조상하(曺相夏, 1887~1925)

■ 출전 :『石菴遺稿』권1,「七夕 會友敬義堂」.

○ 경의당

옛 서원 터에 경의당을 다시 준공하니,
남쪽 고을 많은 선비들 다 같이 모였네.
선생의 유풍 나약한 자도 능히 일으키니,

방장산은 만 길이나 푸르게 높이 솟았네.

古院重成敬義堂 南州多士共趨蹌

遺風能使懦夫立 方丈山高萬丈蒼

■ 작자 : 하용환(河龍煥, 1892~1961)

■ 출전 : 『雲石遺稿』 권1, 「敬義堂」.

○ 경의당을 중창하여 낙성한 다음날 이홍기(李弘基)·한성락(韓聲洛)·조용환(趙鏞桓)·권재형(權載衡)과 함께 허경교(許敬敎)-만책(萬策)-의 염주서사(濂洲書舍)에서 비로 지체하다

봄이 되어 무단히 졸릴 뿐 잠은 오지 않는데,

창밖의 차가운 빗소리가 미미하게 들려오네.

그윽한 대숲에 바람 잦아서 마을은 고요하고,

층층의 봉우리 구름 깊어 동천이 선명치 않네.

높은 다락에서 이틀을 잔 것 우연한 일 아니니,

조용히 세상사 강론할 때 정성을 미룰 수 있네.

때에 따라 다시 만날 날이 장차 어느 날일까,

마음속 기약은 이 생애 마칠 때까지가 좋으리.

春睡無端夢不成 隔窓寒雨送微聲

幽篁風靜村如肅 層嶂雲深洞未明

信宿高軒非偶事 從容講世可推誠

因時復合將何日 好托心期了此生

■ 작자 : 하종락(河鍾洛, 1895~1969)

■ 출전 :『小溪遺稿』 권1, 「敬義堂重創飮落 翌日 同李弘基 · 韓聲洛 · 趙鏞桓 · 權載衡 許君敬敎-萬策-濂洲書舍滯雨」.

○ 경의당

동천 안의 깊은 연원을 걸음걸음 찾아가니,
천만 가지 풍물에 마음을 맑게 할 수 있네.
경의당에 올라 선생의 사당에 배알하고자 해,
의관을 단정하게 갖추고 또 옷깃을 바로잡네.

洞裏深源步步尋 萬千風物可淸心
敬堂欲拜先生廟 端肅冠巾又整衿

■ 작자 : 권평현(權平鉉, 1897~1969)
■ 출전 :『華隱集』 권1, 「敬義堂」.

○ 경의당

선생은 천년 동안 이 당을 소유하시리,
우리 유가의 경의 일월처럼 빛이 나리.
수많은 후생들이 추모하는 마음을 가지니,
덕산의 도 산처럼 높고 물처럼 영원하리.

先生千載有斯堂 敬義吾家日月光
多少後人追慕意 德山山水與高長

■ 작자 : 성환혁(成煥赫, 1908~1966)
■ 출전 :『于亭集』 권1, 「敬義堂」.

제7절 덕천서원 앞 수우송(守愚松)

○ 수우송-최수우당이 심은 소나무가 덕천서원 앞 시내 남쪽 언덕에 있는데 태풍에 부러졌다. 근래 새 줄기가 한 자쯤 자랐다.-

수우 선생이 손수 심으신 소나무 보러 왔는데,
마른 그루터기가 반쯤 푸른 이끼 속에 묻혔네.
정신은 해를 향하여 청녀[45]를 밀어냈는데,
천둥과 비가 몰아쳐 어느 해에 소나무를 넘어뜨렸나.
유래가 있는 빼어난 나무는 바람이 반드시 부러뜨리고,
외로운 신하의 충성은 절로 세상에 용납되기 어렵구나.
조물주는 어떤 의도가 있어서 새싹을 틔우는 것이리니,
모든 초목의 으뜸인 하늘까지 솟은 소나무를 보리라.

爲訪先生手種松 枯査半入碧苔封
精神向日排靑女 雷雨何年倒赤龍
秀木由來風必折 孤忠自是世難容
化工有意生新蘖 會見昂霄百卉宗

■ 작자 : 손명래(孫命來, 1664~1722)

■ 출전 : 『昌舍集』 권1. 「守愚松-崔守愚手種松在德川院前溪南岸 爲風所折 近有新蘖尺許-」.

45) 청녀(靑女) : 서리와 눈을 주관하는 여신의 이름.

Ⅱ

세심정(洗心亭)에서

차 례

제1절 세심정

- 남정우(南廷瑀), 세심정
- 김기용(金基鎔), 세심정
- 성환부(成煥孚), 세심정
- 이교우(李敎宇), 세심정
- 이희석(李羲錫), 세심정
- 정규석(鄭珪錫), 세심정
- 강성중(姜聖中), 세심정

제2절 세심정에 올라

- 하수일(河受一), 세심정에서 느낌이 있어 각재(覺齋) 숙부의 시에 차운함
- 박 인(朴 絪), 세심정에서 차운함
- 박 인(朴 絪), 세심정에서 지음
- 하 진(河 溍), 덕천서원 세심정 시에 차운함
- 김 석(金 碩), 세심정 시에 차운함
- 하세희(河世熙), 세심정에서 오리를 읊다
- 하세희(河世熙), 세심정에서 우연히 읊다
- 하세응(河世應), 이식산(李息山)의 세심정 시에 차운함
- 하세응(河世應), 정경보(鄭敬甫)-식(栻)-의 세심정 시에 차운함
- 김 돈(金 墩), 팔월 사우록의 일로 덕천서원에 머물 때 세심정 시에 차운함
- 이홍서(李鴻瑞), 덕천 세심정에서 공경히 짓다
- 최명대(崔鳴大), 하태계(河台溪) 문집 속에 있는 세심정 시에 차운함
- 노국빈(盧國賓), 덕천서원에서 묵으며 세심정 시에 차운함

- 문정유(文正儒), 세심정 시에 차운함
- 윤동야(尹東野), 세심정에 올라 현판의 시에 차운함
- 윤동야(尹東野), 세심정에서 현판에 걸린 이식산(李息山)의 시에 차운함
- 하우현(河友賢), 세심정에 올라 함께 유람온 여러 공들과 수창하다
- 하우현(河友賢), 세심정에서 양이겸(梁而兼)−형달(亨達)−의 시에 차운함
- 하익범(河益範), 세심정에서 현판에 걸린 시에 차운함
- 김면운(金冕運), 세심정에서 현판에 걸린 시에 차운하여 누대 아래에 사는 주인−조맹진(曺孟振)−에게 주고 작별함
- 하범운(河範運), 세심정에서 이식산(李息山)의 시에 차운함
- 하범운(河範運), 세심정에서 죽음(竹陰) 조공(趙公)의 시에 차운함
- 이우빈(李佑贇), 이숙진(李叔眞)이 덕산을 유람하면서 지은 시에 차운함−세심정
- 김회석(金會錫), 진양의 세심정에 올라
- 최정진(崔鼎鎭), 덕천 세심정에 올라
- 하달홍(河達弘), 세심정에서 현판에 걸린 이식산(李息山)의 시에 차운함
- 김이표(金履杓), 세심정에서 이식산(李息山)의 시에 차운함
- 성채규(成采奎), 세심정 현판의 시에 공경히 차운함
- 최광진(崔匡鎭), 세심정에서 현판의 시에 차운함
- 안 찬(安 鑽), 세심정에 올라 현판의 시에 차운함
- 정환주(鄭煥周), 세심정에 올라
- 최숙민(崔琡民), 세심정에서 현판의 시에 차운함

- 송병순(宋秉珣), 세심정에 올라 현판의 시에 차운함
- 이상돈(李相敦), 세심정에서 최죽음(崔竹陰)의 시에 차운함
- 이상규(李祥奎), 세심정 시에 삼가 차운함
- 이정모(李正模), 세심정에서 현판의 시에 차운함
- 조병규(趙昺奎), 세심정에서 현판의 시에 차운함
- 이준구(李準九), 세심정에서 현판의 시에 차운함
- 김현옥(金顯玉), 세심정에 올라
- 전기주(全基柱), 세심정에 올라
- 권기덕(權基德), 세심정에서 현판의 시에 차운함
- 안유상(安有商), 하복경(河復卿)-재화(載華)-, 하채오(河采五), 성인술(成仁述)-환보(煥寶)-과 더불어 함께 세심정에 앉아서 지음
- 하헌진(河憲鎭), 세심정에 올라 현판의 시에 삼가 차운함
- 최학길(崔鶴吉), 덕산 세심정에 올라 느낌이 있어서
- 정제용(鄭濟鎔), 세심정에서 현판의 시에 차운함
- 정제용(鄭濟鎔), 세심정을 중수한 시
- 김기용(金基鎔), 세심정에 올라
- 하겸진(河謙鎭), 세심정에서 현판의 시에 차운함
- 성환부(成煥孚), 세심정 달밤에
- 주시범(周時範), 세심정에 올라
- 박원종(朴遠鍾), 세심정에 홀로 앉아
- 이태하(李泰夏), 다음날 세심정에 올라 현판의 시에 차운함
- 최정모(崔禎模), 세심정에서 현판의 시에 차운함
- 권봉희(權鳳熙), 세심정에 올라 현판의 시에 차운함

제1절 세심정

○ 세심정

거울 같은 푸른 못은 정히 하늘을 머금었고,

어부는 푸른 낚싯대 드리고 백로는 앞에 있네.

창랑가를 다 부르고 나니 해는 서산에 기울고,

푸른 버드나무 그늘 아래서 물고기 떼 헤아리네.

碧潭開鏡正涵天 漁父靑竿白鷺前

吟罷滄浪西日暮 綠陽陰下筭魚編

온갖 골짜기엔 아침이 되자 자던 구름 솟아나고,

덕산 동천이 환히 뚫려 찬란한 햇빛이 부서지네.

잠시 뒤에 해가 떠올라 붉은 양기를 쏟아내니,

여기저기 푸른 숲에서 비단 무늬가 만들어지네.

羣壑朝來吐宿雲 洞天開豁曙光分

須臾日出紅陽射 散點靑林作錦紋

- 작자 : 정장(鄭樟, 1569~1614)
- 출전 : 『一樹軒集』 권1, 「洗心亭」.

○ 세심정

만물을 포용하는 천지 사이를 두 다리로 걸어,

북쪽으로 장백산에 올랐다가 또 남쪽으로 왔네.

남명 선생의 도덕은 백년 뒤에도 변치 않아,

방장산 바람과 운무 온갖 골짜기서 불어오네.

하늘은 빼어난 봉우리에 가까워 머리 위 한 자,

땅은 창해에 닿아서 바다가 술잔처럼 보이네.

세심정 위에서 처량한 마음에 아무 말도 없는데,

고요한 데서 그윽한 마음 얻어 자재할 수 있네.

納納乾坤兩脚媒 北臨長白又南廻

冥翁道德百年後 方丈風煙萬壑來

天近秀峰頭上尺 地窮滄海眼中盃

洗心亭上悄無語 靜得幽悰可自裁

- 작자 : 이만부(李萬敷, 1664~1732)
- 출전 : 河世應『知命堂遺集』上, 「次李息山洗心亭韻 附元韻」, 「洗心亭」.

○ 세심정

옛 정자에 와서 취하니 때는 단풍이 물드는 가을,

한 근원에서 나온 찬 물 마음을 씻어주고 흐르네.

의연히 물외의 세계로 머리를 돌려 바라보니,

당년에 무슨 수심이 있었는지 우습기만 하네.

來醉古亭紅葉秋 一源寒玉洗心流

依然回首塵鬢外 堪笑當年有底愁

- 작자 : 정식(鄭栻, 1683~1746)
- 출전 : 『明庵集』 권3, 「洗心亭」.

○ 세심정

덕산 일대 시냇물 십리나 길게 이어졌는데,

세심정에 오르니 황홀하여 신선이 된 듯하네.

남명 선생 한번 떠난 뒤에도 강산은 그대로,

끝없는 광풍제월의 세계 옛날과 다름이 없네.

一帶溪流十里連 登亭怳若化神仙

冥翁一去江山在 風月無邊似昔年

■ 작자 : 하응명(河應命, 1699~1769)

■ 출전 : 『癡窩遺稿』 권1, 「洗心亭」.

○ 세심정

우리 선조[1] 이 정자 기문을 쓰셨는데,

그 문장이 해와 별처럼 찬란히 빛나네.

연원이 있는 시냇물 쉬지 않고 흘러,

천고토록 사람들은 깨어나라 소리치네.

吾祖記斯亭 文章炳日星

淵泉流不息 千古鳴人醒

남명 선생은 천하의 선비이시고,

방장산은 해동에서 제일 큰 산.

호탕한 기운이 광대한 산에 머물러,

1) 우리 선조 : 하수일(河受一)을 말함.

고색창연하게 태곳적 옛 모습일세.

先生天下士 方丈海東山

浩氣留磅礴 蒼然太古顔

사당의 건물은 단청 칠한 것이 엄연하고,

소나무와 삼나무는 검푸르며 비취빛 빛깔.

다시 남명 선생 아름다운 모습 보고자 하면,

가을 달이 차가운 시냇물에 비추는 것 보게.

廟閣儼丹靑 松杉任蒼翠

如復見休儀 秋月照寒水

■ 작자 : 하진현(河晉賢, 1776~1846)

■ 출전 : 『容窩遺集』 권1, 「洗心亭」.

○ 세심정–송정 선조의 기문이 있다.–

선조께서 어느 해에 이 정자의 기문을 지으셨나,

찬란히 법도를 밝혀 화려한 솜씨를 드러내셨네.

문호를 수립한 도학의 맥은 수사[2]로 통하였고,

세속을 초탈한 문장은 해와 별처럼 찬란하였네.

마음을 씻고자 한다면 『주역』을 탐구해야 하며,

학문은 요지를 구해야 하니 어찌 경전으로 돌아가지 않으리.

---

2) 수사(洙泗) : 공자가 살던 중국 곡부(曲阜)의 강 이름. 여기서는 공자가 창시한 유학을 가리킨다.

수우당[3]을 추상하니 아련한 감회 많기도 한데,
주렴 사이로 가을 달이 차가운 모래톱에 비추네.

先祖何年記此亭 煥然明法著丹靑

專門道脉通洙泗 高世文章并日星

心如欲洗當探易 學必求要盍反經

追想愚翁多曠感 半簾秋月照寒汀

■ 작자 : 하진현(河晉賢, 1776~1846)

■ 출전 :『容窩遺集』 권1, 「洗心亭-有松亭先祖記文-」.

○ 세심정

속세의 번거로운 마음 견딜 수 없어,
세심정 위에 올라 시내를 바라보네.
연하에는 속세의 기운이 없으며,
산수에서는 맑은 소리가 들리네.
고요히 탕임금이 목욕하던 대야를 대하고,
물러나 복희씨의 심오한『주역』을 간직하네.
만약 내 오래 이곳에 머물러 있으면,
본연의 마음을 회복할 수 있으리라.

不耐塵心惱 洗心亭上臨

烟霞無俗氣 山水有淸音

靜對湯盤浴 退藏羲易深

3) 수우당(守愚堂) : 남명 조식의 문인 최영경(崔永慶)의 호.

如吾長在此 可復本然心

■ 작자 : 박경가(朴慶家, 1779~1841)

■ 출전 : 『鶴陽集』 권2, 「洗心亭」.

○ 세심정

푸른 그림자 일렁이고 소나무엔 달이 걸렸는데,

맑은 풍광은 하나의 티끌도 용납하지 않는 듯.

어찌 해야 정자 앞의 맑은 냇물을 길어다가,

속세 사는 속인의 흉금 다 씻어낼 수 있을까.

綠影婆娑月入松 淸光不許一塵容

何當挹取亭前水 洗盡人寰俗子胸

■ 작자 : 박후대(朴垕大, 18세기 말기)

■ 출전 : 『安敬窩遺稿』 권1, 「洗心亭」.

○ 세심정

덕천의 가을 냇물이 정자를 감싸 돌아가며,

내 마음의 티끌을 씻어 내 회포가 상쾌하네.

선생이 떠나신 뒤에도 청풍은 여전히 남아,

이 때문에 유람객들 위에 오르기가 좋다네.

德川秋水抱亭迴 洗我心塵快我懷

先生去後淸風在 自是遊人好上來

■ 작자 : 김영조(金永祚, 1842~1917)

■ 출전 : 『竹潭集』 권1, 「洗心亭」.

○ 세심정

물은 부단히 흐르고 또 푸른 남기가 끼었는데,

온 종일 정자 위에서 즐거움 감당하기 어렵네.

정자 위의 맑은 바람이 무한히도 좋으니,

마음 씻는 것이 하필 시내의 못에 있으리.

水流不盡又青嵐 竟日登臨樂不堪

亭上清風無限好 洗心何必在溪潭

■ 작자 : 안익제(安益濟, 1850~1909)

■ 출전 :『西岡遺稿』권1, 「洗心亭」.

○ 세심정

청풍이 오늘날에도 오히려 서늘한데,

하물며 선생 문하에서 배운 분들이랴.

정자에는 허령한 기운이 감돌고,

강은 활발한 근원을 머금었네.

능히 일곱 개의 구멍으로 하여금,

어찌 티끌 하나라도 머물게 하리.

이곳에 항상 거처하는 사람들은,

가슴속의 번뇌를 알지 못하리라.

清風今尙凜 況及先生門

亭納虛靈氣 江涵活潑源

能令七竅洞 肯許一塵存

此地常居子 不知胸裡煩

■ 작자 : 안익제(安益濟, 1850~1909)

■ 출전 :『西岡遺稿』 권1, 「洗心亭」.

○ 세심정-덕천서원 앞에 있음.-

성인들이 마음을 전한 지결,

친히 받들어 주고받은 자리.

냇가에 나가 날마다 마음 씻으면,

가을 명월이 찬 시내에 비춘 듯하리.

千聖傳心訣 親承授受筵

臨流日日洗 秋月照寒川

■ 작자 : 남정우(南廷瑀, 1869~1947)

■ 출전 :『立巖集』 권1, 「洗心亭-在德川院前-」.

○ 세심정

다시 세심정 위에 올라왔는데,

어느덧 이십 년이나 흘렀구나.

무너진 서원에서 방황을 하다가,

작은 강 머리에 나와 시를 읊네.

산천재에서 석채례를 행하였고,

방장산에서 신선유람을 배웠지.

남명 선생 유풍 이곳에 남아 있어,

공경한 마음으로 며칠을 머무네.

再到心亭上 居然二十秋

彷徨頹院裏 嘯詠小江頭

天齋行菜禮 方丈學仙遊

夫子遺風在 欽欽數日留

■ 작자 : 김기용(金基鎔, 1869~1947)

■ 출전 :『幾軒集』 권1,「洗心亭」.

○ 세심정

언덕 나무에는 매미가 울어 물소리와 뒤섞이고,

바람이 조금 살랑거려 그림자가 물속에 비추네.

오늘 누가 은하 십리의 물을 마신다는 말 알리,

오직 옛 정자를 보호하는 여유 있는 이 있을 뿐.

岸樹蟬鳴雜水聲 風稍獵獵影涵淸

至今誰識銀河喫 惟有餘閒護古亭

■ 작자 : 성환부(成煥孚, 1870~1947)

■ 출전 :『正谷遺集』 권2,「洗心亭」.

○ 세심정

득실에 대해 그대는 말하지 마시게,

정자에 올라 한번 마음을 씻었나니.

신도비[4]는 두세 번 읽어볼 만하니,

4) 신도비 : 송시열(宋時烈)이 지은「남명조선생신도비명」을 말함.

파로[5]는 아마도 깊이 안 듯하네.

得失君休說 登亭一洗心

隧碑可三復 巴老蓋知深

- 작자 : 이교우(李教宇, 1891~1944)
- 출전 : 『果齋集』 권3, 「洗心亭」.

○ 세심정

전처럼 은하 같은 십리 시내 깊기만 한데,

천추에 속인의 마음을 씻어내기 어렵구나.

선생이 떠나신 뒤로 청렴한 풍도가 멀어져서,

못된 풍조 사방에 난무하는 것 근심스레 보네.

依舊銀波十里深 千秋難洗俗人心

先生去後廉風遠 愁看頑塵動四林

- 작자 : 이희석(李羲錫, 19세기 말기)
- 출전 : 『耻菴遺稿』 권1, 「洗心亭」.

○ 세심정

지쳐서 정자에 올라 한번 숨을 돌리니,

떨어지는 해가 서원과 담장을 비추네.

경물은 관리하는 사람이 아무도 없고,

산은 높고 파란 시냇물은 길기만 하네.

---

5) 파로(巴老) : 송시열을 일컬음.

倦登一敍嘯 落日照宮墻

景物無人管 山高碧水長

■ 작자 : 정규석(鄭珪錫, 1876~1954)

■ 출전 : 『誠齋集』 권1, 「洗心亭」.

○ 세심정

옷깃을 펄럭이며 곧장 세심정에 오르니,

눈앞에 찬란히 세심의 명문이 걸려있네.

원컨대 일신우일신의 노력을 기울여서,

이 마음 끝내 허령함을 회복하게 하길.

振衣直上洗心亭 入眼煌煌心字銘

願着日新又新力 此心終使復虛靈

■ 작자 : 강성중(姜聖中, 1898~1938)

■ 출전 : 『梨堂遺稿』 권1, 「洗心亭」.

제2절 세심정에 올라

○ 세심정에서 느낌이 있어 각재(覺齋)[6] 숙부의 시에 차운함

소나무 계수나무의 맑은 그늘 옛 산에 가득한데,

6) 각재(覺齋) : 하항(河沆, 1538~1590)의 호.

은거하던 군자 보이지 않아 눈물이 줄줄 흐르네.

그 전범이 단지 방장산에 남아 있을 뿐이어서,

만고 변치 않을 푸른 모습으로 참되게 서 있네.

松桂淸陰滿舊山 幽人不見涕潸潸

儀刑只有餘方丈 眞立蒼蒼萬古顔

■ 작자 : 하수일(河受一, 1553~1612)

■ 출전 :『松亭集』 권2, 「洗心亭有感 次覺齋叔父韻」.

○ 세심정에서 차운함

전쟁 통에 겨우 목숨을 보전하고서,

떠돌다가 인간 세상에 머물게 됐네.

백발의 나이에 누구를 새로 사귀리,

청산이 눈에 익숙한 옛 모습일세.

곤궁한 길에 수심은 그치지 않고,

쇠한 세상에 눈물 공연히 흐르네.

천왕봉 밑에 있는 것에 힘입어서,

마음을 씻고서 물가에 앉아 있네.

干戈保性命 淪落滯人間

白髮誰新契 靑山是舊顔

窮途愁未已 衰世涕空潸

賴有天王下 洗心坐水灣

큰 도덕이 오늘날의 세상에서는,

도리어 속된 사류의 비웃음이 되네.
이 세상이 나의 졸렬함을 용납하여,
청풍명월을 보며 나의 사심 살피네.
실의에 찬 날들이 얼마나 많았던가,
벗들은 이때를 다행으로 여기시게.
근신돈후하라는 말씀 반복해 듣고,
그 빼어남에 세 번 다시 탄복하네.

大道於今世 還爲俗士嗤

乾坤容我拙 風月省吾私

落魄何多日 朋簪幸此時

翻蒙謹厚句 三復歎魁奇

■ 작자 : 박인(朴絪, 1583~1640)

■ 출전 : 『無悶堂集』 권1, 「洗心亭 和韻」.

○ 세심정에서 지음-무진년(1628)-

사당 모습 우뚝해 엄연히 앞에 계신 듯,
천왕봉 밑에 구름 낀 숲이 옹립해 있네.
제군들 산수 찾아 물결처럼 떠나지 말고,
곧장 세심정 앞에 이르러 마음을 씻게나.

廟貌巍然儼若臨 天王峰下擁雲林

諸君莫浪尋山水 直到亭前要洗心

■ 작자 : 박인(朴絪, 1583~1640)

■ 출전 : 『無悶堂集』 권1, 「題洗心亭」.

○ 덕천서원 세심정 시에 차운함

일월이 송나라 때 이르러 다시 밝아져,

문질 겸비한 이락[7]의 군자들 성대했네.

천년 뒤 바다 밖 삼한 땅 방장산 아래서,

위대한 우리 선생 전하지 않던 것 이으셨네.

日月重明大宋天 彬彬伊洛蔚群賢

千年方丈三韓外 偉我先生繼不傳

■ 작자 : 하진(河溍, 1597~1658)

■ 출전 : 河世應『知命堂遺集』上,「德川書院洗心亭韻 逸 附河執義溍次韻」,「德川書院洗心亭韻」.

○ 세심정 시에 차운함

선사가 떠나신 지 이미 오래되었으니,

누가 다시 문호가 많은 것 안정시키리.

밤길에 하늘에는 달도 뜨지 않았으며,

흘러가는 시내는 물이 근원에서 고갈됐네.

시경과 서경을 새로 배우며 암송하는데,

본받을 법도로는 노송이 남아 있구나.

티끌세상의 시끄러운 인간사를,

정령께서는 번민하지 않으실 듯.

---

7) 이락(伊洛) : 이수(伊水)와 낙수(洛水)를 뜻하는 말로, 이 물가에 살았던 송나라 학자 정호(程顥)와 정이(程頤) 형제를 가리킨다.

先師沒已遠 誰復定多門

夜路天無月 沿洄水渴源

詩書新學誦 儀標古松存

塵世囂囂事 精靈倘不煩

■ 작자 : 김석(金碩, 1627~1680)

■ 출전 :『小山亭集』 권1, 「次洗心亭韻」.

○ 세심정에서 오리를 읊다

강 위에 둥실둥실 떠 있는 두 마리의 흰 오리,

푸른 부들 옆 모래톱 물가에서 물고기 엿보네.

잠시 뒤 어부 피리소리에 문득 놀라 날아가니,

낙조에 물결 속에는 그림자도 비추지 않는구나.

汎汎江中雙白鳧 覘魚沙渚傍靑蒲

俄然漁笛忽飛去 落照波心影有無

■ 작자 : 하세희(河世熙, 1647~1686)

■ 출전 :『石溪遺稿』 권1, 「洗心亭 咏鳧」.

○ 세심정에서 우연히 읊다-경술년(1670) 정월-

물외에서 한가로이 일이 없는데,

은자는 바위 위에서 잠이 들었네.

소나무에 걸린 달 보고 문득 놀라니,

선학이 춤을 추며 훨훨 나는구나.

物外閒無事 幽人石上眠

忽驚松桂月 仙鶴舞翩躚

■ 작자 : 하세희(河世熙, 1647~1686)

■ 출전 :『石溪遺稿』 권1, 「洗心亭偶吟」.

○ 이식산(李息山)의 세심정 시에 차운함

입덕문 앞에는 길에 안내인이 있는 듯,

앞 사람이 떠난 뒤에 뒷사람이 돌아오네.

멀리 보이는 산색은 천년토록 그대로이고,

자리에 봄바람이 부니 정월이 찾아왔구나.

종 치는 데 북채가 메아리에 응하는 것 비로소 믿겠고,

바다를 마시는 데 표주박으로 잔 삼는 것 어찌 꺼리리.

돌아가야겠구나, 우리 고을에 광간한 자들 많으니,

문장을 이루고 재단을 모르는 자들을 다듬어 주리.

入德門前路有媒 前人去後後人廻

望中山色千年在 座上春風一月來

始信撞鍾桴應響 何嫌酌海蠡爲盃

歸歟吾黨多狂簡 肯使成章不識裁

■ 작자 : 하세응(河世應, 1671~1727)

■ 출전 :『知命堂遺集』 上, 「次李息山洗心亭韻」.

○ 정경보(鄭敬甫)-식(栻)-의 세심정 시에 차운함

달이 앞의 못을 비추어 가을철 물이 맑은데,

심지도 마찬가지로 허령하고 밝음을 느끼네.

고요히 은거해 사니 원래 얽매임이 없지만,
생각에 집착할 때에는 또한 편안하지 않네.

月照前塘秋水清 一般心地覺虛明

寂然藏處元無累 念著中時亦不寧

■ 작자 : 하세응(河世應, 1671~1727)

■ 출전 : 『知命堂遺集』 上, 「次鄭敬甫-栻- 洗心亭韻」.

○ 팔월 사우록의 일로 덕천서원에 머물 때 세심정 시에 차운함

남명 선생의 위대한 점을 묻는다면,
모름지기 경의의 문을 보아야 하리.
선생은 곧장 이락(伊洛)의 정맥을 탐구했고,
곁으로는 회재와 퇴도의 연원에 접하였네.
산해 선생의 은미한 말씀 사라졌지만,
이 세상에는 호연지기가 남아 있네.
어두운 거리를 향해 사람들은 달려가는데,
선생이 남기신 실마리에 번민만 더해가네.

若問先生大 須看敬義門

直探伊洛脉 傍接晦陶源

山海微言喪 乾坤浩氣存

昏衢人向走 遺緖劇愁煩

■ 작자 : 김돈(金墩, 1702~1770)

■ 출전 : 『默齋集』 권1, 「八月 以師友錄事 留連德院 次洗心亭韻」.

○ 덕천 세심정에서 공경히 짓다

방장산은 연하가 덮인 세계인데,

하늘이 도덕의 문을 열어 놓았네.

창주[8]는 천고토록 이어진 지취이고,

염락[9]은 다르지 않은 한 근원이라네.

선생의 기절 높은 산처럼 우러르고,

선생의 정신 밝은 달처럼 그대로일세.

성대하게 흘러가는 세심정 가의 냇물이,

의당 세속의 번뇌를 깨끗이 씻어주리.

方丈煙霞界 天開道德門

滄洲千古趣 濂洛一般源

氣節高山仰 精神皓月存

溶溶亭畔水 宜滌世塵煩

- 작자 : 이홍서(李鴻瑞, 1711~1780)
- 출전 : 『陜川李氏世稿』 권11, 『霞痼公遺稿』, 「敬題德川洗心亭」.

○ 하태계(河台溪)[10] 문집 속에 있는 세심정 시에 차운함

시종 공명정대한 세계를 능히 온전히 했으니,

---

8) 창주(滄洲) : 주희가 살던 곳의 지명. 주희는 이곳에 창주정사를 짓고 강학하였다.

9) 염락(濂洛) : 염계(濂溪)에 살던 주돈이(周敦頤)와 낙양(洛陽)에 살던 정자(程子)를 가리킨다.

10) 하태계(河台溪) : 하진(河溍, 1597~1658)을 말함. 태계는 그의 호이다.

선생의 영특한 기상 현인들 중에서 빼어났네.

한가한 중에 의리와 지취를 읊조림 많았으니,

염락의 정맥 천추토록 절로 전해짐이 있구나.

終始能全正大天 先生英氣邁群賢

閒中理趣多吟詠 濂洛千秋自有傳

■ 작자 : 최명대(崔鳴大, 1713~1774)

■ 출전 : 『山南世稿』 권2, 「次河台溪集中洗心亭韻」.

○ 덕천서원에서 묵으며 세심정 시에 차운함

땅은 남명 선생의 사당을 보호하고,

산은 덕으로 들어오는 문 열어놓았네.

우뚝한 바위 그 기상을 우러러 보고,

활달한 시내 연원으로 거슬러 오르네.

달을 구경하니 천심이 보이고,

창문을 여니 야기[11]가 느껴지네.

성대하게 흘러가는 정자 아래 시냇물,

내 마음의 번뇌를 씻어가는 듯하구나.

地獲先生廟 山開入德門

巖峨瞻氣像 溪闊泝淵源

得月天心見 開窓夜氣存

洋洋亭下水 如滌我心煩

11) 야기(夜氣) : 한밤중에 길러지는 본연의 선한 기운. 『맹자』에 보인다.

■ 작자 : 노국빈(盧國賓, 1747~1821)

■ 출전 :『晩軒遺稿』 권1, 「宿德川書院 次洗心亭韻」

○ 세심정 시에 차운함

방장산의 그윽하고 깊숙한 덕산동 원리,

엄숙하고 고요한 데에 사당의 문이 있네.

곧장 관중[12]과 낙양[13]의 문으로 들어가,

멀리 사수[14]의 근원에까지 접하였구나.

온 세상에 선생의 고풍 멀리 퍼지고,

온 산하에 광대한 느낌 보존되었구나.

덕천이 부단히 흘러 마르지 않아서,

맑은 물이 마음의 번뇌를 씻어주네.

方丈幽深處 肅雍有廟門

直抽關洛鍵 遙接泗洙源

宇宙高風遠 山河曠感存

德川流不渴 淸澈洗心煩

■ 작자 : 문정유(文正儒, 18세기 중반)

■ 출전 :『東泉集』 권1, 「次洗心亭韻」

12) 관중(關中) : 북송 초의 학자 장재(張載)가 살던 곳으로, 장재를 가리킨다.

13) 낙양(洛陽) : 북송 초의 학자 정호(程顥)·정이(程頤)가 살던 곳으로, 정자(程子)를 가리킨다.

14) 사수(泗洙) : 공자가 살던 곡부의 사수(泗水)와 수수(洙水)를 가리키는 말로, 공자를 가리킨다.

○ 세심정에 올라 현판의 시에 차운함

방장산은 남쪽 변방에 솟아 있는데,

남명 선생이 옛날 사시던 동천이네.

나는 새들은 율리[15]로 돌아갈 줄 알고,

꽃잎은 무릉도원에서 흘러온 것 아네.

깨어있을 땐 흔들리는 쇠방울[16]을 취하고,

결단할 땐 몸에 지닌 보검[17]으로 대응했네.

세심정 위에 올라와서 앉으니,

속진의 생각 번민할 필요 없네.

方丈開南戎 先生舊洞門

鳥知還栗里 花憶泛桃源

惺取金鈴動 斷應寶釰存

洗心亭上坐 塵慮不須煩

- 작자 : 윤동야(尹東野, 1757~1827)
- 출전 : 『弦窩集』 권1, 「登洗心亭 次板上韻」.

○ 세심정에서 현판에 걸린 이식산(李息山)[18]의 시에 차운함

입덕문 앞에는 길에 안내인이 있는 듯,

15) 율리(栗里) : 진(晉)나라 때 도잠(陶潛)이 은거하는 마을. 여기서는 전원을 가리킨다.

16) 쇠방울 : 남명이 몸에 차고 다닌 성성자(惺惺子)를 가리킨다.

17) 보검 : 남명이 몸에 지니고 다닌 경의검(敬義劍)을 가리킨다.

18) 이식산(李息山) : 이만부(李萬敷, 1664~1732)를 말함. 식산은 그의 호이다.

세심정 위에서 눈길이 자주 돌아보네.

서원은 퇴락했고 담장은 그대로인데,

황량한 마당의 나무엔 새들이 날아오네.

선현의 아름다운 유적 오랜 뒤에 우러르니,

후인들 감개한 마음에 석 잔 술로 취하네.

다락 끝에 해 지는데 황매 철에 온 나그네,

현판 시문 읽으니 마음을 재단할 수 없구나.

入德門前路有媒 洗心亭上眼頻廻

儒宮頹剝墻猶在 庭樹荒凉鳥自來

前哲遺徽瞻百祀 後人感慨足三杯

軒頭落日黃梅客 讀了楣顔意莫裁

■ 작자 : 윤동야(尹東野, 1757~1827)

■ 출전 : 『弦窩集』 권1, 「洗心亭 次李息山板上韻」.

○ 세심정에 올라 함께 유람 온 여러 공들과 수창하다

무한한 풍광 경치 하도 좋기에,

신속히 흥이 나서 신명이 있네.

어찌하면 밤에도 잘 볼 수 있을까,

또한 가을 구월의 좋은 계절인데.

光景無邊好 倏然興有神

如何良覿夜 又是九秋辰

한 구역의 맑은 못의 밖에,

거인 같은 높은 산이 있네.
선생은 어느 곳을 우러르셨는지,
처량하게 난간에 기대 읊조리네.

一帶澄潭外 高山如巨人

先生何處仰 怊悵依欄呻

광풍제월 만나기를 기약하지 않았는데,
이번 유람 얻기 어려운 풍광 구경하네.
시를 지어 서로 들고서 증정을 하고,
베껴 써서 먼 훗날 다시 보려고 하네.

風月不期有 玆遊正得難

詩成相把贈 擬作後來看

■ 작자 : 하우현(河友賢, 1768~1799)

■ 출전 :『豫菴集』 권1, 「登洗心亭 酬同遊諸公」.

○ 세심정에서 양이겸(梁而兼)-형달(亨達)-의 시에 차운함

선생이 이 땅을 떠나신 뒤에,
동천에는 추상같은 명성 있었네.
서로 만나 이곳에 당도를 하니,
상쾌하구나, 오늘 밤의 심정이여.

先生去後地 洞壑霜秋聲

邂逅此中到 爽然今夜情

고요함 속의 마음을 얻으려 하면,

곧장 만종[19]을 가벼이 여기길 구하라.

높이 읊조리며 눈을 들어 멀리 보니,

난간 앞의 봉우리가 무수히 많네.

辨得靜中意 直要輕萬鍾

高吟送遐眺 無數檻前峯

나의 술을 마시기를 권하노니,

그대의 시에 아름다운 구절 자주 보네.

도리어 슬프구나, 서로 마주한 곳에,

옛 명월이 우리들 비추고 있는 것이.

我酒勸之飮 君詩佳句頻

還憐相對處 古月照今人

■ 작자 : 하우현(河友賢, 1768~1799)

■ 출전 :『豫菴集』 권1, 「洗心亭 和梁而兼-亨達-韻」.

○ 세심정에서 현판에 걸린 시에 차운함

몇 년이나 부지런히 우러렀던가,

오늘 이 문에 들어오게 되었네.

나무들은 선천의 색깔로 늙었고,

시내엔 근원 있는 활수가 흐르네.

19) 만종(萬鍾) : 1종(鍾)은 6곡(斛) 4두(斗)로, 만종은 매우 많은 부(富)를 말한다.

선생 정신 소미성에 숨어 있고,

선생 기상 두류산에 남아 있네.

백세 뒤 선생 풍도 듣는 이들도,

오히려 능히 번뇌를 씻으리라.

幾年勞仰止 今日入斯門

樹老先天色 川通活水源

精神微宿隱 氣像頭流存

百世聞風者 猶能滌累煩

■ 작자 : 하익범(河益範, 1767~1813)

■ 출전 : 『士農窩集』 권1, 「洗心亭 次板上韻」.

○ 세심정에서 현판에 걸린 시에 차운하여 누대 아래에 사는 주인-조맹진(曺孟振)-에게 주고 작별함

선계의 청의 사자 속객이 끼어듦을 응당 꺼리겠지,

밀랍 신 신고 진경을 찾아 와 적막한 곳을 돌아보네.

우뚝한 바위 봉우리 모습 구름 위로 솟아 있고,

졸졸거리는 여울물소리 내리는 빗속에 들려오네.

백발로 선정신의 유적지를 다시 찾아와서,

반가운 눈으로 고인의 술잔을 서로 대하네.

말을 타고 다시 김해만(金海灣) 향해 떠나려니,

끝없는 풍광과 경치에 흥취를 거둘 수 없네.

靑使應嫌俗客媒 探眞蠟屐寂寥回

巉巖嶽色穿雲立 淅瀝灘聲帶雨來

白首重尋先正宅 靑眸相對故人杯

征駒更向金灣去 光景無邊興未收

■ 작자 : 김면운(金冕運, 1775~1839)

■ 출전 : 『梧淵集』 권1, 「洗心亭 次板上韻 贈別臺下主人-曺孟振-」.

○ 세심정에서 이식산(李息山)[20]의 시에 차운함

비풍하천[21]의 세상에 말을 하는 것 조매[22]에게 부끄러워,
행운유수처럼 높이 날아 그 틀에서 벗어나 이곳에 돌아왔네.
흐르는 강은 선생을 따라 떠나가지 않았고,
강단의 나무는 일찍이 오랜 세월 지나 왔네.
맑은 달밤 빛을 머금은 곳은 주렴계[23]의 집이었고,
엷은 구름이 빛을 더한 것은 취옹[24]의 술잔이었네.
신령한 이 구역엔 굽이굽이 아름다운 경관 많아,
「무이도가」에 차운하려니 의경을 재단치 못하겠네.

風下啁啾愧鳥媒 高翔雲水脫樊回

滄江不逐先生去 壇樹曾經幾劫來

20) 이식산(李息山) : 이만부(李萬敷)를 말함. 식산은 그의 호이다.

21) 비풍하천 : 비풍(匪風)은 『시경』 회풍(檜風)의 편명이고, 하천(下泉)은 『시경』 조풍(曹風)의 편명으로 모두 왕도가 쇠한 세상을 한탄하는 노래이다. 여기서는 도가 쇠미한 세상을 의미한다.

22) 조매(鳥媒) : 다른 새를 유인하는 새.

23) 주렴계(周濂溪) : 북송 대 학자 주돈이(周敦頤)를 말함. 염계는 그의 호이다. 주돈이는 인품이 광풍제월 같다고 일컬어졌다.

24) 취옹(醉翁) : 북송 때 문장가 구양수(歐陽脩)를 말함. 그는 「취옹정기(醉翁亭記)」에서 자신을 산수에 취한 사람이라는 의미로 취옹이라고 했다.

霽月藏輝濂老宅 淡雲增色醉翁杯

靈區曲曲多佳景 欲和櫂歌意莫裁

■ 작자 : 하범운(河範運, 1792~1858)

■ 출전 : 『竹塢集』 권1, 「洗心亭 次李息山韻」.

○ 세심정에서 죽음(竹陰) 조공(趙公)[25]의 시에 차운함

소자가 늦게 태어난 것 한스러우니,

인도를 받아 문하에 미치지 못하였네.

덕천서원 강당에 올라 경의를 생각하고,

앞의 시냇물 보며 연원을 거슬러 오르네.

예스러운 모습 가을 산은 고요하고,

남은 광채 맑은 달에 보존되어 있네.

명료하게 가슴속이 상쾌해지니,

온갖 근심과 번뇌 잊어버렸네.

小子嗟生晩 提撕未及門

升堂思敬義 觀水溯淵源

古貌秋山靜 餘光霽月存

了然胸海爽 忘却百憂煩

■ 작자 : 하범운(河範運, 1792~1858)

■ 출전 : 『竹塢集』 권1, 「洗心亭 次竹陰趙公韻」.

25) 죽음(竹陰) 조공(趙公) : 조희일(趙希逸)을 말함. 죽음은 그의 호이다.

○ 이숙진(李叔眞)[26]이 덕산을 유람하면서 지은 시에 차운함-세심정-

맑은 바람이 대나무 자리에 불어오더니,

상쾌하게 빈한한 집의 문까지 불어오네.

천왕봉의 진면목을 마주 대하고,

산해정의 연원까지 흘러 통하네.

큰 잠에서 깨어난 허령불매한 경지,

우주가 이 정자에 보존되어 있네.

진경은 청정하기가 이와 같으니,

이곳 아니면 세상 번뇌 어찌 하리.

淸風吹竹簟 爽若掍寒門

對越天王面 流通山海源

虛靈大寐覺 宇宙此亭存

眞境淸如許 微斯奈世煩

- 작자 : 이우빈(李佑贇, 1792~1855)
- 출전 : 『月浦集』 권1, 「次李叔眞遊德山諸作」.

○ 진양의 세심정에 올라

백리 길 산하를 지나온 나그네,

넉넉하게 입덕문을 유람했다네.

그 안에 기이한 절경이 있으니,

---

26) 이숙진(李叔眞) : 이우(李遇)를 말함. 숙진은 그의 자이다.

예로부터 신령스런 근원 열어놓았네.
남긴 향기에 매화는 절로 떨어지고,
맑은 여운은 대나무가 보존하고 있네.
난간에 기대니 상쾌한 기운이 움직여,
세속의 온갖 번뇌를 다 씻어 버리네.

百里湖山客 優遊入德門
箇中奇絶處 從古闢靈源
遺芬梅自落 淸韻竹猶存
憑欄動爽氣 消遣世塵煩

■ 작자 : 김회석(金會錫, 18세기 후반)
■ 출전 : 『愚川集』 권1, 「登晉陽洗心亭」.

○ 덕천 세심정에 올라

사흘 동안 진경의 명승을 찾았는데,
두류산에는 절로 신령스러움이 있네.
만약 속세와 끊어진 곳 찾고자 하면,
먼저 이 세심정 위에 올라 보시라.

三日探眞勝 頭流自有靈
若尋斷俗地 先上洗心亭

■ 작자 : 최정진(崔鼎鎭, 1800~1868)
■ 출전 : 『花山集』, 「登德川洗心亭」.

○ 세심정에서 현판에 걸린 이식산(李息山)[27]의 시에 차운함

흐르는 물 위의 복사꽃이 저절로 인도해서,

어부가 떠난 뒤에 나그네가 다시 돌아왔네.

물결은 끊임없이 흘러서 바다에 이를 테고,

산은 하늘까지 닿으려는 듯 겹겹이 늘어섰네.

시는 가다듬지 않고 손 가는 대로 끄적이며,

술은 양을 정함이 없이 따르는 잔에 맡기네.

선생은 떠나셨으니 나는 장차 어디로 가나,

광간한 자들 근래에 스스로 재단하지 못하네.

流水桃花也自媒 漁郎去後客重回

波將到海源源進 山欲參天疊疊來

詩不敲推因信手 飮無多小任傾杯

先生尙矣吾安適 狂簡年來未自裁

■ 작자 : 하달홍(河達弘, 1809~1877)

■ 출전 :『月村集』권1, 「洗心亭 次李息山板上韻」.

○ 세심정에서 이식산(李息山)의 시에 차운함

하늘이 신령한 경계를 숨겼는데 물이 인도하여,

길이 두류산으로 들어가는데 만 겹이나 돌아드네.

득의에 찬 시내 물고기들 원래 저절로 즐겁고,

27) 이식산(李息山) : 이만부(李萬敷)를 말함. 식산은 그의 호이다.

진경 찾는 이 지친 말 타고 또 지금 찾아왔네.
행단[28]에는 해가 길어 비파 소리 드물게 들리고,
다간[29]에는 바람이 맑아서 굽이마다 잔을 띄우네.
문설주 현판에 걸린 글의 의미를 보고 취하여서,
우리 고을 재단할 줄 모르는 자들 가르치려 하네.

天藏靈境水爲媒 路入頭流萬疊回
得意游魚元自樂 尋眞倦馬又今來
杏壇日永希聞瑟 茶澗風淸曲泛盃
看取楣間扁額義 肯教吾黨不知裁

■ 작자 : 김이표(金履杓, 1812~1881)
■ 출전 : 『尙友堂集』 권1, 「洗心亭 次李息山韻」.

○ 세심정 현판의 시에 공경히 차운함

뱃노래 부르며 진경 찾는데 길에 안내인 있으니,
두류산 천길 봉우리 푸르게 떠받친 것 돌아보네.
우리 유가의 일월 같다는 마음을 전한 법 있으니,
그 근본지인 산천재에서 그 이치를 보고 왔다네.
송뢰소리와 찬 여울물소리 저물녘 발걸음에 들리고,
행단의 화락한 기상은 봄 술잔 속으로 들어오네.
남명 선생 사시던 동천 지금도 오히려 예스러우니,

28) 행단(杏壇) : 공자가 제자들을 가르친 곳으로 후대에는 학생들을 가르치는 장소를 일컫는데, 여기서는 덕천서원을 지칭한다.
29) 다간(茶澗) : 현 산청군 삼장면 대하리 다간 마을을 가리킨다.

부여잡고 올라 차례로 재단을 취할 수 있도록 하세.

歌櫂尋眞路有媒 頭流千仞碧撑回

吾家日月傳心在 本地山天見理來

松瀨寒聲生晩屐 杏壇和氣入春盃

冥翁丘壑今猶古 要得躋攀取次裁

■ 작자 : 성채규(成采奎, 1812~1891)

■ 출전 :『悔山集』 권1, 「敬次洗心亭板上韻」.

○ 세심정에서 현판의 시에 차운함

남명 선생 깃들어 사시던 이곳에,

후학이 산간의 동구문에 이르렀네.

봉우리 우뚝하니 높고 높은 기상,

냇물 흐르니 끊임없이 솟아나는 근원.

외로운 정자는 옛 모습대로 서 있고,

선생의 유택 지금까지 보존되어 있네.

무너진 담장 밑에서 지팡이를 짚고서,

처량한 느낌에 마음 절로 번거롭구나.

冥翁棲息地 後學到山門

峯屹巖巖氣 水流混混源

孤亭依舊立 遺澤至今存

拄杖頹垣下 悄然意自煩

■ 작자 : 최광진(崔匡鎭, 1816~1885)

■ 출전 :『梅隱集』 권1, 「洗心亭 次板上韻」.

○ 세심정에 올라 현판의 시에 차운함

방장산이 남쪽 지방을 진압하고 있는데,

어느 해에 이 관문을 열어놓았던가.

운무와 연하의 명승을 두루 구경하고,

산과 바다의 근원을 끝까지 찾아보았네.

흥하고 폐하는 운수 때로 혹 만나는 것,

우러러 보니 도가 아직 보존되어 있구나.

맑은 시냇물 부단히 흘러 다하지 않는데,

유람하는 나그네 번거로운 마음을 씻누나.

方丈鎭南服 何年闢此門

遍閱雲霞勝 窮探山海源

廢興時或値 瞻仰道猶存

淸溪流不盡 遊客洗心煩

■ 작자 : 안찬(安鑽, 1829~1888)

■ 출전 : 『癡史集』 권1, 「登洗心亭 次板上韻」.

○ 세심정에 올라

산천이 어찌 변함이 있겠는가,

천지는 곤궁해도 보존될 수 있네.

세심정을 찾아 온 나그네에게 말하노니,

날마다 새롭게 하여 번뇌를 씻어버리게.

山川寧有變 天地可窮存

寄語遊亭客 日新乃滌煩

■ 작자 : 정환주(鄭煥周, 1833~1899)

■ 출전 :『薇山遺稿』 권1, 「登洗心亭」.

○ 세심정에서 현판의 시에 차운함

길을 가서 도천 가에 이르렀는데,

가을 운무가 동구 문을 막고 있네.

사람들 무성한 풀을 회상해 슬퍼하지만,

누가 연화세계 근원까지 거슬러 오르리.

작은 바위가 어찌 내 말을 감당하리,

외로운 정자가 우연히 홀로 남았네.

이 마음 어느 날에나 다 씻을까,

백발인데도 아직 번거롭고 한스럽네.

行到桃川上 秋雲羃洞門

人懷茂草悵 誰溯蓮華源

短石那堪語 孤亭偶獨存

此心何日洗 白首尙煩冤

■ 작자 : 최숙민(崔琡民, 1837~1905)

■ 출전 :『溪南集』 권2, 「洗心亭 次板上韻」.

○ 세심정에 올라 현판의 시에 차운함-정자는 진양의 덕천에 있다.-

그 옛날 현인이 소요하며 쉬시던 곳,

시내 따라 오는 길에 또 산문이 있네.

천인벽립의 산에서 선생의 기상을 보고,

흐르는 시냇물에서 활수의 원두를 묻네.

천년의 발자취를 자세히 어루만지고,

한 마음 보존한 것에 크게 깨우치네.

세상에 기이한 곳 없다고 말하지 말게,

빈한한 장부의 번뇌를 씻을 수 있으니.

昔賢游息地 智路又仁門

壁立瞻遺像 川流問活源

細摩千載蹟 大覺一心存

莫道無奇絕 貧夫可滌煩

■ 작자 : 송병순(宋秉珣, 1839~1912)

■ 출전 :『心石齋集』 권2,「登洗心亭 次板上韻-在晉陽之德川-」.

○ 세심정에서 최죽음(崔竹陰)[30]의 시에 차운함

말을 멈추고 정자의 가를 서성이니,

이곳이 두류산의 제일 관문이로구나.

거문고와 도서는 운곡[31]의 정사 같고,

꽃과 나무는 무릉도원과 흡사하네.

덕천서원의 위용은 엄숙하기만 하고,

산천재엔 도덕과 의리가 보존되어 있네.

30) 최죽음(崔竹陰) : 죽음(竹陰)은 호이며, 이름은 자세치 않다.

31) 운곡(雲谷) : 주자가 은거하던 곳.

청풍이 수시로 소맷자락을 펄럭거려서,

길이 읊조리며 속세의 번뇌를 사절하네.

住馬步亭畔 頭流第一門

琴書雲谷社 花樹武陵源

德院威儀肅 天齋道義存

淸風時拂袂 長嘯謝塵煩

- 작자 : 이상돈(李相敦, 1841~1911)
- 출전 : 『勿齋集』 권1, 「洗心亭 次崔竹陰韻」.

○ 세심정 시에 삼가 차운함

마음을 씻어내는 맑은 시냇물,

덕으로 들어가는 이 문이 환하구나.

위대하구나, 춘추의 대의여,

이락[32]의 연원에까지 접하였네.

기상은 능히 천석종[33]처럼 중후하고,

도는 태산과 더불어 영원히 보존되었네.

정자 위에 운무와 명월이 아름다우니,

세속에 초연하여 청정해 번거롭지 않네.

---

32) 이락(伊洛) : 송나라 정자(程子)가 살던 이수(伊水)와 낙수(洛水) 사이를 말한다.

33) 천석종 : 남명 조식의 「제덕산계정주(題德山溪亭柱)」에 '청간천석종(請看千石鍾)'이라고 한 것 시구에서 따온 말로, 천 석이나 들어갈 정도로 큰 종을 말한다.

洗心瀅底水 入德煥斯門

大矣春秋義 接夫伊洛源

氣能千石重 道與泰山存

亭上多雲月 超然淨不煩

■ 작자 : 이상규(李祥奎, 1846~1922)

■ 출전 : 『惠山集』 권1, 「謹次洗心亭韻」.

○ 세심정에서 현판의 시에 차운함

다리 아래서 긴 바람이 불어 용을 빌어 타고서,

나는 하늘 끝에 닿아 있는 두류산에 돌아 왔네.

천 길을 나는 봉황새 어디로 향해 가는가,

만년토록 변치 않는 일월이 이곳에 뜨는데.

마음이 빛나 인간세상의 허물을 받지 않으며,

물의 기운 길이 정자 위의 술잔으로 들어오네.

베옷 입고 문채를 바람은 기다림이 있어서니,

중수한 사당의 기문은 내손으로 재단하리라.

長風脚下借龍媒 我與頭流天際廻

千仞鳳凰何處去 萬年日月此中來

心光不受人間垢 水氣長侵亭上盃

衣布希文猶有待 重修祠記手將裁

■ 작자 : 이정모(李正模, 1846~1875)

■ 출전 : 『紫東集』 권1, 「洗心亭 次板上韻」.

○ 세심정에서 현판의 시에 차운함

나무들은 창주정사[34]의 나무들처럼 늙었고,

풀은 백록동서원[35] 문을 덮은 풀처럼 자랐네.

높은 산에는 남명 선생의 기상이 남아 있고,

활발히 흐르는 시냇물에는 연원이 있구나.

선생이 학문한 것은 명명덕 신민[36] 지어지선이고,

마음을 잡은 방법은 경의를 보존하는 것이었네.

저녁나절 바람 쐬며 정자 위에 앉아서,

가슴속 가득하던 번민을 다 씻어버렸네.

樹老滄洲舍 草埋鹿洞門

高山餘氣象 活水有淵源

爲學明新至 操心敬義存

晩風亭上坐 洗盡滿衿煩

- 작자 : 조병규(趙昺奎, 1849~1931)
- 출전 : 『一山集』 권1, 「洗心亭 次板上韻」.

○ 세심정에서 현판의 시에 차운함

옛날 강학을 하던 시절 떠올리니,

도덕과 의리의 문이 환하구나.

---

34) 창주정사 : 주희가 만년에 강학한 정사.

35) 백록동서원 : 중국 강서성 여산(廬山)에 있는 서원으로, 주희가 중수하여 강학한 곳이다.

36) 명명덕 신민 지어지선 : 『대학』의 삼강령을 말함.

높고 높은 방장산의 기상이여,

활발히 흐르는 연원 있는 덕천이여.

백록동에 누가 서원을 창건했던가[37],

신령스런 빛이 아직 홀로 남아있네.

도도하게 흐르는 정자 밑의 시내,

내 마음의 번뇌 씻고도 남겠구나.

憶昔絃歌日 昭然道義門

巖巖方丈氣 潑潑德川源

鹿洞曾誰創 靈光尙獨存

滔滔亭下水 剩洗我心煩

■ 작자 : 이준구(李準九, 1851~1924)

■ 출전 :『信菴集』권1,「洗心亭 次板上韻」.

○ 세심정에 올라

정자 위에는 청산이 솟아 있고,

정자 앞에는 푸른 물이 깊구나.

이름 듣고 정자 이미 좋아했으니,

우리 함께 마음을 세세히 논해보세.

亭後靑山出 亭前碧水深

聞名亭已好 聊與細論心

37) 백록동에……창건했던가 : 주희가 여산 백록동에 백록동서원을 중창하여 강학처로 만들었듯이, 사숨이 뛰어놀던 덕산에 덕천서원을 창건한 것을 비유적으로 말한 것이다.

■ 작자 : 김현옥(金顯玉, 1844~1910)

■ 출전 :『山石集』 권1, 「登洗心亭」.

○ 세심정에 올라

선생이 우리나라에 태어나시어,

천년토록 사문을 깨우치셨네.

태산 같은 기상을 아련히 우러르고,

활수의 시내서 원두를 시험 삼아 보네.

바람 불어 거문고와 비파 소리 들리고,

풀이 무성하여 서원과 담장만 보이네.

이제부터 유람객이 이 정자에 오르면,

마음이 깨끗해져 번뇌를 씻어 버리리.

先生東國出 千載覺斯文

緬仰泰山氣 試看活水源

風鳴琴瑟聽 草沒宮墻存

自是遊人上 心淸流去煩

■ 작자 : 전기주(全基柱, 1855~1917)

■ 출전 :『菊圃續稿』 권1, 「登洗心亭」.

○ 세심정에서 현판의 시에 차운함

깊은 산 속의 태곳적 옛날 세상,

천년토록 큰 은군자의 문이었네.

푸른 대나무는 책상 앞에 우거져 있고,

활발히 흐르는 시내에서 근원을 찾네.
징사가 살던 곳 어디인지 알겠으니,
선생의 유풍 지금도 오히려 남았구나.
흉금을 펴자 세속의 근심 없어지니,
세심정이란 현판의 뜻 비로소 알겠네.

太古深山裏 千年大隱門
青篁曾設榻 活水此尋源
徵士知何處 遺風今尙存
披襟無世慮 始覺揭楣言

■ 작자 : 권기덕(權基德, 1856~1898)
■ 출전 : 『三山遺稿』 권1, 「洗心亭 次板上韻」.

○ **하복경**(河復卿)-재화(載華)-, **하채오**(河采五), **성인술**(成仁述)-환보(煥寶)-**과 더불어 함께 세심정에 앉아서 지음**

덕천 시냇가에 외로운 정자 하나 있기에,
그대들과 쉬기 위해 푸른 대자리에 앉았네.
백로가 날아다니지 않아 구름은 고요하고,
노란 꾀꼬리 울지 않아 숲속이 어둑어둑.
고인이 통곡한 것 도리어 일이 많았기 때문,
온 세상 다 침몰했는데 뉘 유독 깨어있었나.
또렷이 회포가 일어 잠을 이루지 못하는데,
그 속에서 다시 「무이도가」를 듣는 듯하네.

德川川上一孤亭 與子乘凉坐簟青

白鷺倦飛雲漠漠 黃鸝乍歇樹冥冥
古人痛哭還多事 擧世渾沈誰獨醒
歷歷興懷仍不寐 箇中如復棹歌聽

■ 작자 : 안유상(安有商, 1857~1929)

■ 출전 : 『陶川集』 권2, 「與河復卿-載華- 河采五 成仁述-煥寶- 共坐洗心亭」.

○ 세심정에 올라 현판의 시에 삼가 차운함

시냇가로 난 옛 길 풀이 안내를 하는데,
말 세우고 석양녘에 걸음걸음 돌아보네.
하늘에 닿은 고목은 전인들의 두려움을 보았고,
깎아지른 듯한 청산은 후인이 오는 것 증험하네.
느낌 있어 우리 선조의 필적을 우러러 보고,
작별에 임하여 다시 고인의 술잔에 취하네.
차가운 운무 서원과 담장을 다 덮어 버리니,
마음의 실마리 아득하여 재단하지 못하겠네.

沿溪古路草爲媒 立馬斜陽步步回
干天老樹經前愓 削壁青山證後來
有感仰瞻吾祖筆 臨離更醉故人杯
寒煙鎖盡宮墻沒 心緖悠悠竟莫裁

■ 작자 : 하헌진(河憲鎭, 1859~1921)

■ 출전 : 『克齋集』 권1, 「登洗心亭 謹次板上韻」.

○ 덕산 세심정에 올라 느낌이 있어서

신령하고 찬란한 모습으로 물가에 우뚝 선 정자,
속진의 마음을 씻고자 한 뜻 명칭이 여기에 있네.
몇 길의 서원과 담장 이제는 찾을 곳이 없으니,
이월 팔월 중정일 향사 주관하는 자 뉘 있으리.
책상 위의 서적은 좀이 책머리를 반쯤 쏠았고,
문설주 편액은 거미가 검은 현판에 다 줄을 쳤네.
원숭이 떠나고 산은 비어 봄이 와도 적막한데,
들에 가득한 향기로운 풀 절로 무성히 났구나.

靈光獨立水之湄 欲洗塵心號在玆
數仞宮墻無處覓 二丁香火有誰尸
床書蠹半篇頭蝕 楣額蛛全墨上絲
猿去山空春寂寞 滿庭芳艸自離離

■ 작자 : 최학길(崔鶴吉, 1862~1936)
■ 출전 :『懼齋集』 권1, 「登德山洗心亭 有感」.

○ 세심정에서 현판의 시에 차운함

제군들 길에 안내하는 사람 없다 말하지 말게,
입덕문 깊어서 강가 언덕을 돌아서 들어오네.
산해정에서 보이신 고풍 선생은 떠나시고,
방장산에 해 기울 때 먼 고장 사람이 왔네.
흘러가는 구름과 냇물 오히려 눈에 보이고,
고인들 한정 없이 여기서 술잔을 기울이셨지.

고개 돌리니 무성한 잡초 속에 서 있는 정자,
신음하는 사이 끝없는 생각 재단하기 어렵네.

諸君休說路無媒 入德門深江岸廻
山海高風夫子去 方壺斜日遠人來
雲水蒼茫猶在眼 古人無限此傾杯
鞠草孤亭回首立 吟邊懷思浩難裁

■ 작자 : 정제용(鄭濟鎔, 1865~1907)
■ 출전 : 『溪齋集』 권1, 「洗心亭 次板上韻」.

○ 세심정을 중수한 시

수우당 선생이 삼백 년 전에,
세심정을 다시 지으셨었지.
저녁나절 운무에 한기가 섬돌에 생기고,
그윽한 물소리에 상쾌함이 난간에 서리네.
아득히 오래되어 옛날 감회 더하고,
상쾌하고 시원하여 새로 깨어난 듯하네.
이 도가 땅에 떨어짐이 없기를 기약하니,
두류산이 만고에 변치 않고 푸르듯이.

愚翁三百載 重葺洗心亭
晚靄寒生砌 幽淙爽透欞
悠悠增舊感 灑灑若新醒
斯道期無墜 頭流萬古靑

■ 작자 : 정제용(鄭濟鎔, 1865~1907)

■ 출전 :『溪齋集』 권1, 「重修洗心亭韻」.

○ 세심정에 올라

내 생애 돌아보니 어찌 이리 늦게 태어났나,
선생의 문하에 나가지 못한 것을 개탄하네.
산은 빼어나니 주자 살던 무이산 산색이고,
시내는 깊으니 공자 살던 수사의 연원일세.
서원과 담장 비록 이미 훼철되었지만,
선생의 지결은 오히려 능히 보존되었네.
물러나서 세심정 위에 올라와 앉으니,
서늘하여 마음속의 번뇌를 없애주네.

顧我生何晩 慨歎不及門
山秀武夷色 水深洙泗源
宮墻雖已毁 旨訣尙能存
退坐心亭上 冷然除却煩

■ 작자 : 김기용(金基鎔, 1869~1947)
■ 출전 :『幾軒集』 권1, 「登洗心亭」.

○ 세심정에서 현판의 시에 차운함

높다란 나무와 찬 구름이 바윗길로 안내를 하여,
쓸쓸히 가던 나그네의 말 짐짓 낮은 데로 돌아가네.
한 시내 맑게 갠 기색이 석양녘에 참으로 좋은데,
온갖 골짜기에서 가을 소리 들리는 방장산에 왔네.

허물어진 집 백 년 동안 사방의 벽이 뻥 뚫렸고,
명랑한 봉우리 오늘도 석 잔 술에 취하게 하네.
지척의 화려한 문간에 선생의 유적이 남아 있어,
두세 차례 감흥이 일어나 재단하기 쉽지 않구나.

喬木寒雲石路媒 蕭然客馬故底回
一川霽色斜陽好 萬壑秋聲方丈來
瓣宇百年虛四壁 融峯今日醉三盃
華楣咫尺留先蹟 三復興懷未易裁

■ 작자 : 하겸진(河謙鎭, 1870~1946)
■ 출전 :『晦峯集』권1,「洗心亭 次板上韻」.

○ 세심정 달밤에

연일 밤 아름다운 모임 높은 정자에서 한 차례,
고개 나무와 뜰의 난초 모두 마음이 푸르구나.
별과 달이 허공에 떠서 냇물은 반짝반짝 맑으며,
연하가 땅에 드리워 들판은 조금 어둑어둑하네.
아양곡이 회포에 들어오니 능히 즐겁게 되고,
강개한 마음으로 술을 대하니 깨고 싶지 않네.
좋은 일에 벗을 맞이함은 우연한 일이 아니니,
이구동성으로 다시 신에게 질정하자 하네.

連宵嘉會一高亭 嶺樹庭蘭盡意青
星月橫空川閃潔 烟霞冪地野微暝
峨洋入抱堪爲樂 慷慨當樽不欲醒

勝事逢迎非偶爾 同聲況復質神聽

■ 작자 : 성환부(成煥孚, 1870~1947)

■ 출전 : 『正谷遺集』 권2, 「洗心亭 月夜」.

○ 세심정에 올라

맑고 소슬한 이름난 정자 나무 밑에 있는데,

굽이굽이 유람하는 나그네는 감정이 상하네.

지금까지 대나무 열매 대나무에 열려 있으며,

여전히 못의 중심에는 하나의 거울이 밝다네.

높은 아량은 사람들이 황숙도[38]와 같다고 말하며,

아름다운 시편 누구든 사선성[39]의 시와 같다 하네.

가련하구나, 서원이 무너져 황량한 터만 남았는데,

우는 새들과 수심에 잠긴 구름이 어지러이 오가네.

蕭洒名亭樹裡生 逶迤遊客感傷情

至今鳳實千竿在 依舊澤心一鑑明

雅量人稱黃叔度 佳編誰是謝宣城

可憐院宇荒蕪址 啼鳥愁雲亂自橫

■ 작자 : 주시범(周時範, 1883~1932)

---

38) 황숙도 : 후한 때 인물 황헌(黃憲)을 말함. 숙도는 그의 자이다. 학행으로 한 시대의 추중을 받았던 인물로, 사람들이 "얼마 동안 황생을 보지 못하면 인색한 마음이 다시 싹튼다."라고 하였다.

39) 사선성 : 남조 제(齊)나라 때 사람 사조(謝朓)를 말함. 선성 태수를 지냈기 때문에 사선성이라 부른다. 양 무제는 그의 시를 좋아하여 "3일 동안 그의 시를 읽지 않으면 입에서 악취가 난다."라고 하였다.

■ 출전 :『守齋集』 권1, 「登洗心亭」.

○ 세심정에 홀로 앉아

이십 년 동안 떠도는 발길 오늘 다시 찾아오니,
눈에 가득한 바람과 연하 고금을 느끼게 하네.
서원은 저물어가는 봄에 잡초에 뒤덮였고,
서원 앞의 은행나무엔 날이 따뜻해 새들만 우네.
서산이 빙 둘러 있어 함곡관처럼 견고하며,
두 시내가 맑은 소리로 흘러 무협처럼 깊네.
외로운 정자에 홀로 앉으니 무한한 생각이 드는데,
이곳 사람들 속진의 마음 씻는다는 말 알지 못하네.

畸蹤卄載此重尋 滿目風烟感古今
書院春殘仍鞠草 杏壇日暖但啼禽
西山環抱函關固 二水琤鳴巫峽深
獨坐孤亭無限意 居人不解洗塵心

■ 작자 : 박원종(朴遠鍾, 1887~1944)
■ 출전 :『直庵集』 권1, 「洗心亭 獨坐」.

○ 다음날 세심정에 올라 현판의 시에 차운함

세심정 얼마나 우뚝한지,
입덕문에서 서로 보이네.
의로운 길은 오히려 평탄하고,
지혜로운 물 또한 연원이 있네.

삼강오륜 윤리의 담장은 이미 무너지고,

한번 쓴 글씨 필적만 오히려 남아 있네.

찬란한 정자 머리에 걸린 현판 글씨,

보는 순간 속진의 번뇌를 씻어주네.

洗心亭何屹 相望入德門

義路猶平坦 智水又淵源

三綱墻已頹 一筆跡猶存

煌煌楣上字 看來滌塵煩

■ 작자 : 이태하(李泰夏, 1888~1973)

■ 출전 :『南谷遺集』 권1, 「翌日 登洗心亭 次板上韻」.

○ 세심정에서 현판의 시에 차운함

내 태어난 지 삼십 년 만에,

처음 덕천의 문을 들어섰네.

산색에는 선생의 정신이 남아 있고,

시내의 물은 활발한 근원이 있네.

사당에 배알하니 추모의 정이 절실하고,

높고 광대한 산에 옛 모습이 남아 있네.

방장산을 향해서 가려고 하니,

장대한 유람에 번거로움 꺼리지 말자.

我生三十載 始入德川門

山色留精彩 溪流有活源

蘋蘩追慕切 峨博舊儀存

欲向方壺去 壯遊莫憚煩

■ 작자 : 최정모(崔禎模, 1892~1941)

■ 출전 : 『春湖集』 권1, 「洗心亭 次板上韻」.

○ 세심정에 올라 현판의 시에 차운함

세심정 정자가 강 언덕 위에 서 있는데,

내 이제 올라 감개한 마음으로 돌아보네.

당시 남명 선생 어찌 이 뜻을 취하셨는지,

시내 흐르고 산은 청정하고 백구는 오가네.

洗心亭子壓江開 今我登臨感意回

當日先生奚取此 水流山淨白鷗來

■ 작자 : 권봉희(權鳳熙, 19세기 후반)

■ 출전 : 『石梧集』 권1, 「登洗心亭 次板上韻」.

Ⅲ

취성정(醉醒亭)에서

차 례

제1절 취성정(醉醒亭)

- 문상해(文尙海), 취성정
- 하진현(河晉賢), 취성정

제2절 취성정에 올라

- 하세응(河世應), 3월 3일 취성정에 모여 운자를 나누어 우(右) 자를 얻다
- 하익범(河益範), 취성정에서 현판의 시에 차운함
- 문정유(文正儒), 취성정 시에 차운함
- 정환주(鄭煥周), 취성정 시에 차운함

제1절 취성정(醉醒亭)

○ 취성정

취성정 밑에는 시냇물이 잔잔히 흐르는데,

사람 떠난 빈 정자 위로 저물녘 새 돌아가네.

다락 밖의 뾰족한 봉우리 전처럼 우뚝한데,

어떤 사람이 노력하여 다시 부여잡고 오르나.

醉醒亭下水潺湲 人去亭空暮鳥還

軒外尖峰依舊屹 何人努力更躋攀

- 작자 : 문상해(文尙海, 1765~1835)
- 출전 : 『滄海集』, 「醉醒亭」.

○ 취성정

한강의 정론[1]이 백년토록 전해지니,

남명과 각재[2]의 사승관계 공자와 안연에 비견되네.

취성정은 세심정에서 가까워 죽은 벗이 생각나고,

문은 입덕문으로 통하여 후세 현인을 열어주네.

---

1) 한강의 정론 : 한강(寒岡) 정구(鄭逑)가 수우당(守愚堂) 최영경(崔永慶)과 각재(覺齋) 하항(河沆)에 대해 논한 말 가운데 "타고난 자질을 논하면 각재가 못하겠지만, 학문의 조예가 정밀하고 심오한 점과 심성을 충만히 수양한 것이 완전히 좋은 점에서는 등한한 사람들이 미칠 수 있는 바가 아니다."라고 한 것을 가리키는 듯하다. 이 내용은 하항의 『각재집』 부록 「유사(遺事)」에 있는 것으로 하홍도(河弘度)가 기록한 것이다.

2) 각재(覺齋) : 남명 조식의 문인 하항(河沆)의 호.

대중들 취해 긴 밤 같은 암흑세상을 가련히 여겨,
홀로 깨어나서 일심의 천리를 한가로이 지키셨네.
아련한 그림자와 메아리 살아 계신 듯 우러르며,
온 종일 서성이자니 절로 서글픈 마음이 드누나.

寒岡正論百年傳 冥覺師承比孔淵
亭近洗心懷死友 門通入德啓來賢
衆醉堪憐長夜世 獨醒閒保一心天
依依影響瞻如在 盡日回徨自悄然

- 작자 : 하진현(河晉賢, 1776~1846)
- 출전 : 『容窩遺集』 권5, 「醉醒亭」.

제2절 취성정에 올라

○ 3월 3일 취성정에 모여 운자를 나누어 우(右) 자를 얻다

덕천 모임 회계의 연회[3] 때와 무엇이 다르리,
젊은이들 풍류는 천년이 지난 뒤에도 같은데.
더구나 좋은 때를 만나 늦은 봄이 되었기에,
아름다운 모임을 만들어 맑은 날 개최하는데.
유상곡수의 여흥 시내는 서에서 동으로 흐르고,
긴 대나무의 맑은 그늘 산은 좌우에 나열했네.

3) 회계 연회 : 진(晉)나라 왕희지(王羲之)가 난정(蘭亭)에 모임을 한 것을 말함.

선생 당시를 생각해 보니 감개가 무량한데,

그윽한 회포 울적하여 긴 시구를 읊조리네.

德川何異會稽時 逸少風流千載又

况値佳辰屬暮春 仍成勝會開晴晝

流觴餘興水東西 脩竹淸陰山左右

俛仰當年感慨多 幽懷鬱鬱申長句

■ 작자 : 하세응(河世應, 1671~1727)

■ 출전 : 『知命堂集』 권1, 「三月三日 會醉醒亭 分韻得右字」.

○ 취성정에서 현판의 시에 차운함

한가한 날 진경 찾아 이 취성정에 올라서,

남명 선생의 지결인 성성의 의미를 묻네.

아! 세상 사람들은 혼몽한 데 취한 지 오래,

원컨대 천년토록 이 명칭을 돌아보았으면.

暇日尋眞上此亭 先生旨訣問醒醒

嗟爾世人昏醉久 願言千載顧玆名

■ 작자 : 하익범(河益範, 1767~1813)

■ 출전 : 『士農窩集』 권1, 「醉醒亭 次板上韻」.

○ 취성정 시에 차운함

추상열일과 같이 강직하셨던 조 남명 선생,

풍도와 덕화 우러르니 오늘날이 그릇되었네.

담장이 높아 내면의 경지 엿볼 수 없지만,

그 경지로 가는 길 바르니 찾아가야 하리.
성성자를 차고 다니신 경계는 참되고 절실하며,
경의검에 새긴 문구 읊조리니 맑고도 신선하네.
선생이 남긴 향기 아직도 없어지지 않아서,
우리 후인들의 마음을 깨어나게 하네.

烈烈曺夫子 風猷仰非今
宮墻高莫見 門路正宜尋
眞切鈴囊戒 淸新匣劍吟
遺芬尙不沫 醒我後人心

■ 작자 : 문정유(文正儒, 1761~1839)
■ 출전 : 『東泉集』 권1, 「次醉醒亭韻」.

○ 취성정 시에 차운함

산이 굽이돌고 물이 돌아가는 곳에,
작은 정자 예전부터 지금까지 있네.
명승지는 끝내 묻혀버리기 어려운 법,
참된 근원을 이곳에서 다시 찾아보네.
아직 경의검의 명문[4]을 읽는 이 있으며,
거듭 호피 노래한 시[5]를 읽고 탄식하네.

4) 경의검의 명문 : 남명 조식이 몸에 지니고 다닌 경의검에 새겨진 문구로 "내명자경 외단자의(內明者敬 外斷者義)"를 말한다.
5) 호피……시 : 남명 조식이 지은 「우음(偶吟)」이라는 시에 "사람들이 바른 선비를 좋아하는 것, 호피를 좋아하는 것과 서로 흡사하네. 살이 있을 적에는

세상 사람들 긴 밤처럼 술 마시고 취했으니,

홀로 깨어 있는 이 마음을 그 누가 알리.

山廻水轉處 小亭自古今

勝地終難晦 眞源此更尋

尙有劍銘讀 重歎虎皮吟

擧世長夜飮 誰知獨醒心

■ 작자 : 정환주(鄭煥周, 1833~1899)

■ 출전 : 『薇山遺稿』 권1, 「次醉醒亭韻」.

죽이려고 하다가, 죽고 난 뒤에는 바야흐로 칭찬을 하네.[人之愛正士 好虎皮相似 生則欲殺之 死後方稱美]"라고 한 것을 가리킨다.

IV

덕산(德山)에서 느끼는 감회

차 례

제1절 덕산에서

차운함

- 정　식(鄭　栻), 살천(薩川) 바위 위에 앉아서
- 하일호(河一浩), 보운사(普雲寺)로부터 덕천으로 내려오는 도중에 운자를 불러 짓다
- 하우현(河友賢), 9월 25일 남명 선생 사당에 조정에서 사제(賜祭)하였는데, 그 예가 장중함을 보기 위해 덕산에 갔다
- 하경현(河景賢), 덕천에서 어제비문을 읽고 지음
- 하달홍(河達弘), 늦가을 조찬숙(趙贊淑)-규(逵)-과 덕천을 유람하다
- 이제권(李濟權), 여러 군자들과 함께 두류산을 유람하고 덕산에 이르러 남명 선생의 사당에 배알하고 물러나 공경히 짓다
- 최숙민(崔琡民), 덕천
- 이상규(李祥奎), 박성술(朴聖述)·김희옥(金希玉)과 함께 양당(兩塘) 마을에서 묵다
- 하봉수(河鳳壽), 다시 덕산에 들어가 산천재에서 묵으며 한주(寒洲) 이선생(李先生)의 시에 차운하다
- 성환부(成煥孚), 다음날 덕천강 가를 유람하다
- 성환부(成煥孚), 덕천 하류에서 바람을 쐬고 목욕을 하고서 운자를 나누어 장(長) 자를 얻어 지음
- 정　기(鄭　琦), 덕산에서 느낌이 있어
- 안종화(安鍾和), 덕산기행
- 조한규(趙瀚奎), 덕산행

제2절 덕산을 나오며

- 하달홍(河達弘), 덕산에서 돌아오는 길에 성천교(成天教)-채규

(采奎)-를 만남

- 하계락(河啓洛), 덕천에서 돌아오는 길에 우연히 지음
- 이현욱(李鉉郁), 덕산을 유람하고 돌아온 뒤 한국명(韓國明)-우동(右東)-과 수창함

제3절 덕산을 떠올리며

- 하 진(河 溍), 손진사 여선(汝善)-석윤(錫胤)-에게 화답하면서 권묵옹(權默翁)-집(潗)-이 덕천을 유람한 시에 차운함
- 하경현(河景賢), 「덕산동유록(德山同遊錄)」 뒤에 쓰다
- 신명구(申命耈), 옥천사(玉泉寺)에서 비를 만나 옛날 덕천을 유람한 기억을 떠올리며-서문도 아울러-

제1절 덕산에서

○ 덕천에서 읊다

붉게 물든 잎을 보고 가을빛에 놀랐지만,

반가운 눈으로 만나 옛 모습에 기뻐하네.

우리 다섯 사람 여기서 담소를 하다 보니,

어느 새 석양빛이 붉게 물든 줄도 몰랐네.

赤葉驚秋色 靑眸喜舊容

五人談笑處 不覺夕陽紅

- 작자 : 하항(河沆, 1538~1590)
- 출전 : 『覺齋集』 권상, 「德川吟」.

○ 덕천에서 물고기를 구경하다

비 온 뒤에 복사꽃잎 뜬 냇물이 불어나,

도보로 걸어서 사립문 밖으로 나가 보네.

헤엄치는 물고기 내 얼굴을 알아볼 터이니,

마음 내키는 대로 비 갠 맑은 날을 즐기네.

雨餘桃浪肥 步屧開荊扉

遊魚應識面 隨意弄晴暉

- 작자 : 배대유(裵大維, 1563~1632)
- 출전 : 『慕亭集』 권1, 「德川觀魚」.

○ 덕산에서 비로 지체하다

봄비가 가늘게 부슬부슬 내리는데,

나그네는 창가에서 삼경에 듣고 있네.

고향 집 정원 매화나무 한 가지에선,

아마도 지금쯤 예쁘게 꽃이 피었겠지.

春雨細蕭蕭 客窓三夜聽

故園一枝梅 想應花色靚

■ 작자 : 오장(吳長, 1565~1617)

■ 출전 : 『思湖集』 권1, 「德山滯雨」.

○ 덕산에서 비로 지체할 때 소회를 드러내다

눈 쌓이고 찬바람 불어 작별을 더디게 한 날,

짙은 구름 오랜 비에 유람할 수 없는 때로세.

아름다운 임의 소식을 누구에게 물어 보나,

봄이 온 것을 매화는 꿈속에서 홀로 알겠지.

晴雪冷風遲別日 密雲沈雨倦遊時

佳人消息憑誰問 春到梅花夢獨知

■ 작자 : 오장(吳長, 1565~1617)

■ 출전 : 『思湖集』 권1, 「德山滯雨見懷」.

○ 덕천에서 달밤에 벗에게 주다

소년시절 함께 공부했던 벗을 늙어 만나니,

반은 검은 머리 반은 흰 머리가 되었구나.

지난 세월 아득하여 여러 감회 많기도 한데,

뜰에 가득한 가을 달빛 그 옛날 그 모습일세.

少年同業暮年逢 半是靑莖半白翁

歲去堂堂多感意 滿庭秋月舊時容

■ 작자 : 이시분(李時馩, 1588~1663)

■ 출전 : 『雲牕集』 권1, 「德川月夜贈友人」.

○ 눈이 내린 뒤 덕천을 지나다

두류산에서 이는 이 흥미를 아는 이 드물겠지,

백설로 덮인 산 속을 가고 있는 우리 두 사람.

산악에 흰 눈이 내려 장엄한 자태를 드러내니,

소나무와 삼나무가 눈을 이고 정신을 보여주네.

頭流興味鮮能識 白玉屛中吾兩人

山嶽帶雲呈態狀 松杉含雪示精神

■ 작자 : 하홍도(河弘度, 1593~1666)

■ 출전 : 『謙齋集』 권1, 「雪後過德川」.

○ 즉사-덕천에 있을 때 지음.-

이월 중순의 날씨 반은 이미 음산한데,

구름장 사이로 비추는 해 숨어버리려 하네.

부슬부슬 보슬비 내리고 서산에 해 저무는데,

길은 무심하지만 나는 도리어 마음이 있네.

二月中旬半已陰 漏雲殘日勢將沈

霎然霢霂西山暮 道是無心却有心

■ 작자 : 하홍도(河弘度, 1593~1666)

■ 출전 :『謙齋集』 권2, 「卽事-在德川時-」.

○ 덕천에서 강학안(姜學顔)[6]의 시에 차운함

우리들의 지각은 본래 텅 비고 신령스러운 것,

상제가 천지에서 주조한 것 모두 가볍지 않네.

이로부터 건도는 덕으로 나아가야 함을 알고,

이로 인해 곤도는 안정됨을 이롭게 여긴다네.

머리부터 발끝까지 공경한 마음을 필요로 하니,

전일하고 정밀해야 성으로 들어갈 수 있으리라.

충신과 직방이 바로 그곳으로 들어가는 길이니,

천성으로 이루어진 것처럼 차근차근 익혀야 하네.

吾人知覺本虛靈 帝鑄洪爐摠不輕

自是乾綱會進德 由來坤道利安貞

徹頭徹尾要須敬 惟一惟精可入誠

忠信直方是塗轍 循循習慣若天成

일찍이 듣건대 물에는 용의 신령이 있다고 하니,

구곡을 사람들이 가벼이 여기지 않는 이유일세.

6) 강학안(姜學顔) : 강대수(姜大遂, 1591~1658)를 말함. 학안은 그의 자이고, 호는 한사(寒沙), 본관은 진양이다.

천고의 세월 유가에선 높은 산을 종주로 하니,

백년토록 우리의 풍교가 문정공[7]에 의지해 있네.

그 옛날의 새와 물고기들 그 즐거움 알고 있고,

오늘의 구름과 시내도 그 지극한 성을 믿는다네.

남악인 지리산의 연하에 주인 있는 줄 알겠으니,

이 산에 사는 모든 생물의 본성 이룰 수 있으리.

曾聞水以有龍靈 九曲不爲人所輕

千古儒家宗嶽麓 百年風教賴文貞

向來魚鳥知其樂 此日雲川孚至誠

南嶽烟霞知有主 山中物性可能成

■ 작자 : 하홍도(河弘度, 1593~1666)

■ 출전 :『謙齋集』 권1, 「德川 次姜學顔韻」.

○ 남명 선생을 그리며

구름 낀 산 열 번이나 올라 흉금을 털었으니,

남명 선생 높은 풍도 범인들과 현격히 다르네.

천년토록 아름다운 모습 멀어졌다 한하지 말라,

만 길의 천왕봉이 아직도 여전히 높고 높으니.

雲岑十上振蘿衫 山海高風絕世凡

玉色千年休恨隔 天王萬仞尙巖巖

■ 작자 : 정필달(鄭必達, 1611~1693)

7) 문정공(文貞公) : 남명 조식을 가리킴. 문정은 시호이다.

■ 출전 :『八松集』권1,「憶南冥先生」.

○ 덕천 시냇가에서 운자를 불러 짓다

시냇가서 맑은 날 오래도록 앉아 있으니,

푸른 나무 맑은 그늘 그림자도 옮겨갔네.

건너편 언덕의 복사꽃은 바람에 다 떨어지고,

보이지 않는 새 빈 가지서 몇 마디 지저귀네.

溪邊晴日坐多時 綠樹淸陰影轉移

隔岸桃花風落盡 數聲幽鳥話空枝

■ 작자 : 하세응(河世應, 1671~1727)

■ 출전 :『知命堂文集』권1,「德川溪邊呼韻」.

○ 덕천에서 신상사(申上舍)-명구(命耈)-의 시에 차운함

눈 덮인 시내와 산 말을 타고 느릿느릿 가니,

뱃속 가득 일어나는 풍취 그 누가 알아주리.

신선 세계에서 오늘 맑은 만남을 갖게 되니,

바로 용문[8]에서 승경을 구경할 때와 같구나.

雪裏溪山策馬遲 滿腔風味有誰知

仙庄此日承淸晤 正是龍門勝賞時

■ 작자 : 권중도(權重道, 1680~1722)

---

8) 용문(龍門) : 중국 황하 상류 지역으로 양쪽 언덕이 깎아지른 듯이 험하여 마치 문처럼 생겼기 때문에 붙여진 이름이다.

■ 출전 :『退庵集』 권1, 「德川 次申上舍-命耈-韻」.

○ 살천(薩川)[9] 바위 위에 앉아서

산은 무심히 서 있고 물은 무심히 흐르는데,

사람도 무심하여 바위에 앉아서 시를 읊네.

완연히 복희씨 시대 예전 물색을 보는 듯,

천지개벽할 때 자연의 소리를 기쁘게 듣네.

山無心立水無心 人亦無心坐石吟

宛見羲皇前物色 喜聞開闢自然音

■ 작자 : 정식(鄭栻, 1683~1746)

■ 출전 :『明庵集』 권2, 「坐薩川石上」.

○ 보운사(普雲寺)로부터 덕천으로 내려오는 도중에 운자를 불러 짓다

보운암에서 작별하고 산촌 마을로 내려오는데,

도처에 사는 사람들 예절이 깍듯하기만 하네.

소매 속 가득한 시편 시를 대적할 사람 없지만,

소박한 풍속으로 문에서 맞이해 술을 대접하네.

유람객 승경을 사랑해 우짖는 새소리 따르는데,

종 녀석은 돌아가길 재촉해 저는 노새에 채찍질.

9) 살천(薩川) : 경남 산청군 시천면 중산리에서 시천면으로 흐르는 시내를 말함. 후에는 시천(矢川)으로 이름이 바뀌었다.

인간세상에서 오늘 같은 즐거움을 능히 맛보니,
한가한 정이 거문고와 책에만 있는 것 아니로세.

雲庵才別下村閭 到處居人禮不疏
瓊篇滿袖詩無敵 林谷迎門酒有餘
遊人愛景隨嚶鳥 小僕催歸策蹇驢
浮世能偸今日樂 閒情不獨在琴書

- 작자 : 하일호(河一浩, 1717~1796)
- 출전 : 『竹窩詩稿』, 「自普雲寺 下德川道中 呼韻」.

○ 9월 25일 남명 선생 사당에 조정에서 사제(賜祭)하였는데, 그 예가 장중함을 보기 위해 덕산에 갔다

사제례를 보러 바삐 오니 많은 선비들 모였구나,
밝은 조정의 엄정한 예제가 옛 사당에 행해지네.
가을바람 불어와 사당 앞에서 하룻밤을 묵는데,
긴긴 밤의 시냇물소리 맑고도 애잔하게 들리네.

觀禮蹌蹌多士會 明朝肅肅故祠開
秋風來向祠前宿 永夜溪聲淸且哀

- 작자 : 하우현(河友賢, 1768~1799)
- 출전 : 『豫菴集』 권1, 「九月二十五日 賜祭南冥先生祠堂 爲觀其禮重到德山」.

○ 덕천에서 어제비문을 읽고 지음

화려한 문장으로 도학의 정미함 그려내었으니,

세상에 보기 드문 풍도가 있는 어제비로구나.

후학들은 문정공[10]의 필체를 배우고 본뜨니,

선생[11]이 살아계실 때는 대명의 시대였도다.

잠룡은 덕을 널리 베풀지 못함을 한하지 않으며,

높이 나는 봉황은 덕이 쇠하지 않은 곳을 찾네.

천년토록 오래오래 이 비석이 전해 남으리니,

높은 산과 기다란 시내가 영원히 부지하리라.

雲章寫出道精微 曠世風期御製碑

後學學摸文正筆 先生生際大明時

潛龍莫恨施無普 翔鳳終看德不衰

千載壽傳留片石 高山長水永扶持

■ 작자 : 하경현(河景賢, 1779~1833)

■ 출전 : 『顧齋集』 권1, 「德川 讀御製碑作」.

○ 늦가을 조찬숙(趙贊淑)-규(奎)-과 덕천을 유람하다

지팡이 하나 짚고 발길 따라 우리 유람 맡기니,

가을이 지난 산과 시내 굽이굽이 맑기만 하네.

통달한 선비는 백발노인 보고도 놀라지 않으니,

포의의 서생이 무엇 때문에 민생을 탄식하리오.

한 푼어치 값도 안 되는 시만 걸망에 가득하고,

10) 문정공 : 허목(許穆)의 시호.

11) 선생 : 남명 조식을 가리킴.

만호도 능히 깔보는 술이 술잔에 가득 찼구나.
늘그막의 풍류로 방외의 세계를 노니는 나그네,
맑은 세상 미치광이 이름 얻어도 해롭지 않으리.

一笻隨處任吾行 秋後溪山曲曲淸
達士未曾驚白髮 布衣何用歎蒼生
一錢不直詩盈橐 萬戶能輕酒滿觥
老去風流方外客 不妨淸世得狂名

■ 작자 : 하달홍(河達弘, 1809~1877)

■ 출전 :『月村集』 권4, 「秋後 與趙贊淑溎 遊德川」.

○ 여러 군자들과 함께 두류산을 유람하고서 덕산에 이르러 남명 선생의 사당에 배알하고 물러나 공경히 짓다

방장산은 삼신산의 하나로 바다에 있다 전하는데,
그 주위는 만리나 빙 둘러 모두 평평한 땅이라네.
옆 사람 이보다 높은 곳이 없다고 말하지 말게,
덕천서원 경의당 앞에는 북두성이 걸려 있다네.

方丈以山裨海傳 外環萬里盡平阡
傍人錯道高無等 敬義堂前北斗懸

■ 작자 : 이제권(李濟權, 1817~1881)

■ 출전 :『覺圃集』 권1, 「與諸君子遊頭流山到德山謁南冥廟退而敬題」.

○ 덕천

저물어 산천재에서 하룻밤을 묵고,

덕천의 근원으로 거슬러 올라가네.

덕천으로 흐르는 물 다함이 없으니,

우리들은 고인[12]을 잊을 수가 없네.

暮宿山天齋 上溯德川源

德川流無盡 古人不可諼

- 작자 : 최숙민(崔琡民, 1837~1905)
- 출전 : 『溪南集』 권1, 「德川」.

○ 박성술(朴聖述) · 김희옥(金希玉)과 함께 양당(兩塘) 마을[13]에서 묵다

그대들과 우의를 맺어 모여서 함께 하다가,

다시 서쪽으로 가 시내 동쪽 양당에서 묵네.

왕왕 소나무 숲속으로 쇠잔한 마을이 보이고,

하루 종일 길을 가는데 냇물 소리만 들리네.

방장산 천만 봉우리의 달을 실컷 구경하고,

백세에 전하는 남명 선생 풍도를 상상해보네.

물결에 떠가는 붉은 꽃잎을 나그네가 따라가니,

저 앞의 시내 아마도 무릉도원으로 통하리라.

與君交契卽參同 更向雲西宿水東

往往殘村松色裏 行行盡日水聲中

12) 고인 : 남명 조식을 가리킴.

13) 양당(兩塘) 마을 : 현 경남 산청군 시천면 사리 양당 마을을 가리킨다.

飽看方丈千峰月 遠溯冥翁百世風

客逐落花紅浪去 前溪疑是武陵通

- 작자 : 이상규(李祥奎, 1846~1922)
- 출전 : 『惠山集』 권1, 「與朴聖述 · 金希玉 宿兩塘村」.

○ 다시 덕산에 들어가 산천재에서 묵으며 한주(寒洲) 이선생(李先生)[14]의 시에 차운하다 –조긍부(曺兢夫)[15]가 한주 선생의 시를 외웠는데, 제1구에 "남명과 퇴도의 정학이 우리나라에 함께 하여, 사서오경의 진결이 약속하지 않고도 같았네.[冥陶正學并吾東 四五眞詮不約同]"라고 하였다. 아! 영남의 학자들은 단지 퇴도 선생이 있는 것만 아는데, 이 노인은 남명을 깊이 알고 있다. 그의 소견이 공정하며 남명 선생의 통서에 암암리 접하고 있는 점을 칭찬할 만하다.–

만방에서 추로지향이 우리나라에 몇 곳이 있으니,

방장산[16]과 청량산[17]이 우뚝 솟은 것 한 가지로세.

백세의 종사이신 점 두 선생 모두 정맥이고,

한결같이 흥기시키는 점 또한 모두 고풍일세.

산천재서 강학하신 때 어느 시대인지 알고서,

14) 한주(寒洲) 이선생(李先生) : 이진상(李震相, 1818~1886)을 가리킴. 한주는 호이며, 자는 여뢰(汝雷), 본관은 성산이다. 경북 성주에 살았다.

15) 조긍부(曺兢夫) : 조연(曺淵)을 말함. 긍부는 그의 자이며, 곽종석과 동시대 인물이다.

16) 방장산 : 지리산의 다른 이름으로 여기서는 남명 조식을 가리킨다.

17) 청량산 : 경북 봉화군에 있는 산으로 퇴계 이황의 유적이 있는 곳이다. 여기서는 이황을 가리킨다.

성주에서 남여를 타고 이곳으로 찾아왔다네.
사단칠정의 참된 의미 다시 분명히 설명하니,
두 선생 연원 암암리 상통함 바야흐로 알겠네.

萬邦鄒魯數吾東 方丈淸涼峙立同
百世師宗皆正脈 一般興起亦高風
天齋丈席知何代 星嶠籃輿過此中
四七眞詮重指掌 淵源方覺暗相通

■ 작자 : 하봉수(河鳳壽, 1867~1939))
■ 출전 : 『柏村集』 권2, 「再入德山宿山天齋 次寒洲李先生韻-曺兢夫誦寒洲詩 其第一句曰 冥陶正學并吾東 四五眞詮不約同 噫山南學者 只知有退溪 惟此翁深知南冥 可歎其所見之公 而暗接冥翁之統緖也-」.

○ 다음날 덕천강 가를 유람하다

머리 허연 우리들은 실낱 같이 힘이 없는데,
늘그막에 기쁜 일 만나니 그 또한 기이하네.
한 줄기 강엔 기우는 해 모래톱을 환히 비추고,
사월의 온화한 바람에 나무들은 푸르러지는 때.
주흥에 그대에게 기대 함께 취하고자 하는데,
시상이 나를 흥기시키니 어찌 서로 헤어지리.
도구대와 입덕문은 모두 이름난 명승지구나,
바깥 속세가 둘러 있으니 그 누가 알겠는가.

吾儕白髮謾如絲 老去逢歡亦且奇
一江斜日明沙際 四月和風綠樹時

酒興憑君聊與醉 詩情撩我肯相離
陶丘入德皆名勝 俗外便環詎得知

■ 작자 : 성환부(成煥孚, 1870~1947)

■ 출전 : 『正谷遺稿』 권3, 「翌日遊德川江上」.

○ 덕천 하류에서 바람을 쐬고 목욕을 하고서 운자를 나누어 장(長) 자를 얻어 지음

나는 평소 산수벽을 가지고 있기 때문에,
남을 따라 유람하며 견자 광자[18] 좋아하네.
이 마음 괴로워도 펼 수가 없으니,
속세에서 이 천석고황을 어찌 하리.
다행히 동쪽 이웃에 사는 벗이 있어,
주선하여 일상에서 벗어날 수 있었네.
뜨거운 것 잡았으니 어찌 씻지 않으리,
소리쳐 부르며 서로 한가로이 소요하네.
험준한 길을 걸어 끊어진 산기슭 지나니,
하늘에서 부는 바람 불어 소매를 날리네.
협소한 협곡에선 우레 치는 듯한 소리,
평평한 교외에는 벼와 기장이 가득하네.
방장산 수만 골짜기서 흘러내리는 물,

18) 견자 광자 : 견자(狷者)는 스스로 지키는 자기 원칙이 있지만 소극적이어서 진취적이지 못한 사람을 말하고, 광자(狂者)는 행실이 따라가지 못하지만 진취적이어서 큰 지향을 하는 사람이다.

동쪽으로 흘러오는 것이 성대하구나.
깊숙한 신선의 세계 몇 군데나 되는가,
아름다운 경관을 찾아내길 권장하네.
또한 영지를 걸러 내린 물이 있으니,
천년토록 그 향기가 진하기만 하네.
온갖 물줄기가 이에 어디로 흐르는가,
여울과 못 다 꺾어져 동쪽으로 흐르네.
명경지수 같은 냇물 맑고도 활발하니,
천광과 운영이 함께 그 속에 배회하네.
이 몸을 들어 저 속에 두고 싶으니,
호연지기가 문득 성대하게 일어나네.
씻고 씻어 이 몸 깨끗하길 구하며,
차고 차서 뼈 속까지 서늘하구나.
한 번 들이키자 오장육부 청량하니,
나쁜 잔재가 다시 어찌 장애가 되리.
씻어내는 데에 방법이 없는 듯하니,
목욕을 한다고 어찌 빛남이 있으리.
나는 듣건대 옛날 남명 노선생께서,
덕천 땅에서 도를 강론하셨다 하네.
은하 같은 맑은 물 마시고도 남으며,
희고 희어 가을볕에 말린 천 같았네.
여러 현인들이 그때 여럿 배출되어,
은하 같은 물 마셔 각자 뱃속 채웠네.

그 남은 물결 만 섬이나 생겨나서,
남은 풍도가 한 지방에 성대하구나.
후생들이 찾아온 때 너무 후대여서,
바람결에 흙먼지 대지에 가득 날리네.
구천에서 선생을 불러오기 어려우니,
목욕 하고서 물속에서 쓸쓸히 거니네.
내 이제 여러 군자들에게 말을 하노니,
옷을 걷고 시내를 거슬러 올라가보세.

雅抱山水癖 追遊喜狷狂
玆心苦不展 塵寰奈膏肓
幸有東隣友 指揮出尋常
執熱斯可濯 招招胥徜徉
崎嶇經斷麓 天風吹袂揚
急峽雷霆過 平郊蔽稻粱
方丈萬壑水 東來也湯湯
幾處仙區邃 搜出瓊瑤獎
又有靈芝瀝 千年臭氣瀼
衆流玆焉進 灘滙萬折長
鏡面澄且活 天雲共徊徨
將身放這理 浩氣忽洋洋
滌滌身要潔 灑灑骨透凉
一吸搜五內 滲滓復何障
洗濯如無術 沐浴詎有光

吾聞南冥老 講道德川疆

銀波喫有餘 皜乎若暴陽

群賢時輩出 飮河各充腸

餘波生萬斛 遺韻藹一方

後子來歲晩 風霾滿地颺

九原難可作 踽踽水中央

寄語諸君子 泝流共褰裳

■ 작자 : 성환부(成煥孚, 1870~1947)

■ 출전 :『正谷遺稿』 권1, 「風浴德川下流 分韻得長字」.

○ 덕산에서 느낌이 있어

두류산의 수많은 봉우리 영재를 길러내고,

그 안에 열린 명승 한 골짜기가 명랑하네.

입덕문 앞에는 덕으로 가는 길 정대하며,

세심정 밑에는 옥 같은 시냇물이 맑구나.

頭流積翠毓精英 中闢名區一壑明

入德門前程路大 洗心亭下玉流淸

■ 작자 : 정기(鄭琦, 1878~1905)

■ 출전 :『栗溪集』 권2, 「德山有感」.

○ 덕산기행

부모 봉양 하지 못해 일찍 한을 품었으니,

사람다운 전범을 어디에서 보고 배웠으리.

오래된 궤짝엔 보시던 서적이 남아 있으니,
그 책들을 좀 먹게는 차마 할 수 없는 일.
형에게 마음과 힘을 다해 애원을 하여서,
지리산에 들어가 나무 위에 오르길 꾀했네.
답신이 하루 저녁 사이에 와서,
행장을 빨리 꾸리라고 거듭 권했네.
모친께 우리들의 유람을 알려드리고,
이른 새벽에 나의 행차를 출발하였네.
우리 집안의 몇몇 아들들아,
부지런히 맡은 일에 정성을 다하거라.
산과 바다로 난 길 험하기도 하여,
아침에 출발하여 저물녘에 당도했네.
두 발은 어찌 거듭 부르트는가,
준령을 보니 수심이 머리에 가득.
천석은 가는 곳마다 좋기도 하니,
함께 감상하며 가기에 제격일세.
탁주를 마시고 호탕한 노래 부르는데,
두류산은 하늘에 닿을 듯 솟아 푸르네.
바위 꼭대기에 입덕문이라 새긴 글자,
우뚝하게 참된 골격을 드러내고 있네.
남명 선생이 고상하게 은둔하시던 곳,
남은 여운 아직도 느낄 수가 있구나.
공자 태어난 창평 마을 가시밭 된 것 놀랍고,

주자의 백록동서원 잡초에 뒤덮인 것 슬프네.
세도가 이미 이와 같이 되었으니,
간담이 찢어지고 가슴이 막힐 듯하네.
아침에 죽천재[19]에 들어가니,
문집간행을 바야흐로 시작했네.
진중한 여러 군자들이,
나를 반가운 안색으로 맞이하네.
산 과일이 제철이어서 정히 향기로워,
한 입 베어 무니 내 배를 시원하게 하네.
나물 반찬을 먹는 것은 근심스럽지 않고,
단지 노잣돈이 떨어질까 걱정스러울 뿐.
가형이 멀리서 사람 보내 거마를 타게 하니,
마음을 써 주신 것이 얼마나 지극하신가.
친구들은 편지를 보내 문안을 하니,
그 마음이 문득 가슴속에 새겨지네.
쓸쓸한 절간은 아득히 멀기만 하고,
울긋불긋한 단청 사람 눈을 놀라게 하네.
신령스런 구역이 아름다운 시축을 늘리어,
높게 읊조리는 소리 푸른 산악에 진동하네.
마음을 상하게 한 송객정[20],

19) 죽천재(竹泉齋) : 현 경남 산청군 삼장면 대하리에 있던 조씨(曺氏) 문중의 재실을 말함.
20) 송객정(送客亭) : 남명 조식이 문인 오건(吳健)을 전송하던 나무 그늘이었는

날이 추워 나뭇잎 다 떨어졌네.
나그네 문득 돌아갈 생각하니,
구름 낀 산이 어찌 그리 막막한지.
빙 둘러 있는 식구들 자주 꿈에 보이고,
모친께 문안인사 오래도록 하지 못했네.
삼대 같은 비가 어찌 연일 내리는지,
깊은 근심으로 산간 누각에 기대있네.
좋은 벗들이 좋은 술을 내주어서,
세 잔 술에 울적한 마음 풀렸네.
돈독한 우정 잠시도 해이하지 않으니,
담소하며 하룻밤을 함께 하였네.
작별에 임하니 애틋한 마음 여전한데,
날 추워 빈산에는 잣나무만 푸르구나.

風樹夙抱恨 儀型從何覿
古篋遺書在 不忍蟫蠹蝕
希兄殫心力 入山謀登木
音信一夕至 申勸行李促
慈幃告我行 淩晨戒我軾
吾門二三子 黽勉從事恪
山海路崎嶇 朝行而暮泊
雙跰何重繭 峻嶺愁當額

데, 뒤에 후인들이 정자를 지었다.

泉石隨處好 聊以共賞適

濁酒發豪歌 頭流磨天碧

嵒巔入德字 屼葎露眞骨

冥翁高遯地 遺韻尙可掬

昌平驚棘入 鹿洞悲草鞠

世道已如此 膽裂胸欲塞

朝入竹泉齋 梓繡方就役

珍重諸君子 借我敷油色

山果時正香 啄之暢我腹

不愁藜菜喫 但恐銀根錯

家兄遠命駕 傾倒意何極

親友寄書問 遣意輒銘膈

蕭寺渺遐征 丹碧驚人目

靈區輪錦軸 高咏撼翠岳

傷心送客亭 天寒葉正落

遊子忽思歸 雲山何漠漠

聯環頻入夢 慈幃久曠職

霖雨何連日 沈憂倚山閣

良友遺醽醁 三盃煩腸沃

繾綣暫不懈 談笑聊永夕

臨別餘意在 歲寒空山柏

■ 작자 : 안종화(安鍾和, 1885~1937)

■ 출전 : 『約齋集』 권1, 「德山紀行」.

○ 덕산행

덕산[21]의 아래 덕천의 위쪽에,

남명 선생 강학하시던 곳이 있네.

덕산은 높고 높아 허공에 우뚝 솟았고,

덕천은 부단히 흘러 사방의 바다로 가네.

남명 선생은 재주 높고 기상도 호걸 찼으니,

천고의 이윤[22]을 지향하고 안자[23]를 배우고자 한 마음.

천하를 경륜함이 주밀하여 도와 의를 존숭하였고,

위로는 요순을 본받고 아래로는 공맹을 본받았네.

일심으로 불러 각성시킨 경의의 공부,

온갖 사악함이 다 없어지고 신명[24]이 드러나네.

찬란하게 빛나는 문장을 만들어 내셨는데,

문자는 예스러워 좌씨전[25]과 유종원[26]을 사모했네.

깊고 먼 데서 우는 학 울음 구천까지 들리니,

성대한 세상 조정의 부름 산골에까지 미쳤네.

---

21) 덕산 : 여기서 말하는 '덕산'은 지리산 천왕봉을 가리킨다.

22) 이윤(伊尹) : 상(商)나라 시조 탕(湯)임금을 도와 태평시대를 이룩한 현신. 남명은 세상에 나아가 벼슬을 하면 이윤처럼 하기를 원하였다.

23) 안자(顔子) : 공자의 제자 안회(顔回)를 높여 부른 말. 안회는 세상에 나아가 벼슬하는 것을 원치 않고 안빈낙도한 인물이다. 남명은 벼슬길에 나아가지 않으면 안회처럼 재야에서 도를 구하는 삶을 지향하였다.

24) 신명(神明) : 일반적으로 마음을 가리키는데, 여기서는 본성의 밝은 덕을 가리킨다.

25) 좌씨전(左氏傳) : 『춘추좌씨전(春秋左氏傳)』을 말함.

26) 유종원(柳宗元) : 당나라 때 고문가. 당송팔대가의 한 사람이다.

선생은 왕도와 패도의 술법을 능히 아셨으니,
경세제민의 일을 어찌 하고 싶지 않으셨으리.
사화로 사림을 죽이는 화를 갓 겪은 뒤여서,
벼슬길에 뜻이 없어 마음이 안타깝기만 했네.
하늘같은 성상의 은혜 끝내 저버리기 어려워,
한 차례 직언을 올려 온갖 관리를 놀라게 했네.
궁중은 아득히 멀어 먹구름이 어둡게 드렸는데,
돌아오는 소맷자락 미련 없어 포의로 돌아오셨네.
내 깊은 산속 소나무와 계수나무를 노래하고,
내 빈 숲의 원숭이와 학을 벗하리라 맹세하셨네.
사문의 운수가 비색하여 나라는 초췌해졌고,
지리산 나무에 상고대 생기고 소미성 사라졌네.[27]
산해정 가에는 달이 어두워지려 하였고,
뇌룡정 아래는 물결이 절로 오열하였네.
소자들 오랫동안 선생의 풍도를 우러르니,
공경히 우러르는 마음으로 사당에 배알하네.

德山之下德川上 先生受徒開門庭

德山崔崔聳半空 德川滾滾達四冥

先生才高氣亦豪 志伊學顔心千古

經綸密勿道義尊 上窺姚姒下鄒魯

27) 소미성 사라졌네. : 남명 선생은 처사를 상징하는 소미성의 정기를 받아 태어났다고 한다. 그래서 남명 선생이 별세하자 소미성이 사라졌다고 한 것이다.

一心喚惺敬義功 百邪澌盡神明賦

煌煌織出雲錦章 文字蒼古左柳慕

九皐鳴鶴徹九天 盛世蒲輪動岩壑

先生能識帝伯術 經國澤民豈不欲

新經士禍斬伐後 無意仕進心惻惻

如天聖恩終難負 一上危言驚百辟

天門邈邈雲蔽暗 歸袂浩然返初服

歌我深山之松桂 友我空林之猿鶴

斯文運否邦國悴 木稼徵災少微沒

山海亭畔月欲昏 雷龍亭下波自咽

小子久仰先生風 敬將瓣香跪廟側

■ 작자 : 조한규(趙瀚奎, 1887~1957)

■ 출전 :『惕菴集』권1,「德川行」.

제2절 덕산을 나오며

○ 덕산에서 돌아오는 길에 성천교(成天敎)-채규(寀奎)-를 만남

긴긴 날 걷고 걸어 그림 같은 산수로 들어가니,

비 개인 뒤 빛나는 풍경에 바람까지 살랑이네.

어두침침한 푸른 나무숲 양쪽 언덕에 나란한데,

산새 우는 소리 어느 숲에서 나는지 모르겠네.

永日行行入畵中 霽餘光景又兼風

碧樹沈沈齊兩岸 不知啼鳥在何叢

■ 작자 : 하달홍(河達弘, 1809~1877)

■ 출전 : 『月村集』 권1, 「德山歸路遇成天敎-采奎-」.

○ 덕천에서 돌아오는 길에 우연히 지음

맑은 하늘 석양녘에 높이 솟구친 지리산,

백로는 놀라 날고 돌밭 여울물 요란하네.

절벽에는 층층이 늙은 소나무가 서 있는데,

창랑가 부르고 나니 탁영담[28)]이 맑기도 하네.

晴天西日下亭亭 白鷺驚飛石瀨鳴

絶壁層層松老在 滄浪歌罷濯纓淸

■ 작자 : 하계락(河啓洛, 1868~1933)

■ 출전 : 『玉峯集』 권1, 「德川歸路 偶成」.

○ 덕산을 유람하고 돌아온 뒤 한국명(韓國明)-우동(右東)-과 수창함

맑은 날 강가 나무숲 우거져 여름에도 서늘한데,

말도 사람의 마음을 따라 푸른 말굽 가볍구나.

연골이 시큰시큰 저릴까 도리어 염려가 되지만,

새로 지은 시구 구절마다 청신해 점차 기쁘네.

28) 탁영담(濯纓潭) : 탁영대 밑의 못을 가리킴.

산수가 사람을 부르는 곳 얼마나 많이 있을까,

세월이 나를 떠메고 가서 반평생을 살았다네.

두류산 가장 빼어난 곳을 그대는 알고 있는가,

남명 선생 떠나신 뒤 소문난 곳 제외하고서.

夏日猶凉江樹晴 馬隨人意碧蹄輕

却嫌軟骨稜稜瘦 稍喜新詩句句淸

山水要人餘幾處 光陰輸我半平生

頭流最勝君知否 除是冥翁去後聲

■ 작자 : 이현욱(李鉉郁, 1879~1948)

■ 출전 :『東菴集』권1,「遊德山歸後 酬韓國明右東」.

제3절 덕산을 떠올리며

○ 손진사 여선(汝善)-석윤(錫胤)-에게 화답하면서 권묵옹(權默翁)-집(潗)-이 덕천을 유람한 시에 차운함

들나물과 산나물을 차례차례 내어오며,

술 한 병 들고 와서 지친 객에게 권하네.

서로 만나 마주보고 조용히 대화 나누는데,

백로들 쌍쌍이 시냇가에 다정히 앉아 있네.

野蔌山肴次第陳 一壺來勸倦遊人

班荊相對從容話 鷗鷺雙雙傍水濱

■ 작자 : 하진(河溍, 1597~1658)

■ 출전 :『台溪集』 권1, 「和孫進士汝善-錫胤-次權默翁達甫-潗-遊德川韻」.

○ 「덕산동유록(德山同遊錄)」 뒤에 쓰다-경림서원(慶林書院)[29]에 위패를 봉안할 때 족제 상현(祥見)이 강좌 지역의 여러 벗들과 함께 덕산을 유람하고서 이 유람록을 만들었는데, 돌아갈 적에 나에게 보여주어 내가 이 시를 지었다.-

그대가 지리산 덕천동에서 나와,
나에게 「덕산동유록」을 보여주었네.
함께 유람한 사람이 몇이냐고 물었더니,
장자와 젊은이가 한 폭에 다 들어 있네.
성명 및 거주지를 기록함은 물론이고,
생년과 자(字)까지도 다 기록해 놓았네.
출발해서 한 차례 유람한 과정이,
명료하게 내 눈에 보이는 듯하네.
그 길은 막힌 데다 멀기도 하니,
보내고 맞이하기 여러 번 어려웠으리.
훗날 잊지 않기 위해 기록한 이 자료,
나누어 적어 돌아갈 때 각자 가져갔네.
다시 유람록 끝에 기록된 것을 보니,
나의 벗 김영옥의 이름이 보이네.

---

29) 경림서원(慶林書院) : 진주시 금산면 장사리에 있던 서원으로, 김성일(金誠一) 등 임진왜란 때 공을 세운 분들의 위패를 봉안하였다.

유독 그 이름을 상세히 들여다보니,

밀려오는 그리운 마음 끝이 없구나.

오백리 길을 쉬지 않고 오고갔으니,

안동 금계에서 진주 사곡까지였네.

이런 모임 우연히 갖게 된 것 아니니,

우리 문충공[30]을 사당에 제향하기 위함.

때는 바야흐로 삼월 마지막 정일(丁日),

많은 선비들이 다투어 모여들었네.

그 사이에 한가한 날이 많아서,

거마를 타고 모두 사방으로 구경 갔네.

문정공[31]의 사당에 가서 배알을 하고,

겸하여 아름다운 수석을 구경하였네.

세심정에서 비 때문에 지체를 하다가,

모여 담화하며 그대로 이틀을 묶었네.

그런데 나만 유독 뒤에 떨어졌으니,

누가 능히 멀리서 나를 기억했으리.

애오라지 이 시 한 수를 지어서,

서로 그리워하는 노래로 부치네.

君自德川來 示我同遊錄

同遊問幾人 長少聯一幅

---

30) 문충공 : 김성일(金誠一)의 시호.

31) 문정공 : 조식(曺植)의 시호.

姓名及居住 甲子若表德

自從一披過 瞭然在吾目

道塗阻且長 將迎難數數

異日不忘資 分書歸各各

更看紙尾記 故人金英玉

獨於祥見也 娓娓情無極

憧憧半千里 金溪與士谷

玆會不偶然 廟我文忠食

維三月季丁 多士爭裹足

其間多暇日 輪蹄咸四適

瞻拜文貞廟 兼觀好水石

滯雨洗心亭 會話仍信宿

而我獨落後 誰能遠記憶

聊將一首詩 以寓相思曲

■ 작자 : 하경현(河景賢, 1779~1883)

■ 출전 : 『顧齋集』 권1, 「題德山同遊錄後-族弟祥見 慶林奉安時 與江左諸士友 同遊德山而有是錄 歸而示余 遂賦此詩-」.

○ 옥천사(玉泉寺)[32]에서 비를 만나 옛날 덕천을 유람한 기억을 떠올리며-서문도 아울러-

옛날 병신년(1716) 봄에 나는 방장산 밑 덕천동에 가서 우거하였다.

32) 옥천사(玉泉寺) : 경남 고성군 개천면 북평리에 있는 사찰.

진양의 벗들과 날마다 세심정에서 노닐며 두류산 풍경을 다 맛보았다. 혹 못 가에서 물고기를 구경하기도 하고, 혹 승려 도림(道林)를 찾아가기도 하면서 산천을 읊조리며 청복을 실컷 맛본 것이 거의 10년도 더 되었다. 그런데 늘그막에 타향을 떠돈 나머지 문득 고향에 대한 그리움이 생겨 우거지를 떠나 고향으로 돌아갔다. 그것이 어느덧 10년이나 지났다. 매양 옛날 덕천동에서 노닐던 기억을 떠올리면 한 바탕 꿈처럼 부질없을 뿐이다. 금년 여름 단성과 진주 사이를 다시 유람하며 옛날 방랑하던 흔적을 다시 찾아보고 싶은 생각이 들어서 길을 떠나 함안을 출발하여 바닷가를 빙빙 둘러 고성에서 5~6일을 머물다가 방향을 바꾸어 옥천사로 향했다. 날씨가 문득 더워져서 노인이 한 걸음을 더 내딛기가 실로 어려웠다. 그래서 청계당(淸溪堂)에 머물며 더위가 수그러들기를 기다렸다. 진양의 벗들이 마침 이 옥천사에 모였는데, 어른과 동자가 18인이었다. 친족으로 찾아오는 사람들이 하루도 거르는 날이 없었다. 5월 28일 큰 비가 산속에 퍼부어 나도 모르게 울적해 수심이 생겨서 졸렬함을 잊고 10개 운자의 시를 짓고 서문도 썼다. 그리고 함께 모인 사람들의 성명 및 그들의 시를 써서 한 권으로 만들어 훗날 보면서 감회를 일으킬 터전을 삼는다. 昔者 丙申春 來寓方丈山下德川洞 與晉陽諸友 日遊洗心亭 領盡頭流風景 或觀魚澤上 或訪僧道林 嘯咏雲泉 飽喫淸福者 殆過十年 而暮境遠遊之餘 便惹首丘之念 撤寓還鄕 居然十換星矣 每憶舊遊 徒勞一場魂夢而已 今年夏 思欲更遊丹晉之間 重尋昔日放浪之跡 而路出咸州 逶迤海曲 留鐵城五六日 轉向玉泉寺 天氣斗熱 老人實難更進一步地 因留淸溪堂 以待暑退 晉陽諸士友 適會于此寺 冠童十八人 親儕之來訪者 無虛日 五月二十八日 大雨

滿山中 令人不覺岑欝生愁 忘拙搆十韻并序 仍書同遊諸人姓名及諸作為一卷 以爲異日寓目興感之地云爾

허공에 꽃잎이 흩날리고 해는 저물려고 하니,
유람객이 어찌 덕산을 다시 찾는 일 일삼으리.
동쪽 누각에 가자마자 향기로운 술을 기울이고,
다시 남쪽 호수로 향해 가 객선을 띄우고 노네.
취중에 그가 평소의 계책을 어긴 것 비웃었는데,
돌아가는 길엔 단성을 다 잃어버렸다 착각하리.
우연히 연화산 옥천사의 명승을 찾아 와 보니,
완연히 방장산 기슭의 깊숙한 맑은 못과 같네.
문득 십년 전 방장산에서 노닐던 일 떠올리니,
아련히 일장춘몽처럼 한쪽 하늘이 아득하구나.
맑은 시내 하얀 돌 몇 번이나 취했다 깨었던가,
가을달과 봄바람에 마음대로 옮기고 머물렀지.
세심정 위에서 밤풍경 맛보던 일 가장 그리우니,
떠나보내는 나그네 술잔에 술을 자주 따랐지.
아련한 지리산의 풍치와 연하 고개 돌려 바라보며,
인동 땅에 흐르는 낙동강 강물을 멀리서 떠올리네.
좋은 모임 도끼자루 썩는 것과 다르지 않으니,
흘러가버린 세월 문득 십년이 지났음을 느끼네.
유람에 지쳐서 오늘은 절간에서 지체하며 쉬니,
칠십의 노쇠한 노인 도리어 부끄러워 할 만하네.

花雨諸天日欲暮 遊人何事此重遊

纔從東閣傾佳醞 更向南湖泛客舟

醉裏笑他違素計 歸程錯了失丹丘

偶尋蓮岳玉泉勝 宛似潭珠方麓幽

翻憶十年舊日事 依然一夢片霄悠

淸流白石幾醉醒 秋月春風任去留

最是洗心亭上夜 頻添送客盃中籌

回瞻智異風烟杳 遙隔仁同洛水流

勝會不殊一爛柯 流光便覺十經秋

倦遊今日滯蕭寺 七十衰翁還可羞

■ 작자 : 신명구(申命耇, 1666~1742)

■ 출전 : 『南溪集』 권2, 「玉泉寺遇雨 憶德川舊遊-并序-」.

V 덕천팔경(德川八景), 덕산구곡(德山九曲)

차 례

제1절 덕천팔경(德川八景)

○ 덕천팔경

덕문수석(德門水石)

시냇가의 검푸른 바위 절벽 사이로,

입덕문이라고 새긴 세 글자 보이네.

그 아래에 탁영대 바위가 있으니,

선계의 근원이 가까이에 있겠구나.

蒼然巖壁間 入德門三字

下有濯纓臺 仙源何處是

세정송음(洗亭松陰)

무릉도원은 천고에 이름난 명승인데,

직접 보지 못하고 이름만 들어보았네.

만 겹의 소나무 그늘 속으로 어렴풋이,

세심정이라는 작은 정자 하나 보이네.

武陵千古勝 不見但聞名

萬疊松陰裏 洗心一小亭

구곡채하(九曲彩霞)

아홉 굽이 무이구곡의 빼어난 경관이,

이 안에 있을 줄을 그 누가 알았으리.

연무와 노을이 아침저녁으로 일어나서,
붉은 색과 비취빛이 겹겹으로 보이네.

九曲武夷景 誰知在此中
烟霞朝暮起 紫翠看重重

오대청취(五臺晴翠)

남쪽 구름 가에 옥 봉우리 서 있는데,
우뚝 우뚝 다섯 봉우리가 벌여 있네.
비 온 뒤의 산색이 새롭게 파릇파릇,
솟구친 몇 봉우리 푸른 빛 산뜻하네.

玉立南雲際 亭亭列五岑
雨餘山更碧 露出幾峰靑

한봉추월(翰峰秋月)

동쪽 산 봉우리 위로 달이 떠오르니,
한림산 제일봉에 달이 뜬 것이로세.
맑고 빛나는 달빛 머물지 않고 기울고,
정자 밑으론 시냇물이 소리 내 흐르네.

月出東山上 翰林第一峰
淸光留不得 亭下水溶溶

사동모연(絲洞暮烟)

적막하기만 한 사륜동 마을에는,

산천재라는 이름 난 곳이 있다네.

남명 선생 유허지에 인적은 없고,

저녁연기 피어나는 것만 보일 뿐.

寂寞絲綸洞 山天齋有名

遺墟人不到 唯見暮烟生

합연어화(合淵漁火)

밤 깊어지자 어부의 횃불 비추고,

늦가을 푸른 덕천강은 텅 비었네.

사람들 떠드는 소리 조용히 들리니,

몇 사람이 물고기 잡는 줄 알겠구나.

夜深漁火照 秋晩碧江虛

靜聽人聲鬧 應知數獵魚

평촌농구(平村農謳)

농사일 하는 노래 사방에서 들리니,

십리에 펼쳐진 긴 교외의 들녘이 있네.

산골 백성들 농사지으며 편안히 살아,

논밭에서 요임금 때 격양가를 노래하네.

農謳四處起 十里有長郊

峽氓安耕鑿 田間歌帝堯

- 작자 : 신명구(申命耈, 1666~1742)
- 출전 :『南溪集』권1,「德川八景」.

○ 신국수(申國叟)[1]의 「덕천팔경」에 차운함

덕문수석(德門水石)

서로 부르며 가는 이들 다시 길이 가물가물,

입덕문 앞에 이르러서 큰 글자를 바라보네.

바위 밑엔 시내 흐르고 구름 위로 솟은 산,

근원을 찾아 오르는 지금이 옳은 줄 느끼네.

招招行子復迷塗 入德門前看大字

巖下水流山出雲 窮源向上覺今是

세정송음(洗亭松陰)

위로는 검푸른 소나무 아래로는 푸른 냇물,

세심정이라는 화려한 편액이 높이 걸렸네.

티끌 하나 누가 없게 은밀히 간직해야 하니,

이 정자에서 지극한 이치 누가 능히 살피리.

上有蒼松下綠水 華篇高揭洗心名

一塵無累宜藏密 至理誰能玩此亭

구곡채하(九曲彩霞)

덕천구국의 형승은 무이구곡과 마찬가지로세,

아홉 굽이 맑은 시내 협곡으로 빙 둘러 흐르네.

1) 신국수(申國叟) : 신명구(申命耈, 1666~1742)를 말함. 국수는 그의 자이다.

저녁나절에 연무와 노을이 모두 걷히고 나니,
푸른 봉우리 진면목이 겹겹이 다 드러나누나.

德川形勝武夷同 九曲淸流繞峽中
向晩烟霞都捲了 碧峯眞面露重重

사동모연(絲洞暮烟)

사륜동이 그 어느 날 빈 골짜기가 되었는가,
명예를 일삼지 않은 백세의 풍도가 전해지네.
남명 선생 유허지에 연기 둘렀다고 탄식 말게,
봄날 교외에는 꽃다운 풀이 또 나고 날 터이니.

絲綸何日入空谷 百世風傳不事名
莫歎遺墟煙火匝 春郊芳草又生生

한봉추월(翰峰秋月)

한림봉의 유적지는 아득하여 찾을 길 없는데,
천고에 부질없이 우뚝한 봉우리만 남아 있네.
지난 일이 아련하여 감흥이 많이 일어나는데,
가을날 밝은 달이 뜨고 시냇물은 졸졸 흐르네.

翰林遺跡邈難從 千古空餘屹立峯
往事悠悠多感興 秋天月白水溶溶

오대청취(五臺晴翠)

남쪽으로 오대산 보니 허공에 푸른 봉 솟았구나,

구름 위로 희미하게 보이는 푸른 옥 같은 봉우리.
문득 저 봉우리에 올라 큰 바다를 보고 싶으니,
어느 때나 저 꼭대기에 걸어서 올라가 보려나.

五臺南望浮空翠 雲外依微碧玉岑

便欲登臨觀大海 何時擧足上頭尖

합연어화(合淵漁火)

양당 마을 동쪽의 물굽이 깊게 못을 이루었는데,
사방에서 산 빛 비추어 푸른빛이 물속에 비추네.
한 밤중에 어부들이 횃불 밝히면 밑까지 보이니,
깊이 잠겨 있는 것 연못의 물고기라 뉘 말하는가.

兩塘東匯深成澤 四面山光暎碧虛

半夜漁燈明見底 誰云潛伏在淵魚

평촌농구(平村農謳)

동에서 노래하면 서에서 화답하여 일시에 일어나니,
아득한 농촌 들녘이 십리나 길게 뻗은 교외로구나.
산골짜기 풍속 임금의 힘을 입는 줄도 모르고 사니,
요임금을 칭송한 가사인 줄 그들이 어찌 알겠는가.

東謳西唱一時起 漠漠田疇十里郊

峽俗不知蒙帝力 歌辭寧解頌唐堯

- 작자 : 하세응(河世應, 1671~1727)
- 출전 : 『知命堂遺集』, 「次申國叟德川八景韻」.

제2절 덕산구곡(德山九曲)

○ 덕산구곡 시내에서 운자를 불러 지음

시냇가의 푸른 숲 그림자가 짙게 드리웠는데,
구곡을 노니는 맑은 유람에 노소가 함께 했네.
봄바람이 이미 지나가서 찾을 곳이 없구나,
술잔 속에 비친 봄빛 표면이 붉게 물들었네.

溪邊靑盖影童童 曲水淸遊少長同
東風已去無尋處 盃裏春光上面紅

■ 작자 : 하세응(河世應, 1671~1727)
■ 출전 : 『知命堂遺集』, 「德山九曲溪呼韻」.

○ 덕산구곡

산 속에 덕을 숨기니 만물이 신령함 느끼고,
신비한 용이 기운을 뿜어 아홉 못이 맑구나.
우리 유가의 경과 의를 누가 능히 이해하리,
천고에 전한 참된 지결 바른 노래 이어지네.

潛德山中物感靈 神龍噓氣九淵淸
吾家敬義誰能會 千古眞詮續正聲

수홍교곡(垂虹橋曲)

일곡이라 물길을 따라 배를 띄우고자 하노니,
문은 입덕문으로 통하고 물은 시천으로 흐르네.

다리 무너진 뒤로 드리웠던 무지개도 끊어졌으니,
산해 선생 사당 적막하고 연하도 쓸어버린 듯하네.

一曲緣蹊欲使船 門連人德水連川
橋崩以後垂虹斷 山海寥寥掃劫烟

옥녀봉곡(玉女峯曲)

이곡이라 푸른 산엔 비취빛 봉우리들 모였고,
화장한 선녀가 아리따운 자태로 서 있는 듯.
현상계로 마음과 눈이 치달리지 않도록 하려,
자물쇠를 깊이깊이 몇 겹이나 잠가 놓았는지.

二曲蒼鬟攢翠峯 粧成仙女揷花容
不敎色界遊心目 橐鑰深深鎖幾重

농월담곡(弄月潭曲)

삼곡이라 빈 서재는 배 한 척을 그려 놓은 듯,
강물에 무지개처럼 드리운 달 그 옛날과 같네.
오가는 길 평탄하고 험난함 손을 뒤집듯 변하니,
차고 기우는 사물의 이치 가련해 할 만하구나.

三曲空齋若畫船 滄江虹月似當年
朅來夷險翻然手 物理盈虛堪可憐

낙화담곡(落花潭曲)

사곡이라 아련히 꿈속에서 보았던 그 바위,

바위틈 매화 비를 머금고 이리저리 떨어지네.
바위틈에서 축대 쌓다가 상나라를 다스렸으니,
경세제민의 넓은 포부 깃든 정승의 못이로세.

四曲依然夢賚巖 巖梅含雨落毿毿
巖間版築歸商晝 經濟恢恢相府潭

난가암곡(爛柯巖曲)

오곡이라 넝쿨 잡고 오르니 석실이 깊기도 한데,
봉우리가 빨리 흐르는 세월 속에 우뚝 솟아 있네.
바둑 두는 것을 구경하며 선동과 함께 앉았으니,
바둑판을 가져다 그대 마음속에 두었음을 알겠네.

五曲攀躋石室深 崢嶸歲月爛柯林
觀碁幸與仙童坐 認取紋枰落子心

광풍헌곡(光風軒曲)

육곡이라 남쪽 바다 위로 물굽이와 떨어진 곳,
높다란 덕천서원 경의당 낮에도 항상 닫혀 있네.
흉금이 상쾌하고 활달하여 묵은 때 전혀 없는데,
다락에 걸린 광풍헌이란 현판 만고토록 한가롭네.

六曲南溟上隔灣 堂高敬義晝常關
胸襟快豁無塵垢 軒揭光風萬古閒

제월대곡(霽月臺曲)

칠곡이라 가벼운 배 저물녘에 여울을 내려가는데,

구름 한 점 없는 중천에 뜬 밝은 달 누가 보는가.

소미성 자취 감추자 덕산에 사시던 분 떠나셨는데,

나 홀로 높은 제월대에 앉으니 밤의 빛이 차갑네.

七曲輕舟暮下灘 中天霽月爲誰看

少微迹晦山人去 獨上高臺夜色寒

고루암곡(鼓樓巖曲)

팔곡이라 바위 문이 노에 의지해 열렸는데,

고루의 동쪽 곁엔 시냇물이 모여 빙빙 도네.

조물주가 우공의 솜씨를 알고서 취해다가,

특별히 우리나라로 산을 옮겨 온 것이리.

八曲巖扉倚棹開 鼓樓東畔水縈洄

神工認取愚公手 特地移山海國來

와룡폭곡(臥龍瀑曲)

구곡이라 연못의 용 누워서 말이 없는데,

남양 땅은 산수 아름답고 또 앞에는 시내.

제갈무후의 초상화를 걸어놓은 사람은 없고,

바다로 치달리는 여울이 위로 하늘에 접했네.

九曲淵龍臥默然 南陽山水又前川

武侯遺像無人揭 奔海湍流上接天

■ 작자 : 하범운(河範運, 1792~1858)

■ 출전 :『竹塢集』 권1, 「德山九曲」.

VI

송객정(送客亭)에서

차 례

제1절 송객정

- 권봉현(權鳳鉉), 송객정
- 강태수(姜台秀), 송객정
- 김영시(金永蓍), 송객정

제2절 송객정에서의 감회

- 박경가(朴慶家), 송객정을 지나는 도중에 높다란 방장산을 노래함
- 박경가(朴慶家), 다시 송객정에 도착하여 제군들과 시를 지어 증정하고 작별함
- 하경칠(河慶七), 송객정을 새로 짓고 지은 시에 차운함
- 최숙민(崔琡民), 송객정에서 느낌이 있어
- 정재규(鄭載圭), 덕산 송객정에 올라
- 김현옥(金顯玉), 송객정을 지나며
- 신병조(愼炳朝), 송객정 시에 차운함
- 조봉우(曺鳳愚), 덕산 송객정 시에 차운함
- 박태형(朴泰亨), 덕산 송객정을 지나며
- 정제용(鄭濟鎔), 이공유(李公維) · 한희녕(韓希甯) · 하숙형(河叔亨) · 조중근(曺仲謹)을 전별하며 송객정에 이르러 구두로 지음
- 정제용(鄭濟鎔), 송객정을 새로 짓고서
- 권재채(權載采), 송객정에서 운자를 내어 서로 화답함
- 정종화(鄭鍾和), 을사년 가을 여러 벗들과 함께 대원사를 향해 가다가 도중에 기록함
- 권재환(權載丸), 송객정에 올라

제1절 송객정

○ 송객정기

자양 선생(紫陽先生)[1]이 여산(廬山)에 계실 적에 유서간(劉西澗)[2] · 도정절(陶靖節)[3]의 유적지를 찾아 그곳에 정자를 지었다. 이는 선인이 남기 향기를 드러내어 사방의 사람들을 흥기시키기 위함이었다. 이는 세교를 위해 부득이했던 마음이다. 아! 푸른 큰 녹나무 한 그루가 구름 낀 산골 옛 동네에 우뚝 솟았는데, 동쪽으로 산천재(山天齋)까지 거리는 10리가 된다. 세상에서 전하는 말에 옛날 남명 선생께서 이 나무 그늘에서 덕계(德溪)[4]를 전송했는데, 후인들이 그를 위해 단을 쌓아 지키며 보호했다. 지금 3백 년이 지났는데도 입으로 면면이 전승되고 있다. 정유년(1897) 봄 송객정 근처에 사는 여러 현인들이 마음과 노력을 한결같이 하여 그 일을 도모해 열흘도 채 되지 않아 번듯하게 집을 지었다. 그 원대한 계책을 세우고 속히 일을 경영한 것은 사람의 지모로서는 미칠 수 있는 바가 아니었다. 사람들에게 감동을 준 것이 어찌 단지 유서관과 도정절의 유적지를 복원한 것과 같을 뿐이겠는가. 집은 모두 세 칸이었는데, 두 칸 방은 동편에 배치하고, 한 칸 마루는 서편에 두었다. 입구가 서남쪽에

---

1) 자양 선생(紫陽先生) : 주희(朱熹)를 말함.
2) 유서간(劉西澗) : 유환(劉奐, 1000~1080)을 말함. 서간은 그의 호이다.
3) 도정절(陶靖節) : 도연명(陶淵明)을 말함.
4) 덕계(德溪) : 오건(吳健)의 호.

있는데, 여름이면 나무의 그늘이 집을 전부 덮는다. 다락이 높다랗고 은하 같은 물이 위에서 흐른다. 동쪽으로 난 한 가닥 길은 곧장 산음현으로 나 있다. 이곳에서 산음현까지는 산이 하나 가로막고 있다. 나무의 색깔 천년토록 그대로이고, 옛날의 절기도 바뀌지 않았다. 쇠방울 소리 들리던 옛 길에 말이 달려가는 소리 들리는 듯하다. 아! 이 송객정에 들어오는 사람들은 어찌 이곳에서 감흥이 일어남이 없을 수 있으랴. 모여 학문을 강론하자던 맹서는 여러 현인들이 조성하는 공력에 달렸다. 처음부터 끝까지 아름답게 잘 보전해 정신이 깃든 이곳을 한갓 빈 산속 한 초당이 되지 말게 하길 원한다. 紫陽先生在廬阜 搜得劉西澗陶靖節故址而亭之 夫闡發前人遺馥 以興起四方 此爲世教不得已之志也 噫 蒼楠一樹 特立於雲山古洞 東去山天 十里程也 世傳 南冥先生 送德溪于此樹下 後人爲之築壇而守護已 今三百年 而口傳繩繩 歲丁酉春 近亭僉賢 一心力而圖之 不十日而居然成屋 其謀猷之遠 經始之亟 有非人謀之所能及也 爲人興感 豈止如西澗靖節而已 屋凡三間 二室東也 一堂西也 迫在西南 當夏樹陰全沒屋子 軒楹高臨 銀河上流 而東邊一路 直出山陰縣 此去間一嶂也 樹色千年 王春不改 金鈴古路 如聞馬行聲 噫 入此亭者 可無興感乎此哉 會講之盟惟在僉賢助成之功 願令始令終 毋俾精彩之地 徒爲空山一草堂而止也

- 작자 : 조용(曺鎔, 1837~1903)
- 출전 :『惺溪集』권3,「送客亭記」.

○ 송객정

남명 선생이 손님을 전송하던 곳.

붉은 나무가 석양녘에 물들었네.

호계삼소[5]를 누가 그림으로 그렸던가,

배를 함께 타고 신선을 바라는 듯하네.

바위 남았으니 그 자취를 기억할 테지만,

정자는 오래 되어 그 햇수를 알 수 없네.

우리들처럼 유람을 다니는 나그네들,

전송하고 영접함을 어찌 다시 전하리.

冥翁送客處 紅樹夕陽邊

三笑誰模畫 同舟若望仙

石留應記跡 亭古不知年

吾輩行遊客 送迎豈復傳

■ 작자 : 박경가(朴慶家, 1779~1841)

■ 출전 : 『鶴陽集』 권2, 「送客亭」.

○ 송객정

위에는 나그네를 위로하는 정자가 있고,

아래엔 나그네를 전송하는 정자가 있네.

두 분 현인을 이제는 만날 수가 없으니,

그분들 자취 상상함이 이 정자에 있구나.

---

5) 호계삼소(虎溪三笑) : 중국 여산(廬山) 동림사(東林寺)에 살던 진(晉)나라 때 고승 혜원(慧遠)은 손님을 전송할 때 절 앞의 호계를 건너지 않았는데, 도잠(陶潛)과 육수정(陸修靜)을 전송할 적에는 자신도 모르게 호계를 건너 세 사람이 크게 웃었다고 한다. 여기서는 혜원이 손님을 전송한 고사를 가리킨다.

上有勞客亭 下有送客亭

兩賢不可見 遺想在此亭

■ 작자 : 정환주(鄭煥周, 1833~1899)

■ 출전 : 『薇山遺稿』 권1, 「送客亭」.

○ **송객정** 送客亭-남명 선생이 매번 이곳에서 오덕계(吳德溪)를 전송했다.-

정자 앞엔 냇물 활발해 물고기들 노닐고,

정자 위엔 바람 안정돼 새들이 날아다니네.

이곳은 심상하게 객을 전송하던 곳 아니니,

천년 동안 몇 사람이나 찾아왔다 돌아갔나.

亭前水活魚泳 亭上風恬鳥飛

不是尋常送客 幾人千載來歸

■ 작자 : 최숙민(崔琡民, 1837~1905)

■ 출전 : 『溪南集』 권1, 「送客亭-南冥先生 每送吳德溪于此-」.

○ **송객정**

봄바람에 나그네를 전송하던 정자,

옛 일에 감동하여 여기서 멈추었네.

사람은 떠나고 소나무만 아직 남아,

공연히 백세의 푸른 기상 띄고 있네.

春風送客亭 感古此來停

人去松猶在 空含百世靑

■ 작자 : 최원근(崔元根, 1850~1923)

■ 출전 : 『二山文集』 권1, 「送客亭」.

○ 송객정

이곳에서 고상한 현인이 누굴 멀리 전송했나,

천 길 방장산 위에서 봉황새 한 번 울었다네.

오늘 아침 어떤 나그네 혼자 여기 찾아와서,

정자 앞으로 흐르는 냇물을 손으로 만져보네.

此地高賢誰遠送 方壺千仞一聲鳳

今朝有客無人同 亭水潺湲手自弄

■ 작자 : 김종우(金宗宇, 1854~1900)

■ 출전 : 『正齋遺稿』 권1, 「送客亭」.

○ 송객정

정자 앞에는 아직도 객점이 남아 있지만,

그 누가 전별하던 사람의 술잔을 기억하리.

오래된 나무 흐르는 시냇가에 서 있으니,

예로부터 지금까지 지난 세월을 느낄 뿐.

亭前尙有店 能記餞人盃

樹古溪流處 只將感舊來

■ 작자 : 권기덕(權基德, 1856~1898)

■ 출전 : 『三山遺稿』 권2, 「送客亭」.

○ 송객정

차가운 강물 석양녘에 나 홀로 대에 올랐는데,

적막한 산간 양쪽 언덕에는 꽃이 활짝 피었네.

남명 선생 떠나신 뒤 누가 이 정자 주인 되었나,

나그네 전송한 정자 앞으로 객이 또 오는구나.

寒江斜日獨登臺 寂寂山花兩岸開

冥翁去後誰爲主 送客亭前客又來

■ 작자 : 문진귀(文鎭龜, 1858~1931)

■ 출전 : 『訥菴集』 권1, 「送客亭」.

○ 송객정

옛 현인께서 어느 날 여기서 전송을 했나,

덕을 보고 높은 언덕에 봉황새 내려앉았네.

청풍명월의 시내 옆에 새로 지은 이 정자,

몇 사람이나 찾아와서 또 시를 읊조렸는가.

昔賢何日此相送 覽德高岡下瑞鳳

風月溪邊新築亭 幾人到此更吟弄

■ 작자 : 하헌진(河憲鎭, 1859~1921)

■ 출전 : 『克齋遺集』 권1, 「送客亭」.

○ 송객정

희미하던 운무 사라져서 한낮의 그늘 청명한데,

말을 세우고 송객정에서 머뭇머뭇 거리고 있네.

선현께서 왕래하셨던 이곳을 아련히 떠올리니,
능히 우리들로 하여금 마음을 깨어나게 하네.

微雲點掇午陰淸 立馬踟躕送客亭
緬想前賢來往處 能令吾輩發心醒

■ 작자 : 하헌진(河憲鎭, 1859~1921)
■ 출전 : 『克齋遺集』 권1, 「送客亭」.

○ 송객정

붉은 꽃잎 처음 날리고 강가 나무는 어둑한데,
떠나는 이 더디게 출발하고 비는 줄줄 내리네.
지금까지 시골 노인들 석별하는 듯한 표정으로,
남명 선생이 객 전송한 정자를 가리켜 일러주네.

絳葉初飛江樹冥 行人遲發雨零零
至今野老如相惜 指點先生送客亭

■ 작자 : 유석정(劉錫政, 1866~1908)
■ 출전 : 『澗翠集』 권1, 「送客亭」.

○ 송객정

정자 있어 그 이름 송객정이라 하는데,
흰 구름 끝에 우뚝하게 높이 솟아 있네.
남명 선생의 발자취를 아련히 생각하니,
천추 세월 동안 물에 비친 찬 달과 같네.

有亭名送客 高出白雲端

緬思冥翁躅 千秋水月寒

■ 작자 : 권봉현(權鳳鉉, 1872~1936)

■ 출전 : 『梧岡集』 권1, 「送客亭」.

○ 송객정

옛날 남명 선생이 객을 전송한 자리 떠올리니,

우뚝하게 한 초가 정자를 새로 지어 놓았구나.

시험 삼아 멀리 보이는 강가 나무를 바라보니,

사람을 향해 푸르게 서 있는 듯 정을 머금었네.

憶昔先生送客地 突然新出一茅亭

試看勞勞江上樹 含情如立向人青

■ 작자 : 강태수(姜台秀, 1872~1949)

■ 출전 : 『愚齋集』 권1, 「送客亭」.

○ 송객정

덕산 아래의 덕천 가에 있는 송객정,

보낸 사람 누구며 떠난 손은 누구였나.

정자 가의 늙은 나무 모두 다 부러졌구나,

비로소 알겠네, 인간 세상에 이별이 잦은 줄.

德山之下德川濱 送者其誰去者賓

亭邊老樹摧折盡 始信人間別離頻

■ 작자 : 김영시(金永蓍, 1875~1952)

■ 출전 : 『平谷集』 권1, 「送客亭」.

제2절 송객정에서의 감회

○ 송객정을 지나는 도중에 높다란 방장산을 노래함

누가 방장산을 높다고 했던가,

높이가 겨우 달팽이 뿔 만한데.

누가 방장산을 크다고 말했나,

크기가 겨우 밤 껍질 만한데.

내가 큰 눈으로 세계를 바라보니,

돌무더기 허공에 솟아 못에 떠 있는 듯.

중원의 동쪽 해 뜨는 곳 모서리에,

한 조각이 거타주[6]에 남아 있는 것.

태산이 가을철의 새털 끝보다 작으니,

수미산은 반딧불로 비유할 수 있으리.

옛날 꿈속에 곤륜산 정상을 갔었는데,

고목인 염부나무 빛이 매우 푸르렀네.

자장[7]은 그것을 보고 장대하다 여겼고,

장건[8]은 그것을 말하면서 광박하다 했네.

아, 그대는 그릇 속의 금룡(金龍)과 같으니,

그릇 밖에 광막한 세계 있는 것 어찌 알리.

---

6) 거타주(居陁州) : 경남 진주의 옛 이름.

7) 자장(子長) : 한나라 때 사마천(司馬遷)의 자.

8) 장건(張騫) : 한나라 무제 때 사람으로 무제의 명을 받아 황화의 근원을 찾으러 갔다가 은하수 위로 올라 견우와 직녀를 만나고 돌아왔다고 한다.

학양선자[9] 나는 희유새[10] 타기를 좋아하니,
훌쩍 삼극[11]을 벗어나 멀리 노닐고 싶구나.
찬란히 빛나는 은하가 흉중에 벌여 있으며,
사해의 만국이 눈앞에 나열해 있는 듯하네.
한 주먹만큼 작달막한 이 돌무더기 산은,
아무리 봐도 반쪽 눈에 들어온 적 없네.
뻥 뚫린 동천 바늘구멍만큼 작게 보이고,
계곡의 산길은 실처럼 가늘게 이어졌네.
예로부터 지금까지 다녀간 무수한 유람객들,
줄줄이 왔다 가며 비단처럼 아름답다 했네.
눈으로만 보는 경우는 소견이 작을 수밖에,
넓은 세계 마음으로 보는 것과 어찌 같으리.
멀리 복희씨 찾아 심오한 이치로 들어가고,
높이 주공과 공자 찾아서 전적을 섭렵하네.
어찌 굳이 먼 길 가며 힘들게 애를 쓰리,
우주가 내 마음 속에 다 들어 있는데.
구곡의 뱃노래는 어느 곳에서 일어나나,
무이산 밑 신선이 사는 곳에서 들리네.

誰謂方丈高 高如蝸兒角

誰謂方丈大 大如粟子殼

9) 학양선자(鶴陽仙子) : 학양은 이 글을 지은 박경가의 호이다.
10) 희유새 : 곤륜산 정상에 산다는 전설 속의 큰 새이다.
11) 삼극 : 천(天) · 지(地) · 인(人) 삼계를 말한다.

我以大眼觀世界 礧空矗矗漂在澤

赤縣之東扶桑隅 一片剩殘居陁域

泰山小於秋毫尖 須彌可以螢火灼

昔夢崑崙頂上行 閻浮樹老蒼蒼色

子長觀之以爲壯 張騫談之以爲博

唉你鉢中金蚪蟲 安知鉢外有廣漠

鶴陽仙子乘希有 翩然遠遊超三極

星漢燦然羅胸中 四海萬國森在目

藐玆一拳磈礧者 看來不曾盈半矚

洞壑呀然針孔通 谿徑聯如線縷絡

古今無數遊賞人 貫來穿去夸繡錯

以目見者所見小 何似心遊遊寥廓

遠躡蒼牙入重玄 高挹姬孔涉典籍

何必歷遠而劬勞 宇宙在吾方寸膜

九曲棹歌何處起 武夷洞下仙靈宅

■ 작자 : 박경가(朴慶家, 1779~1841)

■ 출전 :『鶴陽集』 권2, 「送客亭路中 賦方丈高」.

○ 다시 송객정에 도착하여 제군들과 시를 지어 증정하고 작별함

여러 공들 송객정 언덕에서 늦게 만났는데,

이번 유람을 한 이들 소식을 어찌 전하리.

사람들 돌아가 덕업 세움에 길 없을까 걱정이고,

바람에 흔들리는 쑥대에 마귀 있는 줄 알겠구나.

홀로 송강의 농어[12] 실컷 먹어 유람 이미 만족한데,

다시 양주학[13]을 구하니 생각이 도리어 많아지네.

만일 높다란 수레타고 오는 것 멀지 않은 줄 알면,

잠시 나의 지팡이 머물러 서로 왕래를 허락하게나.

晩還諸公送客坡 此行其奈燕鴻何

人還建德悄無路 風引蓬萊悟有魔

獨飽松鱸遊已足 更求楊鶴意還多

如知高駕來非遠 暫住吾笻許相過

■ 작자 : 박경가(朴慶家, 1779~1841)

■ 출전 : 『鶴陽集』 권2, 「復到送客亭 與諸君贈別」.

○ 송객정을 새로 짓고 지은 시에 차운함

나무 한 그루가 송객정이라는 이름을 전했는데,

오늘 정자가 낙성되니 그 푸름이 배나 더해지네.

여기서 후학이 선현을 사모하는 마음 알겠으니,

---

12) 송강의 농어 : 진(晉)나라 때 장한(張翰)은 벼슬살이를 하다가 가을바람이 불어오자 고향의 순채국과 농어회가 생각나 벼슬을 버리고 고향으로 돌아갔다고 한다. 여기서는 벼슬을 버리고 산수자연을 즐긴다는 의미로 쓰인 듯하다.

13) 양주학(揚州鶴) : 어떤 사람은 재물을 많이 갖고 싶다 하고, 어떤 사람은 양주자사가 되고 싶다 하고, 어떤 사람은 학을 타고 노닐고 싶다 하였는데, 한 사람이 나서서 하는 말이 "나는 허리에 십만 금을 차고 학을 타고서 양주로 날아가고 싶네."라고 하였다 한다. 이는 현실에서 이루기 어려운 일을 말한다.

선현께서 이곳까지 오셨을 때 아련히 생각나네.
뚫린 길은 굽이굽이 돌아 큰 들판으로 통하고,
깨끗한 새 정자의 문미가 텅 빈 강물에 비추네.
제생들은 전해진 선생의 풍도 끊어질까 염려해,
화려한 현판 아름다운 시 크게 써서 걸어놓았네.

一樹名傳送客亭 亭成今日倍增靑

從知後學羹墻慕 緬想先賢杖屨停

孔路逶迤通大野 新楣蕭灑映虛江

諸生恐或遺風斷 華額佳吟巨筆銘

■ 작자 : 하경칠(河慶七, 1825~1898)

■ 출전 : 『農隱遺集』 권1, 「次韻新創送客亭」.

○ 송객정에서 느낌이 있어-작고한 벗 김경범(金景範)은 매양 이 곳에서 나그네를 전송했다.-

그대와 평생 손을 놓고 헤어지던 곳,
그대 먼저 떠나 슬픈 마음 한이 없네.
유독 언덕 위에 나무 한 그루 있는데,
예전 모습 그대로 변치 않고 푸르구나.

平生分手地 後死多悲傷

獨有原上樹 依然舊面蒼

■ 작자 : 최숙민(崔琡民, 1837~1905)

■ 출전 : 『溪南集』 권3, 「送客亭有感-故金友景範 每送客于此-」

○ 덕산 송객정에 올라

인간은 이 세상에 왔다가 가는 한 나그네,
나그네를 전송하는 데 또한 단서도 많지.
아름다운 명칭 이 정자에만 유독 있으니,
어진 덕을 가진 분이 관대하게 전송한 곳.
큰 종은 두드린 뒤에도 메아리가 울리고,
보배로운 거울은 비춘 뒤에도 냉정하다네.
오랜 세월이 지난 뒤 너무 늦게 찾아와서,
서글픈 심정으로 일어나 의관을 정돈하네.

人間一逆旅 送客亦多端
嘉號於茲獨 碩人之所寬
洪鐘鼓後響 寶鑑照餘寒
百載歸來晚 悄然起整冠

- 작자 : 정재규(鄭載圭, 1843~1911)
- 출전 :『老柏軒集』권2,「登德山送客亭」.

○ 송객정을 지나며

지금까지 삼백 년이나 지난 일인데도,
오히려 나그네 전송한 정자 전해지네.
어떤 분이 시냇가 정자에 계신 듯하여,
애오라지 함께 눈을 씻고 반갑게 보네.

至今三百年 猶傳送客亭
有人川上在 聊與拭眸靑

■ 작자 : 김현옥(金顯玉, 1844~1910)

■ 출전 :『山石集』 권1, 「過送客亭」.

○ 송객정 시에 차운함

십리나 뻗은 산과 시내 큰 나무 옆 정자,
선현이 보신 봄빛이 지금까지도 푸르구나.
산음[14]으로 향하는 길 서로 멀리 바라보며,
방장산으로 가는 구름 매번 함께 멈추네.
남명 선생 당시에는 찾아와 소요하시던 곳,
오늘은 의관 갖춘 이들 추앙하는 물가로세.
후인들이 세워놓은 두 칸 집의 이 정자에서,
지금 신명사명[15]의 한 잠명을 읊조려 보네.

十里溪山大樹亭 先賢春色至今靑

山陰去路聊相望 方丈歸雲每共停

當時杖屨徜徉地 此日衣冠景仰汀

後人修立雙間屋 時誦神明舍一銘

■ 작자 : 신병조(愼炳朝, 1846~1924)

■ 출전 :『士笑遺藁』 권2, 「次送客亭詩」.

14) 산음 : 산청군의 옛 이름.

15) 신명사명(神明舍銘) : 남명 조식이 지은 잠명.

○ 덕산 송객정 시에 차운함

남명 선생이 나그네를 전송하시던 이 정자,
지금까지 이 골짜기 풀을 푸르게 하였구나.
구름은 석별하듯 가고 연기도 함께 저무는데,
꽃은 머물기로 기약한 듯 싸락눈도 멈추었네.
이로부터 어둡던 길이 훤한 큰 길 되었는데,
다시 새 정자를 지어 맑은 물가를 굽어보네.
계남[16]의 많은 선비들 다투어 계모임을 하니,
후대에는 응당 만인의 입에 새겨져 전하리.

山海先生送客亭 至今想像谷芻靑
雲如惜別烟同暮 花似留期霰亦停
自是冥衢成大路 更加新築俯淸汀
桂南多士爭修契 來世應傳萬口銘

- 작자 : 조봉우(曺鳳愚, 1852~?)
- 출전 :『東山集』 권1, 「次德山送客亭韻」.

○ 덕산 송객정을 지나며

남명 선생께서 객을 전송하신 이 정자,
아직도 한 나무의 정자가 남아 있구나.
산음으로 향하는 길 그 때문에 바라보니,
아련히 보이는 먼 산의 나무들 푸르구나.

---

16) 계남(桂南) : 미상. 영남을 의미하는 교남(嶠南)을 뜻하는 말로 쓴 듯하다.

冥翁送客地 猶有此株亭

爲望山陰路 依依遠樹青

■ 작자 : 박태형(朴泰亨, 1864~1925)

■ 출전 : 『艮嵒集』 권1, 「過德山送客亭」.

○ 이공유(李孔維)[17] · 한희녕(韓希甯)[18] · 하숙형(河叔亨)[19] · 조중근(曺仲謹)[20]을 전별하며 송객정에 이르러 구두로 지음

외로운 정자에 남은 발자취를 내 찾아왔는데,

모든 사람 입에서 입으로 전하는 말 절로 있네.

한 차례 남명 선생이 객을 전송하신 뒤로부터,

강가에서 남아 작별하는 이들 다시 그 누구였던가.

孤亭遺躅我尋之 萬口傳傳自在碑

一自先生相送後 江頭留別更阿誰

■ 작자 : 정제용(鄭濟鎔, 1865~1907)

■ 출전 : 『溪齋集』 권1, 「餞李孔維 韓希甯 河叔亨 曺仲謹 至送客亭口呼」.

---

17) 이공유(李孔維) : 이도용(李道容)을 말함. 공유는 자이며, 호는 용재(庸齋), 본관은 성주이다.

18) 한희녕(韓希甯) : 한유(韓愉, 1868~1911)를 말함. 희녕은 자이며, 호는 우산(愚山), 본관은 청주이다.

19) 하숙형(河叔亨) : 하겸진(河謙鎭, 1870~1946)을 말함. 숙형은 자이며, 호는 회봉(晦峯), 본관은 진양이다.

20) 조중근(曺仲謹) : 조긍섭(曺兢燮, 1873~1933)을 말함. 중근은 자이며, 호는 심재(深齋), 본관은 창녕이다.

○ 송객정을 새로 짓고서

서리와 바람에도 고목은 절로 정정하기만 한데,

특별한 곳 비 갠 봉우리 아직 다 푸르진 않네.

남명 선생이 나그네를 멀리 전송하시던 이 곳,

산음 사는 가객은 얼마나 돌아보고 멈추었을까.

백세토록 우리 사문에 이 송객정 자리 남으리니,

두서너 칸의 새 정자를 빈 물가에 새로 지었네.

지금까지 서로 전한 지결이 있는 데 의지하여,

우리 유가의 일월 같은 경과 의가 전해져오네.

霜風老樹自亭亭 特地晴峯未了青

方丈先生相送遠 山陰嘉客幾回停

百世斯文留此地 數間新屋起虛汀

至今賴有相傳訣 日月吾家敬義銘

■ 작자 : 정제용(鄭濟鎔, 1865~1907)

■ 출전 :『溪齋集』권1,「送客亭 新建」.

○ 송객정에서 운자를 내어 서로 화답함

천년토록 오랫동안 방장산 산속에,

구름 끝에 정자 하나 솟아 있었네.

시내에 잠긴 차가운 달에 흉금을 달래고,

술잔에 넘치는 술 향기가 코끝을 찌르네.

늙은 고목은 하늘까지 높이 솟구쳤고,

높은 바람은 지는 해에 더욱 차갑구나.

미천한 후생들이 이제 찾아와 모여서,
슬픈 마음으로 일어나 의관을 정제하네.

千年方丈裏 亭子起雲端

把襟川月冷 擁鼻酒盃寬

老木干天屹 高風落日寒

賤子今來集 愀然起整冠

■ 작자 : 권재채(權載采, 1872~1918)

■ 출전 :『習齋遺稿』 권1, 「送客亭 拈韻相和」.

○ 을사년(1905) 가을 여러 벗들과 함께 대원사를 향해 가다가 도중에 기록함–당시 대원사에서『주자어류』를 간행하고 있었다.–

송객정(送客亭)

나그네 전송하시던 그해 이 정자가 있었다지,
구름 낀 산속 십리 청산을 바라보며 들어가네.
지금은 전별주를 마시고서 취한 사람 없기에,
남은 향기 말하면서 옛날 그 물가에 서 있네.

送客當年有此亭 雲山十里入望靑

卽今盃酒無人醉 謾說遺芬立古汀

■ 작자 : 정종화(鄭鍾和, 1881~1938)

■ 출전 :『希齋集』 권1, 「乙巳秋 同諸益 作大源行 路中記行–時刊朱語於源寺–」.

○ 송객정에 올라

남명 선생 당년에 나그네를 전송하시던 정자,
저 초동목부에게 맡겨준 지 몇 해나 지났던가,
내 지금 삼백 년이 지난 뒤에 이 정자에 와서,
한 나절 동안 봄바람 쐬고 반가운 눈길로 보네.

冥老當年送客亭 任他樵牧幾霜星

我來三百餘年後 半日東風拭眼青

■ 작자 : 권재환(權載丸, 1888~1951)

■ 출전 : 『一軒集』 권1, 「登送客亭」.

Ⅶ 면상촌(面傷村)에서

차 례

○ 면상촌

8일. 날씨가 매우 명랑했다. 아침밥을 먹고 출발했다. 조형칠(曺衡七)[1]이 미비한 산행도구를 챙겨 우리와 함께했다. 북천(北川)을 건너 10리를 가서 송객정(送客亭)에서 쉬었다. 옛날 남명 선생께서 오덕계(吳德溪)[2]를 전송하실 적에 반드시 멀리 여기까지 나와 전송하셨다. 정자의 이름이 이 때문에 붙여진 것이다. 지금은 늙은 고목이 서 있는 곳이다. 정자 위쪽에 낙마파(落馬坡)·면상촌(面傷村)이 있다. 전하는 말에 "오덕계가 남명 선생에게 작별인사를 드리고 물러나 여러 동문들과 술을 실컷 마시고 작별했는데, 술에 취해 자신도 모르게 말에서 떨어져 얼굴에 상처가 났다. 그래서 그 고사로 인해 면상촌이라 하였다."라고 한다.

八日 天氣甚朗 食後發行 衡七辦行具之未備者 與俱 渡北川 行十里 休于送客亭 昔老先生送德溪 必遠將于此 亭之名以此也 今老樹亭 亭上有落馬坡面傷村 傳言德溪辭先生而退 與同門諸子 痛飮而別 不覺墮馬傷 而因以爲地名

- 작자 : 허유(許愈, 1833~1904)
- 출전 : 『后山集』 속집 권5, 「頭流錄-面傷村」.

○ 면상촌

22일. 조형칠(曺衡七)의 집에 말을 맡겨두고, 짧은 지팡이를 짚

---

1) 조형칠(曺衡七) : 조원순(曺垣淳, 1850~1903)을 말함. 형칠은 그의 자이다.
2) 오덕계(吳德溪) : 남명의 문인 오건(吳健)을 말함. 덕계는 그의 호이다.

고서 조형칠을 따라나섰다. 면상촌을 지났다. 옛날 오덕계(吳德溪)가 남명 선생을 찾아가 배알하고서 돌아갈 적에, 남명 선생이 10리 밖에까지 나와 전별연을 베풀어주었다. 오덕계가 술에 취해 이 마을 앞을 지나가다가 말에서 떨어져 얼굴에 상처를 입었다. 후인들이 그 마을을 면상촌이라고 불렀다. 나는 돌아보며 배회하였는데, 그 날의 풍취를 상상할 수 있었다.

二十二日 託馬于衡七家 扶短筇 隨衡七 過面傷村 昔吳德溪 往拜南冥先生歸也 先生餞于十里外 德溪醉而過此村 墜馬傷其面 後人名其村曰面傷村 顧瞻徘徊 當日之風趣 可想

- 작자 : 조성렴(趙性濂, 1836~1886)
- 출전 :『心齋集』 권4, 「頭流游記-面傷村」.

○ 면상촌

면상촌을 지났다. 옛날 오덕계(吳德溪)가 남명 선생의 문하에 찾아갔다가 돌아갈 적에, 남명 선생이 십리 밖에 있는 큰 나무 밑에까지 나와 전별주를 따라 주셨다. 덕계가 취하여 이 마을 앞을 지나다가 말에서 떨어져 얼굴에 상처가 났다. 후인들이 그 나무를 이름 하여 송객정(送客亭)이라 하고, 그 마을의 이름은 면상촌(面傷村)이라고 하였다. 나는 그곳을 돌아보고 배회하면서 그 날을 상상했는데, 상쾌한 맑은 풍도가 예전처럼 소매 속에 느껴졌다. 아! 오덕계가 얼굴에 상처가 난 그 멋을 아는 사람이 누구일까? 물고기는 냇물에서 자유로이 노닐고 산새들은 구름 속으로 날아가는구나. 후인들만 그런 멋을 알지 못할 뿐만 아니라, 당시 오덕계 자신도 까마득히 스스로 알지 못했을 것이다. 송객정에 이르러 바야흐로 술을 사서 풍오(豊五)[3]를 돌아보며 말하기를 "오덕계는 우연히 만행을 한 보살이 되었네. 나도 몸소 후생의 경계가 되고 싶네."라고 하였더니, 풍오가 갑자기 순경(舜卿)[4]을 불러 말하기를 "자네는 이 말을 들었는가?"라고 하고서, 수시로 내가 취했는지를 살펴보았으니, 진정한 벗이다.

過面傷村 昔吳德溪 往師門歸也 先生飮餞于十里大樹下 德溪醉 過此村 墮馬致傷 後人名其樹 曰送客亭 村以面傷名 顧瞻徘徊 想象當日 灑然淸風 依然入袖 噫 面傷之趣 識者 何人 魚川泳而鳥雲飛 不惟後人不識得 雖當日 自家 悠悠乎不自知也 至亭 方沽酒 顧謂豐五曰 德溪 偶爲萬行菩薩 欲以身 爲後生戒也 豐五遽呼舜卿告之曰 聞之否乎 豐五之隨時存規 眞友也哉

- 작자 : 정재규(鄭載圭, 1843~1911)
- 출전 : 『老柏軒集』 권32, 「頭流錄-面傷村」.

○ **면상촌을 지나며** 過面傷村-세상에 전하기를 "남명 선생이 오덕계(吳德溪)를 전송할 적에 반드시 잔에다 술을 가득 따라 주며 작별을 하였다. 오덕계가 이 마을에 이르러 매우 취해 말에서 떨어져 얼굴에 상처가 났다. 그러므로 그로 인하여 이 마을의 이름을 삼았다."라고 한다. 世傳南冥之送德溪也 必引杯大酌而別 德溪至此 沈醉墮馬而傷其面 故因名其地-

3) 풍오(豊五) : 김현옥(金顯玉, 1844~1910)의 자.
4) 순경(舜卿) : 권운환(權雲煥, 1853~1918)의 자.

객을 전송한 송객정 앞으로 난 길,

주점의 사람들 항상 술잔을 권하네.

이마에 상처가 난 멋을 잘 모르겠지만,

한 푼 돈을 가지고 오는 것 애석할 뿐.

送客亭前路 壚人尙勸盃

未知傷面趣 只惜一錢來

■ 작자 : 곽종석(郭鍾錫, 1846~1919)

■ 출전 : 『俛宇集』 권2, 「過面傷村」.

VIII 대원사(大源寺)

차 례

- 이도추(李道樞), 대원암 동구에서
- 이도추(李道樞), 대원암 동구에서
- 이규하(李圭夏), 대원암으로 들어가다
- 하헌진(河憲鎭), 대원암 동구에서
- 하헌진(河憲鎭), 대원사로 들어가다
- 김극영(金克永), 대원사 동문에서 구두로 지음
- 이관후(李觀厚), 석남에서 대원사로 향하다
- 하겸진(河謙鎭), 내가 산천재에서 몇 달 머물 때 이공유(李孔維) · 한희녕(韓希寗) · 조중근(曺仲謹)이 연이어 와서 함께 남명 선생의 『학기류편』을 교정하고서 함께 대원사 계곡을 유람하여 부운정(浮雲亭)에 이르러 잠시 쉬다
- 정종화(鄭鍾和), 을사년 가을 여러 벗들과 대원사로 가다가 도중에 기록함
- 이종호(李鍾浩), 대원사로 가는 도중에 지음
- 조상하(曺相夏), 정윤명(鄭允明)이 수레를 빌려 술을 싣고 정치익(鄭致益) · 조익제(趙益濟) 및 나를 초청하여 대원암으로 들어가다
- 조상하(曺相夏), 김해사(金海史)-태철(泰喆)- 최주응(崔周應)-우모(玗模)-과 함께 대원암으로 들어가는 도중에 지음
- 하우선(河禹善), 대원사로 가는 도중에
- 이희석(李羲錫), 대원사로 들어가는 도중에

제2절 대원사에서

- 손명래(孫命來), 대원암을 유람하며
- 정 식(鄭 栻), 대원암 시냇가 반석에서 지음

- 문재림(文在琳), 대원사를 유람하며
- 정광학(鄭匡學), 대원사를 유람하며
- 하달홍(河達弘), 대원암
- 하달홍(河達弘), 대원암
- 하달홍(河達弘), 무진년 중추에 양연로(梁淵老), 하희윤(河羲允)-재문(載文)-, 조직교(趙直敎), 하치백(河致伯)-재구(在九)-, 최순호(崔舜皥)-식민(植民)-, 최원칙(崔元則)-숙민(琡民)-과 대원암을 유람하다
- 성채규(成采奎), 대원암에서 감역 민문서(閔文瑞)를 만남
- 이진상(李震相), 대원암
- 이진상(李震相), 대원암에 돌아온 뒤 명원(鳴遠)이 주자의 남악시(南嶽詩)의 운자를 써서 천왕봉을 장대하게 본 것을 하례하기에 그에 차운하다
- 권헌정(權憲貞), 대원암
- 정우윤(鄭瑀贇), 대원암 운영루(雲影樓) 시에 차운함
- 하협운(河夾運), 조월고(趙月皐)-성가(性家)-, 조횡구(趙橫溝)-성택(性宅)-, 종질 동료(東寮)-재문(載文)-와 함께 대원암에서 수세(守歲)하다
- 박치복(朴致馥), 대원암
- 조성가(趙性家), 8월 월촌(月村) 하장(河丈), 죽파(竹坡) 양연로(梁延老), 동료(東寮) 하희윤(河羲允), 위농(渭農) 하치백(河致伯)-재구(在九)-, 계남(溪南) 최원칙(崔元則)-숙민(琡民)-과 함께 대원암을 유람하다
- 이상보(李尙輔), 권유양(權酉陽)-사호(思浩)- 어른과 함께 다시 대원암을 유람하다

- 하재문(河載文), 월촌(月村) 하달홍(河達弘)을 모시고 함께 대원암을 유람하였는데, 다음 날 조직교(趙直敎)-성가(性家)-, 최원칙(崔元則)-숙민(琡民)-이 또한 이르렀다
- 하재문(河載文), 대원암을 함께 유람하다
- 하재문(河載文), 미성(未惺) · 월고(月皐) · 횡구(横溝) · 회악(晦嶽) · 월초(月樵) · 안촌(安村)과 함께 대원사로 들어가 수세(守歲)하다
- 최숙민(崔琡民), 대원암
- 송병순(宋秉珣), 대원암
- 김진호(金鎭祜), 대원암
- 이정모(李正模), 대원암 시냇가 바위 위에 술자리를 마련하고서 공경히 퇴계 선생이 탁영담을 노래한 시의 운자를 써서 지음
- 이도추(李道樞), 여러 벗들과 대원암을 유람하다
- 조호래(趙鎬來), 대원암에서 동생 태현(泰見)-영래(瓔來)-과 함께 지음
- 전기주(全基柱), 대원암을 유람하다
- 권기덕(權基德), 대원암
- 문진귀(文鎭龜), 대원암
- 하헌진(河憲鎭), 대원사에서 묵다
- 하헌진(河憲鎭), 대원사로 돌아와 묵다
- 정재성(鄭載星), 대원사
- 정제용(鄭濟鎔), 계남(溪南) 최장(崔丈)을 모시고 대원암을 유람하였는데, '자시유인불상래(自是遊人不上來)' 구를 가지고 운자를 나누어 인(人) 자를 얻어서 지음
- 정제용(鄭濟鎔), 벗 박봉여(朴鳳汝)-재순(在舜)-와 함께 대원사

를 유람하다

- 정제용(鄭濟鎔), 경자년 여름 최계남(崔溪南), 정애산(鄭艾山)-재규(載圭)-을 모시고 대원사에서 피서를 하였는데 원근에서 찾아온 사람들이 수십 명이나 되었다. 『남명집(南冥集』 중의 '여상동대 만품개저(如上東岱萬品皆低)'를 가지고 운자를 나누어 상(上)자를 얻어 지음
- 정한용(鄭漢鎔), 대원사를 유람하다
- 정제국(鄭濟國), 대원사
- 하봉수(河鳳壽), 나는 50년 전에 정형로(鄭亨櫓) · 한희녕(韓希甯)과 함께 대원사에서 독서하였는데, 지금 와 보니 사찰 모습이 변하였고 노승은 모두 죽고 묵선사(黙禪師)의 제자라고 하는 한 노승이 공경히 예를 표하여 서로 탄식하였다. 아, 그 사이 한순간에 세월이 흘러 옛날과 지금이 다른 것처럼 되었다
- 이관후(李觀厚), 대원사
- 권상정(權相政), 대원사에서 독서하다
- 하겸진(河謙鎭), 대원사에서 새벽에 일어나 소회를 쓰다
- 한유석(韓禹錫), 대원사를 유람하다
- 정규석(鄭珪錫), 늦은 봄날 유근후(柳厚根) · 이재신(李在信) · 조명규(趙明奎) · 윤반(尹班) · 정준명(鄭俊明) 및 족숙 두교(斗敎), 족질 태헌(泰憲)과 함께 대원사를 유람하다
- 이교문(李敎文), 신미년 여름 5월 벽정(壁亭) 및 소천(昭泉)의 제생들과 함께 대원사에서 피서하였는데, 모인 노소의 사람이 30여 인이나 되었다. 『매천집(梅泉集)』에 있는 시의 운자를 써서 지음
- 조병희(曺秉熹), 경자년 여름 정애산(鄭艾山) 선생을 모시고 대원사로 들어갔는데, 장편시 1편을 지어 선생께 받들어 올려 구구

한 내 마음을 표하다
- 김영규(金永奎), 대원사
- 안종화(安鍾和), 대원사
- 권숙봉(權肅鳳), 동생 성락(聖洛)-숙귀(肅龜)-, 족제 경건(敬建)과 함께 대원사를 유람하다
- 조상하(曺相夏), 대원암에 이르다
- 이교우(李敎宇), 대원사에서 황매천(黃梅泉) 시의 운자를 써서 지음
- 하용환(河龍煥), 대원사에서 묵다
- 성환혁(成煥赫), 저물녘에 대원암에 이르다
- 성환혁(成煥赫), 다시 대원사를 유람하다
- 성재기(成在祺), 대원사

제3절 대원사 시에 차운함

- 신명구(申命耉), 대원동을 유람하며 이식산(李息山)의 시에 차운함
- 권헌정(權憲貞), 정명부(鄭明府)가 대원사를 유람한 시에 삼가 화답함
- 정제용(鄭濟鎔), 대원암에서 현판의 시에 차운함
- 정제용(鄭濟鎔), 대원사에서 처사 소응천(蘇凝天)이 지은 현판에 걸린 시를 읽고서 그 격조가 높고 예스러운 것을 사랑하여 장난삼아 그의 시를 본떠 지음
- 하우선(河禹善), 대원사를 중건하고 낙성한 시에 차운함
- 이시화(李時華), 대원사에서 묵고 출발할 때 운영루(雲影樓) 현판에 걸린 시의 운자를 써서 지음

제4절 대원사에 이르러 승려에게 지어 줌

- 손명래(孫命來), 대원암 현판의 시에 차운하여 신감선사(信鑑禪師)에게 줌
- 이지용(李志容), 대원암에서 묵으며 원대사(元大師)에게 줌
- 권재규(權在奎), 대원암에서 청호대사(淸湖大師)에게 줌
- 정제용(鄭濟鎔), 대원사에서 희녕(希寗)의 시에 차운해 줌

제5절 대원사에서 여럿이 함께 지음

- 정재규(鄭載圭), 대원암에서 만월대 연구시(聯句詩)에 차운함
- 권봉현(權鳳鉉), 대원암에서 만월대 연구(聯句)의 운자를 써서 서로 지음
- 하우식(河祐植), 이후산(李厚山)-도복(道復)-의 대원사 시의 운자를 써서 후산(厚山) 및 박정산(朴貞山)-희정(熙珵)- 두 공에게 올린 연구(聯句)
- 하우식(河祐植), 최계남(崔溪南)-숙민(琡民)-, 정노백헌(鄭老柏軒)-재규(載圭)- 두 어른을 모시고 함께 대원암에서 피서할 적에 여러 사우들과 더불어 같이 연구(聯句)를 지음

제6절 대원사 용추(龍湫)에서

- 김인섭(金麟燮), 대원암에 들어가 용추를 구경하고 시를 지어 함께 유람한 이여회(李汝雷)-진상(震相)-, 박훈경(朴薰卿)-치복(致馥)-에게 보임
- 박동혁(朴東奕), 무오년 봄 여러 벗들과 대원암에서 독서할 적에

한가한 날 용추동을 유람하다

- 정종화(鄭鍾和), 을사년 가을 여러 벗들과 대원사로 향하다가 도중에 기록함
- 조상하(曺相夏), 권잠산(權潛山) · 정문옥(鄭文玉)-민용(珉鎔)-과 함께 대원사 용추를 유람하다

第7절 대원사를 나오며

- 정 식(鄭 栻), 대원동을 나오며
- 신병조(愼炳朝), 대원사 동구를 나오며
- 이도추(李道樞), 대원사 동구를 나오며
- 정제용(鄭濟鎔), 대원사 동구를 나오며
- 안종화(安鍾和), 대원사에서 돌아오는 길에

제1절 대원사를 향하여

○ 다시 대원암에 들어가다가 노상에서 구두로 지음

산들바람에 비는 부슬부슬 날은 잔뜩 흐렸는데,

말 가는 대로 시내를 따라 길이 점점 깊어지네.

산천에게 묻노니 능히 나를 기억하는지 어떤지,

이 나그네는 일찍이 저 깊은 곳을 향해 갔었네.

風輕雨細日光陰 信馬緣溪路轉深

借問山川能記否 遊人曾向上方尋

이번 유람 흥을 탄 것 회계태수 같으니[1],

동천의 시내 근원 걸음걸음 깊어지누나.

대원암이 높은 곳에 있다는 말 들었는데,

흰 구름 깔린 곳에서 절을 찾는 듯하네.

此行乘興似山陰 洞府川源步步深

聞說仙庵高處在 白雲鋪地若爲尋

■ 작자 : 손명래(孫命來, 1664~1722)

■ 출전 : 『昌舍集』 권1, 「再入大源庵 路上口號」.

1) 회계태수 같으니 : 회계태수는 진(晉)나라 때 회계태수를 지낸 왕희지(王羲之)를 가리킴. 그는 봄날 흥이 일어 회계산 난정(蘭亭)에서 친지들을 불러 모아 연회를 베풀었다.

○ 대원사 동구에서 또 문욱(文郁)[2]의 시에 차운함

산길은 갈수록 더 험난하기만 하고,

바위 봉우리는 곳곳에 기이한 모양.

새로운 시를 다시 읊조리기 좋아서,

갈건가[3] 부르기를 그만 잊어버렸네.

山路行行險 巖巒處處奇

新詩更吟好 忘却葛巾歌

- 작자 : 정상점(鄭相點, 1693~1767)
- 출전 : 『不憂軒集』 권2, 「大源洞口 又次文郁韻」.

○ 대원사 동학

가까이 선 양쪽 언덕 긴 시내 사이에 끼고,

바위 위엔 쏟아지는 여울 십리나 뻗어있네.

우레처럼 뿜어대는 물소리에 산이 찢어질 듯,

속진의 수심 감히 신변에 이르지 못하겠구나.

兩崖相薄挾長川 石面飛湍十里連

噴口+薄如雷山欲裂 塵愁不敢到身邊

- 작자 : 문상해(文尙海, 1765~1835)
- 출전 : 『滄海集』, 「大源洞壑」.

---

2) 문욱(文郁) : 미상.

3) 갈건가 : 진(晉)나라 때 도연명(陶淵明)은 술이 익을 때가 되면 머리에 쓴 갈건으로 술을 거른 뒤 다시 머리에 썼다고 한다. 아마도 전원에 은거해 산 도연명의 시를 가리키는 듯하다.

○ 대원암으로 들어가다

깊은 산 외진 골짝 절로 된 한 구역 동천,
그 안에 공(空)을 논하는 승려들 살고 있네.
동천에서 하늘 보니 어찌 그리 좁고 작은지,
언덕 따라 난 길은 모두가 험하기 짝이 없네.
우레 같은 냇물소리에 말소리 알아듣기 어렵고,
어두침침 우거진 소나무 삼나무엔 새가 울 뿐.
긴 밤 선방의 창가에서 꿈속의 혼 냉랭하니,
이 몸은 다시 연하를 마신 내가 아니로구나.

山深谷僻自成區 中有談空佛氏徒
入洞觀天何狹小 緣崖得路總崎嶇
雷鳴澗壑難人語 雲暗松杉但鳥呼
永夜禪牕魂夢冷 此身非復喫烟吾

■ 작자 : 하진달(河鎭達, 1778~1835)
■ 출전 : 『櫟軒集』 권1, 「入大原庵」.

○ **이길천**(李吉天)-훈영(勳永)- **하치휴**(河致休)-도원(導源)-**와 함께 대원암으로 들어가다**-병자년(1876)-

방장산이라는 명산이 인근에 있어,
대원암을 한가한 날 찾아간다네.
웅장하고 깊으며 기상 더욱 장대한데,
고요하고 외진 곳 경관 더욱 그윽하네.
늙은 노송나무는 더운 여름을 모르고,

푸른 소나무는 몇 번이나 가을을 보았나.
표표히 신선과 더불어 짝이 되니,
푸른 소를 탄 것[4]보다 오히려 낫네.

方丈名山在 大源暇日遊
雄深氣愈壯 靜僻景尤幽
老檜不知夏 蒼松幾閱秋
飄飄仙侶伴 猶勝駕靑牛

■ 작자 : 김인섭(金麟燮, 1827~1903)
■ 출전 : 『端磎集』 권2, 「同李吉天-勳永- 河致休-導源- 入大源菴」.

○ 박성술(朴聖述) · 김희옥(金希玉)과 함께 대원사로 들어가는데 종질 진철(鎭哲)이 따라오다

부처 세상 깊고 깊어 지리산 동쪽 기슭에 있는데,
누런 매실 푸른 대가 산뜻하게 서로 짙어졌구나.
흰 구림이 서린 옛 동천으로 청학을 찾아가니,
푸른 하늘 위에서 오늘 밤엔 적송자[5]를 꿈꾸리.
속세의 지친 사람 삼수갑산[6]에서 탁발을 하고,
승방에서는 예불을 올려 오경에 종을 치누나.

---

4) 푸른 소를 탄 것 : 노자(老子)가 푸른 소를 타고 관문을 지나갔다고 하는 전설에서 따온 말이다.
5) 적송자 : 중국 고대 전설상의 신선.
6) 삼수갑산 : 함경도 서북쪽 첩첩산중의 고을. 여기서는 삼수갑산처럼 첩첩의 산골짜기라는 의미로 쓰인 듯하다.

서른여섯 봉우리 기이한 절경이 있는 이곳은,
화가라 하더라도 반드시 다 그려내지 못하리.

佛國深深智異東 梅黃竹翠暎相濃
白雲古洞尋靑鶴 碧落今宵夢赤松
下界疲人三水鉢 上方禮佛五更鐘
三十六峰奇絕處 畵家未必盡形容

■ 작자 : 이상규(李祥奎, 1846~1922)
■ 출전 : 『惠山集』 권1, 「與朴聖述金希玉 入大源寺 從姪鎭哲從焉」.

○ 대원암으로 들어가다

도솔암 앞으로 난 길을 가면서,
그대와 함께 명승 유람 노래하네.
바위에 앉으니 구름이 옷깃에 가득하고,
소나무에 기대니 이슬이 머리에 떨어지네.
작은 시내 냇물소리 태곳적 그 소리이고,
푸른 봉우리 산색은 맑은 가을날 빛이로세.
서로 구경하며 담소를 나누는 이곳에서는,
이 세상이 모두 물거품처럼 하찮게 보이네.

兜率菴前路 與君賦勝遊
坐石雲盈褐 倚松露滴頭
小溪聲太古 靑嶂色淸秋
相看談底裏 天地是浮漚

■ 작자 : 이상규(李祥奎, 1846~1922)

■ 출전 :『惠山集』 권3, 「入大源菴」.

○ 대원암으로 들어가는 동구에서

산은 북쪽에 둘렀고 큰 강은 동으로 흐르는,

조물주가 만든 이 별천지를 실컷 구경하네.

바위 시내 건널 적엔 이끼 밟는 듯 미끄러웠고,

잔도를 잡고 오를 적엔 지팡이의 힘에 의지했네.

청정한 심경으로 술을 찾으니 삼할이 부족하고,

꽃의 모습에 시를 지으니 사월의 산천 붉도다.

해 지는데 구름 속 절에선 종소리가 들려오고,

봄놀이 온 많은 행락객들 한 누각에 다 모였네.

群山鎭北大江東 剩得乾坤造化公

石溪褰涉疑苔滑 棧道躋攀信杖工

禪心問酒三分乏 花意題詩四月紅

落日鍾聲雲裡寺 多人行樂一樓同

■ 작자 : 신병조(愼炳朝, 1846~1924)

■ 출전 :『士笑遺稿』 권1, 「入大源洞口」.

○ 석전(石田)[7]과 함께 대원암으로 들어가다

바위 잡고 잔도 오르며 한 걸음씩 나아가니,

그윽하고 한적한 한 구역 사방 산이 청명하네.

7) 석전(石田) : 문진호(文晉鎬, 1860~1901)의 호.

담박한 뜬 구름은 길이 그림자를 드리우고,
빽빽이 우거진 나무들은 그 이름을 모르겠네.
유람을 온 몇몇 사람 신선의 분수가 커서,
대원암에 오른 오늘 세간의 심정이 가볍네.
하물며 나와 그대는 함께 시를 짓는 벗,
풍류가 가는 곳마다 참되게 이루어지네.

拂石躋棧步步行 一區幽寂四山晴
浮雲淡淡長垂影 衆木森森不記名
遊賞幾人仙分大 登臨此日世情輕
況與吾君同着句 風流無處不眞成

산속의 밤 깊어져 법당에서 잠을 청하는데,
연하세계의 외로운 꿈 물결처럼 멀어지네.
맑은 새벽 달을 보며 신선세계 구경하자니,
반평생에 쓸쓸한 가을 풍경 타향에서 맛보네.
생각마다 자비심 가진 승려는 절로 늙었는데,
일생을 어설프게 보낸 나는 오히려 광자[8]로세.
시인들은 주량을 넉넉히 하여 금하지 않으니,
서풍에 손을 잡고 분양[9]을 향해 떠나가네.

峽夜深深寢梵堂 烟霞孤夢遠滄浪

---

8) 광자(狂者) : 지향은 높고 크지만 행실이 그에 미치지 못하는 사람.
9) 분양(汾陽) : 진양(晉陽)의 다른 이름.

淸晨問月開仙境 半世悲秋在異鄕

萬念慈悲僧自老 一生踈闊我猶狂

不禁詩家寬酒量 西風携手向汾陽

■ 작자 : 신병조(愼炳朝, 1846~1924)

■ 출전 : 『士笑遺稿』 권1, 「與石田 入大源菴」.

○ 대원암 동구에서

신선의 옷깃 서로 당기며 선계로 들어가니,

만고의 흔적이 있는 청산에서 꿈을 꾸는 듯.

시내는 은하에 이르러 요란한 폭포소리 들리고,

바위는 옥구슬 같은 비에 갈려 구름을 일으키네.

별천지에 겨우 오른 뒤 바야흐로 절인 줄 알고,

시끄러운 속진을 떠나니 마을 이름도 모르겠네.

방장산의 신선들이 응당 우리를 오래 기다렸으리,

선계에서 신선의 술통 기울이며 분수껏 취해보세.

相携羽袂入玄門 如夢靑山萬古痕

水到銀河喧瀑響 巖磨璇雨老雲根

纔登別界方知寺 已謝囂塵不記村

方丈羣仙應待久 瑤臺分醉紫霞樽

■ 작자 : 이도추(李道樞, 1847~1921)

■ 출전 : 『月淵集』 권1, 「大源菴洞口」.

○ 대원암 동구에서

구름을 헤치고 바위 위에서 쉬며,
지팡이 짚고 구름 끝으로 들어가네.
꽃이 피어 숲의 모습 아름답고,
파도 잔잔해 수면 위가 고요하네.
이따금씩 종소리가 어둔 협곡에 들리고,
푸른 사찰의 기와지붕 찬 허공에 보이네.
이 신선세계에서 잠시 머물기를 원하니,
크고 둥근 연단[10]을 정밀하게 만들어보리.

披雲憩石上 杖策入雲端

花發林容靚 波恬水面寬

疎鍾惺峽暝 碧瓦泛空寒

願借瑤臺住 專精煉大還

■ 작자 : 이도추(李道樞, 1847~1921)

■ 출전 : 『月淵集』 권2, 「大源洞口」.

○ 대원암으로 들어가다

대원사로 가는 길에 재촉하며 시를 읊조리는데,
온갖 골짜기와 바위들 산수의 흥취를 일으키네.
밤 깊은 선방에는 온갖 것들이 텅 비었는데,
어디에서 종소리가 등불 앞까지 들려오누나.

10) 연단(煉丹) : 도교에서 장생불사하기 위해 만드는 약을 말함.

大源仙路促吟鞭 萬壑千巖逸興牽

夜久禪房空萬有 何來鐘響落燈前

■ 작자 : 이규하(李圭夏, 1857~1938)

■ 출전 : 『愚川遺稿』 권1, 「入大源庵」.

○ 대원암 동구에서

지팡이 짚고 시내 따라 위쪽으로 올라가는데,
온 산에 부슬비가 천고의 가을풍경 자아내네.
깊은 골짜기로 들어가니 기이한 절경 많으며,
눈에 보이는 봉우리들 다시 첩첩이 늘어섰네.
옛날 유람 가물가물 구름은 알려주지 않고,
옛길을 두루 만나도 경계는 더욱더 깊숙하네.
멀리 천왕봉을 바라보니 몇 리 밖에 있구나,
저 멀리 떠가는 백운이 나를 근심하게 하네.

杖策緣溪到上頭 滿山微雨動高秋

笻穿百谷多奇絕 眼領千峰更疊稠

前遊杳邈雲無證 舊路周遭境轉悠

遙望天王餘幾里 白雲無際使人愁

■ 작자 : 하헌진(河憲鎭, 1859~1921)

■ 출전 : 『克齋集』 권1, 「大源洞口」.

○ 대원사로 들어가다

서로 끌며 지팡이 짚고 절간 문에 이르니,

구름 속의 한 암자가 바로 대원사로구나.
십리 길의 짙은 녹음 별천지를 열어놓았고,
천 계단 폭포수에 속세의 혼몽함이 끊겼네.
온 산의 약초에는 삼수초[11]가 많기도 하고,
잔에 가득한 선계의 술 평상의 마음을 씻네.
요즈음의 사람이 사는 곳 옛날과 다르지만,
이곳의 풍류만은 유독 옛날의 느낌이 있네.

相携庇策到沙門 雲裡孤庵是大源
十里陰濃開別界 千層瀑落斷塵昏
繞山藥草多三秀 滿酌霞醪洗中平
至今人境雖非舊 此地風流獨古情

■ 작자 : 하헌진(河憲鎭, 1859~1921)
■ 출전 : 『克齋集』 권1, 「入大源寺」.

○ 대원사 동문에서 구두로 지음

온갖 시끄러운 물소리 각기 음성이 다르지만,
자세히 들으니 모두 세속의 귀를 놀라게 하네.
산과 하늘이 나란하여 허공에 가득한 비취빛,
길이 바위틈으로 나 있어서 절로 분명하구나.
언뜻 푸른 법당이 구름 사이로 솟구친 것 보니,
이 내 몸이 물외에서 가벼운 줄 점점 느껴지네.

---

11) 삼수초(三秀草) : 굴월의 『초사』에 보이는 영지초를 말함.

바라건대 부처의 자비로운 선한 힘을 빌어서,
억겁의 고해에서 중생을 널리 구제해 주기를.

千喧百舌各殊聲 細聽無非俗耳驚

山與天齊空積翠 路緣崖隙自分明

閃看碧殿雲間出 漸覺吾身世外輕

願借如來慈善力 普從劫海度群生

■ 작자 : 김극영(金克永, 1863~1941)

■ 출전 :『信古堂遺輯』권7,「大源寺洞門 口占」.

○ 석남에서 대원사로 향하다

숲과 구름 가득 차서 아침의 태양을 가리고,
절벽에 걸린 바위 위의 길 한 가닥이 길구나.
작은 폭포에 쏟아지는 물방울 백설처럼 흩날려,
나로 하여금 들이켜 속진의 마음을 씻게 하네.

林雲交織翳朝陽 石路懸崖一線長

短瀑飛淙紛白雪 令人吸取洗塵腸

■ 작자 : 이관후(李觀厚, 1869~1949)

■ 출전 :『偶齋集』권1,「自石南 向大源寺」.

○ 내가 산천재에서 몇 달 머물 때 이공유(李孔維)[12] · 한

12) 이공유(李公維) : 이도용(李道容)을 말함. 공유는 그의 자이다.

희녕(韓希甯)[13] · 조중근(曺仲謹)[14]이 연이어 와서 함께 남명 선생의 『학기류편』을 교정하고서 함께 대원사 계곡을 유람하여 부운정(浮雲亭)에 이르러 잠시 쉬다

푸르른 방장산 별천지가 깊기도 하구나,

상쾌한 부운정 해가 엷은 구름에 가렸네.

소 · 양은 작은 골짜기서 곰 · 사슴과 함께 살고,

비탈진 밭에 심은 벼는 나무 숲속에 보이네.

명승에선 장차 날개가 생겨 날아갈 듯하니,

장대한 유람 어찌 형체와 마음 수고롭게 하리.

최고운 신선 한번 떠난 뒤로 남은 자취 없고,

단지 예로부터 지금까지 뜬 구름만이 있구나.

方丈靑山特地深 雲亭蕭洒日微陰

牛羊小巷同熊鹿 穲稏陂田出樹林

勝處如將生羽翰 壯遊胡乃役形心

崔仙一去無遺跡 只有浮雲自古今

- 작자 : 하겸진(河謙鎭, 1870~1946)
- 출전 : 『晦峯遺書』 권1, 「余留山天齋數月 李孔維韓希甯曺仲謹繼至 共訂南冥先生學記 因與爲大源之遊 至浮雲亭 少憩」.

---

13) 한희녕(韓希甯) : 한유(韓愉)를 말함. 희녕은 그의 자이다.

14) 조중근(曺仲謹) : 조긍섭(曺兢燮)을 말함. 중근은 그의 자이다.

○ 을사년(1905) 가을 여러 벗들과 대원사로 가다가 도중에 기록함-당시 대원사에서 『주자어류』를 간행하고 있었다.-

대원동구(大源洞口)

여기저기 우뚝 솟은 여러 산의 봉우리들
굽이돌아 뻗은 한 줄기 길이 평탄하구나.
구름 속으로 나그네 지팡이소리 멀어지고,
입을 헹군 깨끗한 물 냇물이 맑기도 하네.
옛날의 유적은 승려가 말로 전해주고,
그윽한 정은 새가 지저귀며 노래하네.
신령스러운 곳 멀지 않은 줄 알겠으니,
걸음걸음마다 몸이 가벼워짐을 느끼네.

錯落群山屹 回環一路平
穿雲客笻遠 漱玉泉流淸
古蹟僧傳語 幽情鳥有聲
仙靈知不遠 步步覺身輕

■ 작자 : 정종화(鄭鍾和, 1881~1938)
■ 출전 : 『希齋集』 권1, 「乙巳秋 同諸益 作大源行 路中記行-時刊朱語於源寺-」.

○ 대원사로 가는 도중에 지음

바위는 더욱 우뚝하고 냇물은 더욱 맑구나,
두류산을 보니 청성산[15]을 보는 것과 같네.

열흘 동안 서쪽으로 와서 매우 피곤했는데,
오히려 목적지에 이르러서 시상이 꿈틀대네.

石益嶔崎水益淸 頭流見似見靑城
十日西來疲倦甚 猶能着處動詩情

■ 작자 : 이종호(李鍾浩, 1884~1948)
■ 출전 : 『拓齋集』 권1, 「大源寺道中作」.

○ 정윤명(鄭允明)[16]이 수레를 빌려 술을 싣고 정치익(鄭致益)[17] · 조익제(趙益濟)[18] 및 나를 초청하여 대원암으로 들어가다

명승지는 온전히 대원사 동쪽 지역에 있는데,
한 차례 오던 비가 막 개여 온 경치 산뜻하네.
숲이 가까워 꾀꼬리가 법당 지붕 위에 날고,
골짝은 차가워 붉은 꽃이 봄바람에 흔들리네.
신선들이 물외에서 만나자고 은근히 한 약속,
멀리서 온 객이 수석을 구경하며 배회하누나.
적막에 잠긴 상방 청정하여 잠이 오지 않아서,
마음을 나눈 벗 선사와 밤새도록 함께 하네.

名區全在寺之東 一雨初晴百景濃

15) 청성산 : 경상북도 안동시 풍산읍에 있는 청성산을 가리키는 듯하다.
16) 정윤명(鄭允明) : 정운혁(鄭雲赫)인 듯함. 윤명은 그의 자이다.
17) 정치익(鄭致益) : 정태증(鄭泰增)을 말함. 치익은 그의 자이다.
18) 조익제(趙益濟) : 조우용(趙禹用)인 듯함. 익제는 그의 자이다.

林近黃鶯流殿角 谷寒紅萼尙春風

群仙隱約煙霞外 遠客徘徊水石中

潛寂上房淸不寐 禪師心友徹宵同

■ 작자 : 조상하(曺相夏, 1887~1925)

■ 출전 :『石菴遺稿』 권1,「鄭允明貸車載酒 請鄭致益趙益濟暨余 入大源庵」.

○ 김해사(金海史)-태철(泰喆)- 최주응(崔周應)-우모(玗模)-과 함께 대원암으로 들어가는 도중에 지음

속세의 사람이 물외의 세계를 찾아가는데,

길은 바위모서리 따라 솔숲으로 들어가네.

염불소리 끝나자 종소리가 가까이 들리니,

대원암에 이르기 전 먼저 마음을 바루네.

塵裏人來物外尋 路緣石角入松陰

偈音纔罷鍾聲近 未到源庵先正心

■ 작자 : 조상하(曺相夏, 1887~1925)

■ 출전 :『石菴遺稿』 권1,「同金海史-泰喆- 崔周應-玗模- 入大源庵 路中作」.

○ 대원사로 가는 도중에

진경 찾아 일부러 만 겹 산속으로 들어가니,

한 쌍의 나막신 소리에 걸음걸음 한가롭네.

세상 밖의 선경이 가는 곳마다 펼쳐지니,

이 마을 사람 반은 속세 사람이 아니로세.

尋眞故入萬重山 屐齒雙鳴步步閒

世外仙區隨處在 村居半是別人間

■ 작자 : 하우선(河禹善, 1894~1975)

■ 출전 : 『澹軒集』 권2, 「大源寺 途中」.

○ 대원사로 들어가는 도중에

푸른 나무 기이한 바위에다 겹겹의 산봉우리,

이 몸이 온전히 속세와 떨어진 선경에 있네.

꽃그늘은 적적하고 새 우는 소리 멀어지니,

다시 하얀 시냇물이 푸른 산에서 뿜어대네.

綠樹奇嵒又疊巒 此身渾在別人間

花陰寂寂禽聲遠 復有銀流噴碧山

청산은 구름과 함께 고요하고,

냇물은 바위와 함께 기이하네.

하늘이 이 땅에 비경을 숨겨두었으니,

응당 세상 사람들이 알까 두려워하리.

靑山雲與靜 流水石同奇

天藏地秘物 應恐世人知

■ 작자 : 이희석(李羲錫, 19세기 말)

■ 출전 : 『恥菴遺稿』 권1, 「入大源寺 道中」.

제2절 대원사에서

○ 대원암을 유람하며

방장산 동천으로 진경을 찾아나서,

이 대원암까지 올라오게 되었네.

골짜기 입구를 겹겹이 단속하여,

시내의 근원을 은밀히 감춰두었네.

계옹[19]은 오히려 와보지 못하시고,

남명은 일찍이 이곳을 찾으셨지.

훗날 인간세상에서 꿈을 꾸면,

빙 둘러 있는 푸른 하늘이 보이리.

尋眞方丈洞 仍上大院庵

谷口重重束 源頭密密緘

桂翁猶未到 冥老此曾探

他日人間夢 惟應繞蔚藍

- 작자 : 손명래(孫命來, 1664~1722)
- 출전 :『昌舍集』권1,「遊大院庵」.

○ 대원암 시냇가 반석에서 지음

하얀 폭포 어지러이 백설처럼 흩날려,

명주 같은 물방울이 얼굴에 떨어지네.

---

19) 계옹(桂翁) : 호에 계(桂) 자가 들어가는 인물인데, 누구인지 자세치 않다.

평생의 소원인 인간세상 밖에 있는 것,

조물주가 숨겨둔 명승을 실컷 보누나.

白瀑紛成雪 明珠亂落顔

平生人世外 看破化翁慳

■ 작자 : 정식(鄭栻, 1683~1746)

■ 출전 : 『明庵集』 권2, 「題大源溪邊盤石」.

○ 대원사를 유람하며

산과 시내 굽이굽이 돌아 큰 근원을 찾는데,

복사꽃 떨어진 붉은 물결 흔적이 아득하네.

두 봉우리 절벽이 합해도 여지가 남아서,

실 같은 한 가닥 길 근원까지 이어졌네.

절벽의 빼어난 푸른 솔 삭은 줄기 떨어지고,

물속의 수척한 바위 우레 소리 숨기고 있네.

신령한 구역은 단지 드높은 곳에 있을 따름,

천만번 굽이돌아 비로소 절의 문에 이르렀네.

曲曲溪山覓大源 桃花紅浪杳茫痕

雙峰壁合猶餘地 一路線通不斷原

崖秀蒼松朽骨落 水穿癯石隱雷喧

靈區只在躋攀處 萬轉千迴到寺門

날아갈 듯한 사찰의 지붕 나무 끝에 보이니,

천왕봉의 광대한 기상 이 속에서 명랑하네.

절간은 넓고 평평한데 물가에 임해서 기쁘고,
선방은 크고 드넓은데 문에 들어서자 놀랍네.
산천은 승경이 되기 어려움을 비로소 알겠으니,
모골이 점점 청정한 데 가까운 것 근심스럽네.
반드시 부처가 산수를 즐긴 것 아닐 터인데,
명승지를 홀로 차지해 경영하느라 허비했네.

梵宇翬然木末生 天王灝氣此中明
劫界寬平臨水喜 禪房宏闊入門驚
山川始信難爲勝 毛骨還愁轉逼淸
未必如來仁智樂 名區獨任費經營

무지개다리 소로 따라 진경 근원을 찾아 나서니,
온갖 골짜기 명랑하여 드넓은 흔적 한결같구나.
그림 속의 산천 같은 것은 방장산의 산기슭이고,
명경지수 속의 달과 구름 무릉도원의 모습이네.
무단히 격동하는 기운에 청산이 노하여 울리고,
끝없는 웅장한 소리에 백석이 요란히 소리치네.
곧장 끝까지 나아가 사찰 안으로 들어가니,
삼신산의 제일인 큰 선종 사찰의 문이로세.

虹橋微徑覓眞源 萬壑融融一廣痕
畫裏山川方丈麓 鏡中雲月武陵原
無端激氣靑山怒 不盡雄聲白石喧
到了直窮塵刹裡 三神第一大禪門

■ 작자 : 문재림(文在琳, 1789~1848)

■ 출전 : 『竹坡遺稿』 권1, 「遊大源寺」.

○ 대원사를 유람하며

진경 찾은 여흥으로 선종 사찰 탐방하여,
느릿느릿 경사진 한 가닥 길을 걸어가네.
눈에 보이는 산과 시내 모두가 승경인데,
봄바람이 또다시 두견화 위로 불어오네.

探眞餘興訪禪家 緩步行尋一逕斜
觸目溪山皆勝景 春風又發杜鵑花

■ 작자 : 정광학(鄭匡學, 1791~1866)

■ 출전 : 『西湖遺稿』 권1, 「遊大源」.

○ 대원암

숲속의 꽃들 흔들흔들 가벼운 바람에 나부끼고,
온갖 새들은 다투어 울고 나무들이 가로막았네.
남계에서 일찍 출발해 서쪽 봉우리서 묵어가니,
하루 종일 물소리 듣고 산색을 보면서 왔구나.

林花撩亂弄輕風 百鳥爭鳴萬樹籠
南溪早發西峰宿 終日水聲山色中

예전 유람 어제 같은데 오늘 또 유람을 오니,
원숭이와 새들 서로 친하여 또한 놀라지 않네.

누각 앞에 늘어선 봉우리 눈앞에 검게 보이고,
낙엽 덮인 찬 시내에선 물소리만 들릴 뿐이네.
가까운 숲에 있는 바위 셋으로 나뉘어 괴이하고,
시내 가까이 대나무를 심어서 배나 더 청량하네.
선방에서의 긴긴 하루 속세의 일이 드물고,
누워서 처마 밖을 보니 흰 구름이 일어나네.

前遊如昨又今行 猿鳥相親也不驚
樓臨列峀平看黛 葉覆寒流但有聲
披林得石三分怪 近水栽篁一倍淸
永日禪園塵事少 臥看簷外白雲生

■ 작자 : 하달홍(河達弘, 1809~1877)
■ 출전 : 『月村集』 권2, 「大源菴」.

○ 대원암

봄 한 철을 억지로 반은 선방에서 머무니,
산수에 대한 감정과 소회 더욱 아름답네.
비온 뒤 맑은 못에는 용의 기상이 숨었고,
절 옆의 높은 나무에는 새소리 요란하네.
누각이 아득한 곳에 임해 승려는 달을 보고,
길은 험난한 데로 들고 나그네는 꽃을 찾네.
절로 천년 동안 신령스런 곳을 숨겨두었으니,
이곳의 풍물을 세상 사람에게 자랑하지 마소.

一春强半住禪家 山水情懷賸得佳

雨後淸湫龍氣隱 院邊高樹鳥聲多

樓臨縹緲僧看月 路入崎嶇客訪花

自是千年靈境秘 莫將風物向人誇

■ 작자 : 하달홍(河達弘, 1809~1877)

■ 출전 : 『月村集』 권2, 「大源菴」.

○ **무진년(1868) 중추에 양연로(梁淵老)[20], 하희윤(河羲允)-재문(載文)-, 조직교(趙直敎)[21], 하치백(河致伯)-재구(在九)-, 최순호(崔舜皥)-식민(植民)-, 최원칙(崔元則)-숙민(琡民)-과 대원암을 유람하다**

응당 머묾이 없음을 알면서 선방에 머무는데,

염불소리가 멀리서 들려 허공으로 흩어지네.

깊숙이 감춘 불가의 세계 온 산이 둘러막아,

어부를 데리고 와야 한 가닥 길로 올 수 있네.

그윽한 길에 말이 구름 그림자 밖으로 가고,

석양녘에 사람들은 시냇물 소리 안에 들었네.

제군들 약속을 하고서 오는 것 어찌 늦은가,

다시 지팡이 짚고서 저녁 바람결에 서 있네.

知應無住住禪宮 梵唄遙聞出半空

深藏法界千山合 猶借漁郎一路通

20) 양연로(梁淵老) : 양식영(梁湜永)을 말함. 연로는 자이며, 호는 죽파이다.

21) 조직교(趙直敎) : 조성가(趙性家, 1824~1904)를 말함. 직교는 그의 자이다.

幽逕馬行雲影外 夕陽人在水聲中

諸君有約來何後 更把遊笻立晩風

-대원동으로 들어가는 입구에서 入大源洞口-

산영이 빈 뜰에 비추자 햇빛이 창에 가득,

다른 소리 전혀 없고 폭포소리만이 들리네.

응당 순순히 이르러 못에 숨은 용이 한 마리,

또한 서로를 잊고 물을 건너는 새는 두 마리.

꽃은 이슬에 젖어 오므린 봉우리 피어날 듯,

종은 소리 감추고서 함축한 소리 울리지 않네.

자리에 앉은 제군들이 고아한 시를 노래하니,

난 저속한 노래로 부끄럼 참느라 속이 아닐세.

山入虛庭日滿窓 了無餘響聽飛淙

龍應馴致藏盂一 鳥亦相忘渡水雙

花容裛露含將發 鍾腹藏雷蘊未撞

座上諸君歌白雪 巴人堪愧不成腔

옛날 유람 엊그제 꽃이 지던 시절 같은데,

동천의 풍광이 경각의 시간에 달라졌구나.

뾰족한 봉우리 무사가 몸에 갑옷을 두른 듯,

초승달은 미인이 담박하게 눈썹을 그린 듯.

승경을 탐하는 일에 온전히 늙음도 잊고서,

새 시를 지으며 점점 기이한 데로 들어가네.

듣건대 용추의 가을 풍경이 좋다고 하던데,
내일 아침 술을 가지고 그대와 가 구경하세.

前遊如昨落花時　洞裏風光頃刻移

尖峰武士躬環甲　初月佳人澹掃眉

猶耽勝事渾忘老　更把新詩漸入奇

聞說龍湫秋景好　明朝攜酒與君期

대낮의 해 매우 더뎌 산사가 텅 비었는데,
송뢰소리 쏴아쏴아 대숲 소리 서걱서걱.
도리어 적막함이 싫어 좋은 시구 읊조리다,
오히려 요란함을 견디며 불교서적을 보네.
옛 동천의 구름과 우레는 용이 떠난 뒤 오고,
누각 가득한 바람과 달은 기러기 온 초기일세.
옆의 사람 돌아갈 기약 늦었다 말하지 마소,
명승을 다 보고서 흥취에 여운이 남았으니.

午日遲遲山寺虛　松聲淅瀝竹聲疎

還嫌寂寞吟佳句　猶勝膠擾見佛書

古洞雲雷龍去後　滿樓風月鴈來初

傍人莫道歸期晚　看盡名區興有餘

어느 해 주장자 들고 시내 서쪽으로 갈거나,
방장산 여러 봉우리들 모두 무릎 밑에 있네.
소나무 그늘 우연히 지나다 둥지의 학에 놀라고,

이끼 낀 길 서로 통해 닭을 부르는 소리 가깝네.

호리병 속의 세상 큰 줄 비로소 알겠으니,

길이 운무로 하여금 눈앞에서 막도록 하리.

절간에서 온 종일 아무 일도 할 것 없어서,

종에게 분부하여 가는 곳마다 시를 지었네.

何年卓錫澗之西 方丈群巒膝下低

松陰偶過驚巢鶴 苔逕相通近祝鷄

始信乾坤壺裏大 長敎雲霧眼前迷

空門永日無餘事 分付奚囊到處携

산중엔 달력이 없어 날짜를 알지 못하니,

우리들의 풍류는 일마다 모두 진실하네.

일월이 혼천의를 무용지물로 만든 줄 아니,

순박함에 갈천씨[22] 백성인가 절로 의심하네.

한가히 와 풍물 구경하니 봉우리마다 좋고,

취한 뒤 시 지으니 글자마다 새로운 의미.

절간이 매우 적막하다고 말하지 마시게,

도리어 정밀하고 순수하여 이웃이 되었네.

山中無曆不知旬 吾輩風流事事眞

乾坤認得壞渾象 淳朴自疑懷葛民

---

22) 갈천씨(葛天氏) : 중국 고대 전설상의 임금. 매우 순박했던 태고의 시대를 의미한다.

閒來翫物峰峰好 醉後題詩字字新
休道空門太寥闃 却將精粹與爲鄰

우뚝 선 봉우리들 솟구친 곳 존엄한데,
전현들의 발자취 지금까지도 남아있네.
송학이 구름 속에서 울자 새끼가 화답하고,
대나무는 물가에 심어져 죽순이 솟아났네.
초동의 도끼자루 이미 썩어 귀가가 늦어지고,
추연[23]의 음률 모두 춘풍이라 온기가 자리 가득.
하루 종일 근원 찾아 가도 가도 끝이 없으니,
상부의 위쪽에는 아마도 무릉촌[24]이 있으리라.

壁立群巒竦處尊 前賢遺躅至今存
松鶴棲雲鳴和子 籜龍臨水種生孫
樵柯已爛還家晩 鄒律皆春滿座溫
永日尋源行不盡 上頭疑有武陵村

신령한 근원 아득히 멀어 인간 세상 벗어났으니,
맑은 시내를 끝까지 올라 바위 관문을 지났네.
잔도는 위험한데 노승은 구름 밖으로 나아가고,

23) 추연(鄒衍) : 중국 전국시대 제(齊)나라 사람으로 음률에 정통했다고 한다. 연(燕)나라 지역은 매우 추워 곡식이 자라지 못했는데, 추연이 그곳에 살면서 피리를 불자 온기가 생겨 곡식이 자라게 되었다고 한다.
24) 무릉촌 : 무릉도원을 말함.

땅은 협소한데 허름한 초막이 시내 굽이에 있네.
온 종일 한가로이 보내니 현묘한 담론 평안하고,
새로 지은 시를 꼼꼼히 보며 군말을 빼버리네.
단풍나무 첫서리에 붉고 소나무는 늙었는데,
가련타, 붉은 빛 푸른빛으로 알록달록 한 것.

靈源迢遞出人間 行盡淸溪度石關

棧危老釋行雲外 地逼殘廬壓水灣

閒消永日玄談穩 細檢新詩剩語刪

楓樹初霜松樹老 可憐紅綠兩班班

나그네의 송라 옷 점점 서늘함을 느끼니,
저녁나절 가을 하늘색이 정히 아득하네.
선사의 얼굴은 적막하고 눈썹은 다 하얀데,
시 짓는 명령 삼엄하여 기상이 서릿발 같네.
빈 책상에 구름 드리고 산 그림자 기울었으며,
먼 숲에는 바람이 불어 대나무 소리 이어지네.
집으로 돌아간 훗날 멀리서 기억을 떠올리면,
이곳은 꿈속의 한 마당으로 둥그렇게 보이리.

幽客蘿衣漸覺凉 晩天秋色正蒼蒼

禪顔寂寞眉全雪 詩令森嚴氣欲霜

虛榻雲兼山影倒 遠林風引竹聲長

還家異日遙相憶 此地團圞夢一場

산사의 책상 적막한데 밤에 달이 밝게 드리우고,
승려들은 응당 시를 이해해 시 읊는 소리를 듣네.
겹옷을 입고 왔는데 가을 옷이 점점 얇게 느껴지고,
우리 떠난 뒤의 생황소리를 선계에서 오히려 듣네.
시냇물에 떠가는 붉은 잎 단풍잎이 떨어진 것이고,
선방 창가에 물든 비취빛 대숲에서 생긴 것이라네.
훗날 복사꽃 피는 시절에 선계의 근원을 찾아,
다시 어부를 데리고 그대와 함께 찾아오리라.

山榻寥寥夜月明 諸僧應解聽詩聲

秋衣漸薄來時袷 仙窟猶聞去後笙

澗溜漂紅楓葉墜 禪窓纈翠竹陰生

仙源異日桃花節 更理漁舟與子行

흰색 납의 입은 산승과 푸른색 유복 입은 나그네,
한 자리에 둘러 앉아 형체도 잊은 경지에 이르네.
시 짓는 재료가 다시 생겨서 좋은 명월을 만나니,
선계에서 응당 보답하여 문창성을 모으는 것이리.
괴이하게도 며칠 밤이나 잠이 오히려 적어지니,
삼청궁 가까운 이곳이 신령한 경계인 줄 알겠네.
온 종일 가고 또 가도 겨우 십리밖에 못가니,
소나무 그늘에서 가는 곳마다 물소리 듣기 때문.

山僧衲白客襟青 一席團圞到忘形

詩料更添逢好月 仙壇應報聚文星

怪來數夜眠猶少 知近三淸地是靈

盡日行行纔十里 松陰隨處水聲聽

■ 작자 : 하달홍(河達弘, 1809~1877)

■ 출전 : 『月村集』 권2, 「戊辰仲秋 與梁淵老 河羲允-載文- 趙直敎 河致伯-在九- 崔舜皥-植民- 元則-琡民- 遊大源菴」.

○ 대원암에서 감역 민문서(閔文瑞)[25]를 만남

부들자리 절간의 하룻밤 자리엔 향기가 감돌고,

인연 따라 업보 닦은 부처의 순수함 장구하네.

산수 좋은 회계산[26] 같은 소슬한 이곳에 와서,

그대 위해 장대하게 하지장[27]의 시를 암송하네.

萍懽一夜席塵香 緣業修來佛晬長

鏡水稽山蕭散地 爲君莊誦賀知章

정채한 선종 사찰의 숲은 우뚝하게 솟았고,

향기로운 풀 무성해 길에 안내인이 있는 듯.

구름은 천 봉우리의 푸른 산에 닿아 합했고,

물은 옥구슬 깨뜨려 한 줄기 시내로 쏟아지네.

걸어서 사찰에 이르러 예불행사를 구경하는데,

---

25) 민문서(閔文瑞) : 민재규(閔在圭)를 말함. 문서는 그의 자이다.

26) 회계산(會稽山) :중국 절강성 소흥(昭興)에 있는 산으로, 진(晉)나라 때 왕희지(王羲之)가 봄에 모임을 한 난정(蘭亭)이 있는 곳이다. 대체로 산수가 아름다운 곳을 일컬을 때 흔히 인용하는 산이다.

27) 하지장(賀知章) : 중국 당나라 때 풍류시인.

선계의 꽃이 다 떨어져서 온갖 형상이 되었네.

禪林精彩起崔嵬 芳草萋萋路有媒

雲連蒼翠千嶂合 水破瓊瑤一溪來

法地猿鼯皆色相 上方樓閣不塵埃

行到伽藍觀佛褉 天花落盡衆形開

■ 작자 : 성채규(成采奎, 1812~1891)

■ 출전 : 『悔山集』 권2, 「大源菴 逢閔監役文瑞」.

○ 대원암

방장산에 유람한 것은 막 단풍이 물드는 철,

숲속에 있는 선방 풍경소리 듣고서 알겠네.

불가의 절을 유람하지만 학문을 논해야 하리,

천왕을 만나기 위해 다시 시를 아껴야 하네.

짙은 운무 다리를 편히 쉼을 어찌 방해하리오,

긴 바람 흉금을 탕척하는 기이함을 허락하리.

속세는 신령한 선계가 청정함과 같지 않으니,

흐르는 냇물 벼랑을 돌아가는 것 짐짓 더디네.

方壺來趁早楓時 林裏禪房聽磬知

縱遊佛國須論學 爲見天王更惜詩

濃霧何妨休脚穩 長風應許盪胸奇

塵間不似靈區淨 流水縈厓去故遲

■ 작자 : 이진상(李震相, 1818~1886)

■ 출전 : 『寒洲集』 권2, 「大源菴」.

○ 대원암에 돌아온 뒤 명원(鳴遠)[28]이 주자의 남악시(南嶽詩)[29]의 운자를 써서 천왕봉을 장대하게 본 것을 하례하기에 그에 차운하다

푸른 바다 모서리에 치우치게 솟아,

높이 흰 구름 끝에까지 솟구쳤구나.

눈으로 다 둘러볼 때 세상은 광대했고,

이 몸이 극처에서 관대함을 느꼈다네.

삼경에 산초술을 몇 잔 마시고 나니,

팔월에 담비갖옷 입었는데도 써늘하네.

새벽에 일어나니 하늘 바람 고요한데,

선경의 누대에서 해 뜨는 것을 보네.

僻生靑海隅 高倚白雲端

眼以窮時大 身於極處寬

三更椒酒薄 八月貂裘寒

曉起天風靜 仙臺見日還

■ 작자 : 이진상(李震相, 1818~1886)

■ 출전 : 『寒洲集』 권2, 「還大源庵 鳴遠用朱子南嶽韻 賀天王峰壯觀 因次之」.

28) 명원(鳴遠) : 곽종석(郭鍾錫)의 자.

29) 남악시(南嶽詩) : 주희(朱熹)가 남악(南嶽) 형산(衡山)을 유람하고 지은 「취하축융봉(醉下祝融峯)」을 말함.

○ 대원암

선계의 깊숙한 곳에 작은 암자 그윽한데,

오늘은 오래된 약속 지키려 여기 머무네.

밤중에 구름 속 책상에서 조용히 담화했고,

비온 뒤 누각에서 치는 종소리 멀리 퍼지네.

제생들의 다진 우의 모두 반가운 눈빛인데,

태평시대 세월이 흘러 벌써 백발이 되었네.

이 인간세상 외에 별천지가 있지 않은데,

어부는 다시 무릉도원을 찾아 배를 젓네.

靈區深處小庵幽 此日能酬宿約留

燈話從容雲裏榻 鍾聲遙戛雨餘樓

諸生契誼皆靑眼 昭代光陰已白頭

除是人間非別有 漁郎更覓武陵舟

■ 작자 : 권헌정(權憲貞, 1818~1876)

■ 출전 :『遯窩遺稿』권1,「大源庵」.

○ 대원암 운영루(雲影樓) 시에 차운함

백 척의 높은 누각 속세에서 멀리 벗어났고,

누각 옆엔 흐르는 시내 나무 옆엔 산이로세.

청정한 새벽 절간에는 까마귀 쪼는 소리 들리고,

석양녘에 높은 바위에서 매의 둥지 잡아당기네.

구름 낀 숲이 한 승려의 발자취를 깊이 감추었고,

조수들은 속세 객의 얼굴 보고 수시로 놀라누나.

우리 행차 어부의 배를 따라 무릉도원 찾는 듯,
어찌 알리 선계의 근원이 이 사이에 있는 줄을.

百尺高樓出世寰 樓邊流水木邊山
法界淸晨鳥柝聽 巉巖落日鶻巢攀
雲林深鎖孤僧跡 鳥獸時驚俗客顔
吾行恰似漁舟逐 豈識仙源在此間

■ 작자 : 정우윤(鄭瑀贇, 1823~1892)
■ 출전 : 『澗翠堂集』 권1, 「次題大源菴雲影樓」.

○ 조월고(趙月皐)-성가(性家)-, 조횡구(趙橫溝)-성택(性宅)-, 종질 동료(東寮)-재문(載文)-와 함께 대원암에서 수세(守歲)[30]하다

내 몸이 옛날 속세에 있었음을 비소로 느끼니,
겨울 풍경 반쯤 눈 덮인 산이 더욱 기이하네.
꺾인 시내 냇물소리 따라 통한 곳에 도달하고,
얼음 언 곳 지팡이 골라 다른 길로 잡고 가네.
큰 불빛 문득 보이니 밝은 세계 눈앞에 열리고,
오래된 흙무더기서 친구의 얼굴을 먼저 만났네.
나그네 시 지으려고 승려에게 종이를 빌렸는데,
그윽한 이 경관 인간 세상에 알려질까 염려되네.

30) 수세(守歲) : 음력 섣달 그믐날 밤에 잠을 자지 않고 새해가 밝아오기를 기다리는 것을 말함.

吾身方覺昔塵寰 凍景尤奇雪半山

溪折聲從通處到 氷橫節擇別程攀

大燎忽作光明界 老㑇先逢故舊顏

客欲題詩僧借紙 恐將幽景漏人間

천 송이의 연등이 밤중에도 꽃답고 화려하여,

시간을 망각하고서 또 다시 한 차례 들렀네.

삼대의 남겨진 예식이 승려에게 남아 있고,

칠할은 닮은 진영 앞에 선남자들이 많구나.

차려온 공양 삶은 채소 생선 과일보다 낫고,

방에서 관악기에 필적할 아쟁 연주 즐기네.

누가 세간에 한적한 곳이 적다고 말하는가,

대통물이 비스듬히 흘러 물결 없이 고요한데.

燈花千朶夜芳華 忘却光陰又一過

三代遺儀緇輩在 七分眞影善男多

盤供煑菜賢魚果 房樂彈箏敵管歌

誰謂世間閒地小 筧流斜注淨無波

■ 작자 : 하협운(河浹運, 1823~1906)

■ 출전 : 『未惺遺稿』 권1, 「同趙月皐性家 · 趙橫溝性宅 · 從姪東寮載文守歲大源菴」.

○ 대원암

연하를 탐하는 산수벽에 흥취 일어 올 때,

여산의 진면목[31]은 도리어 알지를 못하네.

온갖 홀 같은 푸른 봉우리 사찰을 감추고,

천 그루 붉은 나무 맑은 시의 재료가 되네.

우리 행차 절로 본원 찾아 끝까지 가려는 것,

나그네 길 기이한 경관을 골라 탐함이 아닐세.

양쪽 소매에 하늘 바람이 종일 급히 부는데,

절간에서 이틀을 잤기 때문에 걸음이 더디네.

泉饞霞癖興來時 眞面廬山却不知

百笏靑峰藏法界 千章紅樹料淸詩

吾行自是窮源本 客路非耽選景奇

兩袂天風終日急 桑門信宿故遲遲

- 작자 : 박치복(朴致馥, 1824~1894)
- 출전 : 『晩醒集』 권1, 「大源庵」.

○ 8월 월촌(月村) 하장(河丈)[32], 죽파(竹坡) 양연로(梁延老)[33], 동료(東寮) 하희윤(河羲允)[34], 위농(渭農) 하치백(河致伯)-재구(在九)-, 계남(溪南) 최원칙(崔元則)-숙민(琡民)-과 함께 대원암을 유람하다

31) 여산의 진면목 : 소식(蘇軾)의 「제서림벽(題西林壁)」에 "不識廬山眞面目 只緣身在此山中"이라는 구절에서 따온 것으로 작자가 지리산 속에 들어왔기 때문에 지리산의 진면목을 알지 못한다는 뜻이다.

32) 월촌(月村) 하장(河丈) : 하달홍(河達弘, 1809~1877)을 말함. 월촌은 그의 호이다.

33) 양연로(梁延老) : 양식영(梁湜永)을 말함. 연로는 그의 자이다.

34) 하희윤(河羲允) : 하재문(河載文, 1830~1894)을 말함. 희윤은 그의 자이다.

입산하는 유람객 공산으로 도피라도 하는 듯,
두 소매 펄럭이며 오후의 바람을 몰고 가네.
암자는 들쭉날쭉한 구름 속 나뭇가지에 있는데,
지경이 깊은 옥 항아리 속에 있는 것처럼 깊네.
평생 속세 벗어나려 해도 방도가 없음을 아니,
오늘 진경을 찾으면서 비로소 공력을 느끼네.
땅에 가득한 푸른 남기 승려들이 쓸지를 않아,
사찰 문이 지척인데도 길이 통하기 어렵구나.

入山遊客似逃空 雙袂翩然馭晩風

菴在參差雲樹杪 境深十二玉壺中

平生脫俗知無術 此日尋眞始覺功

滿地蒼嵐僧不掃 寺門咫尺路難通

–동구에 들어가며 入洞口–

동구에 우뚝우뚝한 봉우리 모두 좋은 봉우리일세,
서쪽 하늘에 가득한 기운 불두화처럼 아름답구나.
구름에 의지한 학 같은 자질 졸고 있는 수척한 승려고,
비탈에 자라난 용 같은 몸 누워 있는 늙은 소나무일세.
지팡이에 나막신으로 나를 이끌어 좋은 벗들 이르고,
이 아름다운 풍광을 사랑해 별천지에서 서로 만났네.
눈앞에 펼쳐진 끝없이 무한한 삼천대천의 세계가,
모두 시인의 화려한 비단 같은 흉금에 들어오네.

谷口嶙峋摠好峯 西天灝氣佛頭濃

倚雲鶴質眠癯釋 架壑龍身偃老松
笻屐攜吾良友至 風煙愛此別區逢
眼前無限三千界 盡入詩人錦繡胸

우뚝한 누각 떠가는 구름 나그네 창가에 기대니,
흉금이 맑은 시냇물소리처럼 상쾌함을 느끼네.
장경성[35] 뜰 때까지 시 지으니 어찌 주머니가 하나리,
사영운[36]이 산에 오를 적엔 밀랍신 두 짝 뿐이었다네.
미끄러운 벼랑엔 푸른 등넝쿨이 떨어지는 바위 붙잡고,
텅 빈 골짜기에는 현빈[37]이 치는 종소리에 화답하네.
제군들이 시를 다 짓자 사립문에 눈발이 날리기에,
억센 소리[38] 억지로 부드럽게 하여 몇 곡에 화답하네.

傑閣翔雲客倚牕 襟裾覺爽澗流淙
長庚覓句奚囊一 靈運登山蠟屐雙
崖滑蒼藤縈石墮 谷虛玄牝答鍾撞
諸君盡唱荊門雪 强絜巴音和數腔

35) 장경성(長庚星) : 초저녁에 서쪽 하늘에 뜨는 금성을 말함. 태백성이라고도 한다.
36) 사영운(謝靈運) : 남북조 시대 남조 송(宋)나라 때 시인으로 산수유람을 좋아해 심산유곡을 두루 찾아 유람했다고 한다.
37) 현빈(玄牝) : 도가에서 말하는 만물의 본원, 또는 계곡의 신을 말한다. 여기서는 계곡의 신을 의미한다.
38) 억센 소리 : 원문의 '파음(巴音)'은 파촉(巴蜀)의 억센 소리를 의미한다.

날씨가 맑고 명랑하여 이미 서늘해진 철에,
흥취 일어 명산에 들어와 발걸음을 옮기네.
온 골짜기의 시냇물은 부처의 성품을 맑게 하고,
천 봉우리 수려한 색 시인 미간을 찡그리게 하네.
절벽에 매달린 수척한 소나무 혼자서도 소리 내고,
시냇가의 오래된 바위 못생겼지만 또한 기이하네.
방장산 서쪽과 남쪽에는 별천지가 많기도 하지,
화개동의 단풍과 국화는 또한 훗날을 기약하네.

泬寥天氣已涼時 興入名山杖屨移

百道泉流澄佛性 千峰秀色皺詩眉

臞松倒壁孤猶韻 老石臨溪醜亦奇

方丈西南多別墅 花開楓菊又前期

신물 사는 용추가 지척인데 길이 희미하구나,
물을 배운 흐르는 운무 습하여 날지를 못하네.
용의 기상 깊숙이 잠겼으나 우레로 변화하고,
물고기의 수염은 물이 맑아서 햇빛이 비추네.
천제가 귀신같은 솜씨를 어느 해에 부려 뚫었나,
선계에 숨겨진 이곳 세속과 떨어져 아는 이 드무네.
너럭바위 위에는 바둑판을 그린 것이 남아 있으니,
신선들이 여기서 며칠이나 바둑 두다가 돌아갔는지.

神湫咫尺路依微 學水流雲濕不飛

龍氣深藏雷變化 魚鬚澄澈日光輝

天敎鬼斧何年鑿 地秘靈區絕世稀

石面盤陀餘畫局 仙翁幾日罷碁歸

–용추 龍湫–

사찰 누각 높다랗고 동천은 텅 비었지만,
산수는 엉성한 모습이 전혀 아니로구나.
숲 밖에는 가릉빈가[39] 이상한 새소리 들리고,
책상머리엔 불경이 있는데 어떤 책을 읽는지.
시인의 봉두난발 쓸쓸한 가을 풍경 대할 때이고,
시승들 자리에 둘러앉는 것 하안거 끝난 초기네.
이십 년 동안 이곳에 세 차례나 찾아왔으니,
이름난 명승지에 오래된 인연이 있어서겠지.

寺樓迢遞洞天虛 山水渾非面目疎

林外稜迦聞異鳥 案頭貝葉讀何書

騷人蓬髮悲秋際 韻釋蒲團解夏初

二十年來三到此 名區應是宿緣餘

천석고황 산수벽이 나에게 없는 것 아니라,
입산한 요 며칠 사이 점점 소생함을 느끼네.
바위틈의 시냇물소리는 관현악기보다 낫고,

39) 가릉빈가(迦陵頻伽) : 불교경전에 보이는 사람의 머리에 새의 몸을 한 상상의 새를 말함. 원문의 '릉가(稜迦)'는 가릉빈가를 가리키는 듯하다.

바위 벼랑 덮은 구름 산수화보다 생동하네.
속세의 어려운 세상사 천 봉우리가 막았고,
하늘에서 내리는 꽃비에 한 누각만 외롭네.
내 습착치[40] 아니니 뉘 지둔[41] 같은 고승이리,
긴 밤 맑은 담론에 억지로 한 무리 되었네.

霞癖泉肓我不無 入山近日漸看蘇

澗鳴石竇賢絲竹 雲抹巖崖活畫圖

下界風霜千嶂隔 諸天花雨一樓孤

我非鑿齒誰支遁 永夕淸談强作徒

지리산 북쪽과 서쪽의 능선 산봉우리에는,
높다란 나무 푸르고 능선은 높았다 낮았다.
천리를 떠가는 구름은 숲의 학을 부러워하고,
항아리 속에서 사는 우리 인생 초파리를 비웃네.
맑은 시내와 흰 바위에 영혼이 먼저 써늘해지고,
첩첩 봉우리 가파른 벼랑에 길은 점점 희미하네.
신령한 선경에서 우연히 문자음[42]이 이루어지니,
양하[43]처럼 가는 곳마다 함께 하지 않음이 없네.

---

40) 습착치(習鑿齒) : 중국 진(晉)나라 때 문장가.
41) 지둔(支遁) : 중국 진(晉)나라 때 고승.
42) 문자음(文字飮) : 시문을 담론하면서 술을 마시고 노니는 것을 말함.
43) 양하(羊何) : 사영운(謝靈運) · 사혜련(謝惠連)과 문명을 나란히 한 남제(南齊)의 문장가 양선지(羊璿之)와 하장유(何長瑜)를 말한다.

北山之北西山西 雲樹蒼蒼高復低

千里翔雲羞野鶴 一生守甕笑醯雞

淸溪白石魂前冷 疊嶂懸崖路轉迷

靈境偶成文字飮 羊何無處不相攜

원래 방외에서는 사인들에게 아름다움이 많지,
산봉우리에 시냇가에 명승이 흩어져 있다네.
천석이 자기 분수에 족한 것을 점점 알고,
공명은 시대와 어긋나는 것을 한하지 않네.
가을에 풀벌레 울면 가을 낙엽을 읊조리고,
들녘의 새들 날다 저녁에 계단에 내려앉네.
사흘 밤을 선방에서 묵고서 늦게 귀가하니,
흰 구름과 붉게 물든 나무 모두 내 시로세.

元來方外士多佳 散在山巓及水涯

泉石漸知於分足 功名不恨與時乖

候蟲啁哳吟秋葉 莽鳥徘徊下夕階

三宿禪房歸去晩 白雲紅樹我詩皆

푸른 도포를 펄럭이며 위서[44]에서 찾아오니,
단풍이 물든 가을 산에 한 가닥 길이 열렸네.
비루한 시인들 골수를 여위게 하며 고심하고,

44) 위서(渭西) : 덕천강 서쪽 지역, 즉 현 하동군 옥종면을 가리킴.

우뚝한 부처의 세계에는 누대가 좋기도 하네.
이 동천 속의 일월이 나의 은거를 용납해주고,
말 머리에 연하는 그대들과의 만남을 위한 것.
모시옷에 흰 띠 둘러서 남에게 줄 물건 없지만,
마음껏 유람하니 산을 나가자고 재촉하지 말길.

青衫拂拂渭西來 紅葉秋山一逕開
骯髒詩家臞骨髓 崢嶸法界好樓臺
壺中日月容吾隱 馬首煙霞爲子媒
紵縞縱無相贈物 遨遊且莫出山催

나는 난초를 캐고 싶은 마음이 있어서,
두류산 안으로 유람 와서 머물고 있네.
난초를 구하여도 끝내 얻지를 못하니,
무엇으로 나의 패물을 묶는단 말인가.
어제저녁 밤에는 가을바람이 불어와서,
오래도록 길게 시를 읊조리다 잤다네.

我有采蘭心 來住頭流內
求之竟不得 何以紉吾佩
昨夜秋風起 悠然長嘯退

선방 등불 밑에서의 독서 한 해에 며칠이던가,
벗을 이끌고 오늘도 다시 진경으로 찾아왔네.
옛날 신라 시대 창건한 이름난 사찰이 많은데,

방장산 깊숙한 산속에 쓰이지 못한 사람 있네.
대낮 그늘에 묻힌 곳 바위의 노송나무 검푸르고,
물들어가는 가을빛에 언덕의 단풍나무 새롭구나.
노쇠한 병이 근래 흉중에 들어와 자리를 잡으니,
속진의 생각이 침범하더라도 이웃됨을 허락하리.

禪室書燈歲幾旬 擕朋今日更尋眞
新羅古國多名刹 方丈深山有逸民
藏得午陰巖檜黝 染來秋色岸楓新
蒼癃近入胸間結 塵念雖侵宜許隣

신선과 범인 비로소 한 길에서 나누어지는 법,
자연을 유람하고픈 마음 있어 무리를 벗어났네.
뜰 안의 시든 꽃도 오히려 나비를 불러오는데,
봉우리 머리 어떤 바위에도 구름이 일지 않네.
연하를 찾는 고질병으로 산사에 머물러 있으며,
대나무 숲 그늘 아래에서 고문을 읽고 있다네.
현묘한 문 앞에서 나와 대상 모두 잊어버리고,
우두커니 하루 종일 화로의 불을 대하고 있네.

仙凡始自一塗分 心有天遊竟出羣
庭畔殘花猶引蝶 峰頭何石不生雲
以煙霞癖淹山寺 於竹樹陰讀古文
玄玅門前忘物我 嗒然終日對爐熏

옛날 내가 교유한 승려 월숙이 있을 적에는,
불가에서 불도를 전하여 추존하기 충분했지.
숲속의 새들은 다시 찾는 객을 낯설어 않고,
시냇가 대나무들 몇 대의 후손 낳고 낳았지.
봉우리의 구름 다 거두어 담담히 읊조리고 가며,
냇가 수석을 두루 보며 와서 오래 앉아 있었네.
지금은 많은 승려들 모두 생면부지의 사람들이니,
누가 선인이 어떤 마을에서 찾아온 줄 알겠는가.

昔我交遊月宿存 傳燈法界足推尊

林禽不省重來客 澗竹方生幾世孫

盡攬峰雲吟去淡 遍尋溪石坐來溫

羣僧濈濈皆生面 誰識畸人自某村

깊고 깊은 동천은 누구를 위해 관대한가,
인간 세상 세상살이 어려움을 망각한 듯.
시구 찾느라 단풍 물든 냇가에서 서성이며,
구름 보고서 푸른 소나무 밑에 가서 앉네.
조물주는 명산에 노인의 발걸음 허락하리,
시인들 원래 성세에도 빈한한 이 많은 법.
낮잠 자다 막 깨어나니 시상이 고갈되고,
승려에게 청해 물을 길어다 차를 달이네.

深深洞府爲誰寬 忘却人間行路難

覓句彷徨紅葉澗 看雲徙倚碧松壇

天公倘許名山老 韻士元多聖世寒

午睡初醒詩肺渴 倩僧汲水煎龍團

암자를 뒤로 한 채 길 따라 숲속으로 나아가,

그윽한 시내의 깊고 깊은 관문으로 들어가네.

선계 찾아 구름 따르며 푸른 하늘에 조회하고,

풍경 소리 동천 벗어나 푸른 봉우리에 들리네.

주막에서 술을 사는데 항상 계산이 많아지고,

경치를 보며 시를 읊조릴 땐 자주 뜯어고치네.

건너편 언덕 늙은 단풍 가을빛이 일찍 물들어,

천고토록 무릉도원 같다고 잘못 알려졌구나.

背菴一路走林間 穿入幽溪窅窱關

鶴夢和雲朝碧落 磬聲出洞逗蒼灣

逢帘覓酒常違筭 對景哦詩屢見刪

隔岸楓人秋色早 效顰千古武陵班

–유평 楡坪–

절 밑엔 맑은 시내 시냇가엔 수석이 많은데,

자연스럽게 만들어진 항아리 하나 배가 불룩.

만든 그릇 훌륭한 도공이 만든 작품의 하나,

교묘한 솜씨 조물주가 조화를 부린 나머지.

푸른 채소 씻어다 부처에게 향긋하게 공양하고,

붉은 연하 담아가서 발자취 선계에 머무네.

헌원씨[45] 시대 도사를 서로 만난 듯 황홀하니,
어찌 굳이 구구하게 선가의 연구를 노래하리.

寺下淸溪溪上石 天然一甕腹便便
器成良冶陶甄外 巧售神工造化邊
綠菜淹來香供佛 紫霞釀去跡留仙
軒轅道士如相見 豈必區區賦鼎聯

－석옹 石甕－

부처의 사리 천년토록 오히려 보존되어서,
상서로운 빛 때로 드러나 백호가 흔들리네.
가느다란 화로 연기에 대낮에도 참선하고,
목탁소리 딱딱 치면서 밤중에 예불을 하네.
원숭이들 큰 귀를 흔든다는 말 믿지 못하니,
차라리 말 탄 기녀 고원함을 희롱하게 하리.
빼어난 봉우리 끝에는 천 조각구름이 일고,
빗속에서 승려들은 경쇠처럼 허리 굽히네.

舍利千年尙不消 祥光時見白毫搖
爐煙細細參禪晝 鐸舌嚶嚶禮佛宵
未信猢猻擾大耳 寧敎馬妓戱參寥
英英絕頂雲千朶 滿滴羣僧磬折腰

－탑전 塔殿－

45) 훤원씨(軒轅氏) : 전설 속의 중국 고대 제왕 황제(黃帝)를 가리킨다.

누각 머리 구름 그림자 산 그림자와 교차하고,
난간 앞의 솔과 대는 생황과 포 소리를 내네.
호계를 지난 그림[46] 전해지니 도연명에 부끄럽고,
구름은 용을 따르려고 하니 맹교[47]에게 의탁하네.
세상살이에 굴곡이 많은 줄을 내 일찍 알았지만,
시를 담론할 땐 절로 칭찬과 조롱이 해롭지 않네.
명승지를 유람한 지 어언 오십 일이나 되었는데,
흉금에 번뇌와 근심이 탕척됨을 문득 느낀다네.

雲影樓頭山影交 檻前松竹韻笙匏
圖傳過虎慚彭澤 雲欲從龍託孟郊
世路早知多骩骳 詩談不妨自譽嘲
名區筇屐經旬五 陡覺胸襟滌擾膠

천 봉우리 일제히 드러나 동천이 높다란데,
낙엽이 진 언덕에 가을 기상 드높기만 하네.
용이 숨은 깊숙한 계곡에는 명월이 턱에 비추고,
학이 깃든 기다란 소나무엔 백운이 털에서 이네.

---

46) 호계를……그리 : 삼소도(三笑圖)를 말함. 중국 진(晉)나라 때 여산 동림사(東林寺)의 고승 혜원(惠遠)은 절 앞의 호계(虎溪)를 건넌 적이 없었는데, 도연명과 육수정(陸修靜)을 전송하면서 정답게 이야기를 나누다가 호계를 지나쳐서 세 사람이 한 바탕 웃었다고 한다.

47) 맹교(孟郊) : 당나라 때 시인으로 한유와 교유하였다. 맹교의 시는 빈한(貧寒)으로 일컬어지고, 가도(賈島)의 시는 수척하다고 일컬어지는데, 여기서는 주어진 삶을 따라 빈한하게 살고자 하는 시인의 마음을 드러낸 것이다.

승려와 함께 마주 앉으니 기심이 사라지고,
벗과 함께 누각에 오르니 필력이 호걸스럽네.
예로부터 시인들도 이런 경관 못 본 이 많겠지,
물외에서 서성이며 멀리 탈속한 것에 가탁하네.

千峰齊獻洞天高 秋氣崢嶸落木皐

邃壑龍藏明月頷 長松鶴刷白雲毛

與僧對榻機心息 攜友登樓筆力豪

從古騷人多不遇 彷徨物外託遐逃

아름다운 소나무 푸른 봉우리에 많기도 하지,
앉아 봉우리 헤아리다 장난삼아 노래 부르네.
구름 속 바위 기괴함 드러내니 선계의 구물,
솔바람 상쾌함을 보내오니 학 날갯짓의 여파.
이 산의 그윽한 구경거리에 정신이 또렷또렷,
저 승려의 현묘한 말에 무슨 말을 들었는지.
밀랍 신으로 한 이번 유람 몇 번이나 더 할까,
연하 낀 언덕 열 번만 지났을 뿐이 아니로세.

娟娟松表碧峯多 坐數峯峯戲作歌

雲石呈奇仙舊物 松風送爽鶴餘波

此山幽賞神醒了 彼釋玄談耳食何

蠟屐今行餘幾齒 煙崖不翅十回過

구름 위로 나무 들쭉날쭉 지는 해가 비꼈고,

푸른 봉우리 가을빛이 선종 사찰에 가득하네.
소나무에 깃든 선인은 학을 골라 타고 다니며,
뜰을 거니는 시인은 밖에 핀 꽃을 재료로 삼네.
기이한 곳 탐방 싫지 않아 이끼에 나막신 상하고,
도리어 얕은 잠을 자고 나서 차를 잔에 따르네.
산에 들어온 며칠 동안 무엇 때문에 피로할까,
청정함이 절로 올 때 혼탁함이 멀리 가기 때문.

雲樹參差落日斜 碧峯秋色滿禪家

松棲仙子騎餘鶴 庭放詩人料外花

不厭探奇苔屐齾 却因澆睡荈杯加

入山近日緣何疲 淸自來時濁去遐

서풍이 소슬히 불어와 동천이 서늘한데,
바위 위의 나무 그늘 무성함 줄어도 푸르네.
새처럼 날던 꿈은 삼경에 죽뢰 소리에 깨고,
꽃의 영혼 팔월 서리 내린 단풍으로 돌아오네.
시인 선발하는 백일장에 유생들이 운집했는데,
세상사를 경영하느라 백발이 모두 성성하구나.
근래 원숭이 및 산새와 교유하여 막역해졌으니,
마음속의 생각을 펴보려고 이 자리에 참석했네.

西風瑟瑟洞天凉 巖樾蕭森減却蒼

鳥夢三更醒竹籟 花魂八月返楓霜

詩聲遴選靑襟集 世事栽培白髮長

近與猿禽交莫逆 肯將心事到名場

내 마음의 지취 투명해져 흰 구름처럼 밝고,
송뢰 소리 써늘하여 시냇물소리에 화답하네.
신령스런 약, 누가 능히 석종유를 열 것인가,
향기로운 차에 나는 물 끓는 소리 노래하려네.
늙은 선사 경쇠 치는데 청산에는 해가 저물고,
지친 나그네 누각에 오르니 백발이 생겨나네.
훗날 어부의 배를 타고 다시 오고 싶은 마음,
다시 아름다운 시구를 찾아 산행을 기록하네.

襟期透得白雲明 松韻冷冷答澗聲
靈藥誰能開石髓 香茶吾欲賦瓶笙
老禪擊磬青山晚 倦客登樓白髮生
異日漁舟重到意 更將佳句紀山行

산수가 사람을 환영해 다투어 반가움 표하는데,
하물며 좋은 벗과 함께 형체를 잊은 데 있어서랴.
술통 앞에의 간담 그대는 말[斗]처럼 담대하고,
거울 속 모지라진 머리털 나는 문득 반백일세.
구름은 무심하여 묏부리에 깃들어서 담담하지만,
땅은 응당 생각 있어 이곳 숨겨 신령하게 했으리.
가고 가며 소나무 그늘 밑에서 시구를 짓고,
지팡이 놓고 높이 읊조려 학에게 듣도록 하네.

山水迎人競送青 况攜良友共忘形
樽前肝膽君如斗 鏡裏顚毛我忽星
雲縱無心棲峀淡 地應有意秘區靈
行行得句松陰下 放杖高吟倩鶴聽

나막신의 밑창 첩첩 봉에 오를 만큼 아직 남았는데,
구름 위로 오를 듯한 가벼운 발걸음 동구로 나왔네.
산승이 만약 올 가을에 찾아온 나그네를 기억한다면,
숲속의 학이 다시 훗날의 벗이 되기를 구하리라.
행장 속에 천 수의 시가 있어 무겁기만 하고,
텅 빈 흉금 물가에 임하니 물처럼 깨끗하구나.
붉은 지팡이로 걸음걸음 고개 돌려 바라보니,
방장산 온갖 봉우리가 등 뒤에 층층이 보이네.

屐齒猶餘疊嶂登 輕輕出洞躡雲能
山僧儻記今秋客 林鶴重要異日朋
行橐有詩千首重 虛襟臨水一般澄
丹藜步步頻回首 方丈千峰背後層

-동구를 나오며 出洞口-

조각구름은 여기저기 지팡이 머리에 떠 있고,
파리한 골격의 봉우리들 정히 가을 풍경일세.
작은 주점에선 항상 환영하며 술꾼을 부르고,
궁벽한 촌이지만 글을 읽는 서루가 있구나.

단풍 숲은 점점 붉어져 바위 모습 아름답고,
논의 벼 막 익어서 들녘의 황금빛 출렁이네.
생각건대 새와 물고기에 거의 부끄러움 없는데,
세상에는 이런 마음을 서로 구하는 이 적구나.

斷雲殘靄杖頭浮 臞骨崚嶒政耐秋
小店常迎呼酒客 窮村猶有讀書樓
楓林漸紫巖容好 穲稏初黃野色流
俯仰庶無魚鳥愧 此心於世少相求

시상과 술 생각 둘 중에 어느 것이 더 심할까,
걸음 가는 대로 가며 취하였다 다시 읊조리네.
갠 봉우리에 연하 생겨 참으로 그림 속 풍경,
요란한 시내에 바람 불어 저절로 거문고 소리.
붉은 숲과 푸른 시내를 여기저기 구경하며,
계부(溪父)와 원공(園公)[48]을 차례로 찾아보네.
바위에서 쉬며 구름이 일어나는 곳 돌아보니,
하산해도 산속에 있었던 마음이 그대로 있네.

詩情酒思較誰深 信步行行醉復吟
晴嶂霞成眞色畫 鳴泉風送自然琴
林紅澗碧參差見 溪父園公次第尋

48) 계부(溪父)와 원공(園公) : 계부는 중국 고대 산속에 살던 신선이고, 원공은 상산사호(商山四皓) 중 한 사람인 동원공(東園公)을 가리킨다.

憩石回看雲起處 下山猶有在山心

서루를 방문하기 위해서 시내 남쪽에 이르렀는데,

푸르고 처량한 나무들이 석양빛을 머금고 있네.

명주를 매양 사양해 과거에 응시한 것이 네 번인데,

묘한 계책은 응당 호계삼소[49]처럼 전해지는 것이지.

길손과 주인이 술잔을 기울이며 긴 밤을 보내는데,

시내와 산에 핀 단풍과 국화 가을이 되어 한창일세.

이번 유람 가는 곳마다 고상한 모임을 가졌으니,

유상곡수하는 풍류에 부끄러워할 필요 없으리라.

爲訪書樓到水南 蒼凉樹色夕陽含

明珠每讓探驪四 妙畫應傳過虎三

賓主杯樽消夜永 溪山楓菊屬秋酣

今行隨處成高會 未必風流曲水慚

–대포의 시골 서숙에서 묵다. 宿大浦村塾–

시냇가 정사의 맑은 담론에 좋은 벗들 모이니,

그대는 한창 손뼉을 치고 나는 수염을 만지네.

---

49) 호계삼소(虎溪三笑) : 중국 진(晉)나라 때 여산 동림사(東林寺)의 고승 혜원(惠遠)은 절 앞의 호계(虎溪)를 건넌 적이 없었는데, 도연명(陶淵明)과 육수정(陸修靜)을 전송하면서 정답게 이야기를 나누다가 호계를 지나쳐서 세 사람이 한 바탕 웃었다고 한다. 여기서는 산수자연에 은거하여 자락하는 것을 의미한다.

이끼 낀 길에 밑창 빠진 것 높은 산 오른 나막신이고,
오래된 띠집 높다란 깃발 달을 받아들이는 처마일세.
소나무 대나무 이미 보았는데 삼경[50]을 함께 맛보고,
연하를 또 보내 한 누각에서 이 모든 것을 겸하누나.
또한 알겠구나, 방장산의 동쪽과 서쪽 기슭은,
모두 다 여러 신선들이 머물 수 있는 곳임을.

溪舍淸談勝友添 君方抵掌我掀髥

苔殘缺齒穿雲屐 茅老高牙納月簷

松竹已看三逕並 煙霞又遣一樓兼

也知方丈東西麓 盡是羣仙所可淹

서늘한 서풍이 불어 푸른 두루마기를 나부끼는데,
수석이 여전히 좋아 산수의 흥취가 다하지 않네.
문을 여니 학이 깃든 나무가 바로 눈에 보이고,
울타리 곁에는 곧 구름이 생겨나는 바위가 있네.
이곳 사람 응당 신선과 서로 가까운 줄 알겠으니,
유람객도 도리어 이 장소에 따라 범속하지 않네.
만고불변의 두류산의 참된 그 내면의 모습을,
예리한 한풍으로 다듬어내 비단 주머니에 담았네.

---

50) 삼경(三逕) : 한나라 때 장후(蔣詡)가 정원에 세 갈래 오솔길을 내고 소나무와 대나무와 국화를 심었다는 데서 유래한 말로, 진(晉)나라 때 도연명도 이런 전원생활의 취미를 「귀거래사」에서 노래했다. 여기서는 국화까지 보게 되어 그렇게 말한 것이다.

西飆冷拂碧蘿衫 泉石猶餘未盡饞

開戶卽看棲鶴樹 傍籬便有出雲巖

居人應與仙相襯 遊客還因境不凡

萬古頭流眞骨髓 風斤斲下錦囊緘

■ 작자 : 조성가(趙性家, 1824~1904)

■ 출전 :『月皐集』 권1, 「八月 與月村河丈 竹坡梁延老 東寮河羲允 渭農 河致伯-在九- 溪南崔元則-琡民- 遊大源菴」.

○ 권유양(權酉陽)-사호(思浩)- 어른과 함께 다시 대원암을 유람하다

동천 안은 신령한 진경 동천 밖은 세속의 세상,

몇 겹의 구름과 시내 몇 겹의 산이 둘러막았네.

오래된 협곡에는 승려가 머무는 절 없는 듯하고,

경사진 언덕은 나그네 등반길을 오히려 빌려주네.

용추에서 짧은 율시로 저물녘의 흥취를 노래하고,

절에서 한가로이 담소하며 수심의 안색을 펴네.

이 안에서 신선 같은 벗들을 만날 수 있으니,

천태산 왕옥산[51]에서 신선을 구할 필요 있으랴.

洞裏靈眞洞外寰 幾重雲水幾重山

古峽疑無僧住處 傾厓猶借客登攀

短律龍湫題晩興 閒談蓮社破愁顔

51) 천태산 왕옥산 : 모두 중국의 산이름으로 신선이 사는 산이라고 전한다.

此中可得神仙友 不必天台王屋間

■ 작자 : 이상보(李尙輔, 1827~1903)

■ 출전 : 『晩隱遺稿』 권1, 「同權酉陽思浩丈 重遊大源庵」.

○ 월촌(月村) 하달홍(河達弘)을 모시고 함께 대원암을 유람하였는데, 다음 날 조직교(趙直敎)-성가(性家)-, 최원칙(崔元則)-숙민(琡民)-이 또한 이르렀다

선종 사찰 멀찌감치 신령한 공산에 떨어져 있는데,

느린 걸음으로 숲속을 가다 저물녘에 바람을 쐬네.

산봉우리의 빛깔은 구름 속에 깊숙이 감추어졌고,

새 우는 소리는 시냇물 소리 속에 반쯤 섞여 있네.

초라한 주막에서 박주로 취하길 생각하기 어렵고,

경사진 길에선 마른 명아주 대 지팡이로 삼기 좋네.

편안히 앉아 있다가 문득 절간의 종소리를 들으니,

무성한 숲 위로 한 가닥의 저녁연기가 피어오르네.

禪宮迢遞隔靈空 緩步穿林立晩風

嶽色深藏雲色裡 禽聲半雜水聲中

店貧薄酒難謀醉 逕仄枯藜便策功

宴坐忽聞鍾磬發 林端一抹夕烟通

■ 작자 : 하재문(河載文, 1830~1894)

■ 출전 : 『東寮遺稿』 권1, 「奉同河月村達弘 遊大源庵 翌日 趙直敎-性家- 崔元則-琡民- 亦至」.

○ 대원암을 함께 유람하다

풍광이 어찌 그리도 옛날 왔을 때와 같은지,

시내의 이름과 산의 이름 하나하나 알겠네.

소나무 노송나무는 높고 승려는 법랍을 따지며,

연하는 대지에 가득하고 나그네는 시를 짓누나.

종소리 밤 시각 알려주어 어둠을 따라 살피고,

꽃의 기운 서리 능멸하여 저녁에 더욱 기이하네.

기이한 구경 많기도 하여 보아도 다 볼 수 없으니,

한 달 동안 여기 머물러도 어찌 지체한다 하리오.

風光何似昔來時 溪號山名歷歷知

松檜干霄僧計臘 烟霞滿地客題詩

鍾聲報夜昏仍省 花氣凌霜晚益奇

多少瑰觀看不盡 淹留一月詎云遲

- 작자 : 하재문(河載文, 1830~1894)
- 출전 :『東寮遺稿』권1,「同遊大源菴」.

○ 미성(未惺)[52] · 월고(月皐)[53] · 횡구(橫溝)[54] · 회악(晦嶽)[55] · 월초(月樵)[56] · 안촌(安村)[57]과 함께 대원사로 들어가 수세

---

52) 미성(未惺) : 하협운(河夾運, 1823~1906)의 호.
53) 월고(月皐) : 조성가(趙性家, 1823~1904)의 호.
54) 횡구(橫溝) : 조성택(趙性宅, 1827~1890)의 호.
55) 회악(晦嶽) : 미상.
56) 월초(月樵) : 미상.
57) 안촌(安村) : 미상.

(守歲)하다

그윽한 데로 통하는 굽은 길 점입가경인데,
노년에 연하에 고질병이 있는 것 가소롭네.
아침에 거울을 보니 쇠한 내 모습이 심하구나,
모래밭에 모여 놀던 옛 어릴 적 일 생각나네.
눈 녹은 물로 차를 달여서 술 대신 마시고,
구름 낀 산에서 꿈속에 들어 집안일을 잊네.
징 소리 경쇠 소리 요란하게 울리는 절에서,
누워 동쪽 하늘 보니 북두성이 점점 기우네.

曲逕通幽漸入佳 老年堪笑痼烟霞
貌衰甚矣朝看鏡 幼戱依然昔聚沙
雪水烹茶聊代酒 雲山入夢頓忘家
鳴鑼發磬轟轟處 臥看東天斗漸斜

덧없는 인생 돌아보니 성성한 흰 수염 우습네,
변함없는 산천은 몇 번이나 세월을 겪었는지.
우리들 둥글게 둘러앉아 가는 곳마다 좋으니,
선종 사찰 누각의 경치가 오늘밤에 아름답네.
세월은 손가락을 세 번 튕기는 사이에 가버리고,
우주는 광대무변하여 한 차례 마음껏 노래하네.
만약 원공[58]을 만난다면 의당 결사를 해야겠지,

58) 원공(遠公) : 중국 진(晉)나라 때 여산(廬山) 동림사(東林寺)에 주석한 승려 혜

이 세상 어느 곳인들 풍파가 일지 않는 곳 있으랴.

浮生回笑鬢生華 依舊山川幾度過

吾輩團欒隨處好 禪樓形勝此宵多

光陰苒苒三彈指 宇宙恢恢一放歌

若遇遠公宜結社 世間何處不風波

■ 작자 : 하재문(河載文, 1830~1894)

■ 출전 : 『東寮遺稿』 권1, 「同未惺·月皐·橫溝·晦嶽·月樵·安村 入大源寺 守歲」.

○ **대원암**-월촌(月村) 하달홍(河達弘) 공, 죽파(竹坡) 양식영(梁湜永) 공, 월고(月皐) 조성가(趙性家) 어른, 계상(溪上) 하재문(河載文) 및 우리 형제가 함께 천령(天嶺)[59]을 유람하였는데, 상사(上舍) 하재구 (河在九), 강성(江城) 사문 박상태(朴尙台)가 풍문을 듣고 뒤에 좇아왔다.-

방장산 명산이 손에 잡힐 듯이 아름다운데,

열흘 동안 시 지으니 생의 의욕을 일으키네.

이번 유람 방해 없이 남들 따라 이루어지니,

이 일은 오히려 세상사와 어긋나지 않는구나.

조각조각 나뉜 구름은 맑은 시내에 잠겨 있고,

전서를 쓴 것 같은 낙엽은 빈 계단에 떨어지네.

빈한한 선비 경제제민의 계책 없다 말하지 말게,

원(慧遠)을 말함. 혜원은 동지들과 함께 아미타불 앞에서 염불을 하며 서원을 하는 백련결사(白蓮結社)를 주도하였다.

59) 천령(天嶺) : 경상남도 함양군의 옛 이름.

온 골짜기의 연하를 모두 택하여 취하였으니.

方丈名山入手佳 浹旬詩律作生涯

今行不妨因人就 此事猶非與世乖

雲學魚鱗蘸晴澗 葉成虫篆落空階

休言寒士無經濟 萬壑烟霞占取皆

명산을 유람하는 나그네 기약 없이 오니,
무한히 큰 회포가 차례차례 열리는구나.
나의 풍류는 굽이굽이 시내에 부끄럽지만,
그대들의 시는 대에 올라 부지런히 지었네.
성글고 용렬함 산수의 지취와 바로 합하지만,
깨끗하지 못함 끝내 세로에 얽힌 것 부끄럽네.
시어가 흘러넘쳐 다함이 없다고 들었으니,
시간을 또한 이 산속에선 재촉하지 말기를.

名山遊客不期來 落落襟懷取次開

縱我風流慚曲水 多君詩句勤吹臺

疎慵便合雲林趣 骯髒終羞世路媒

詩語津津聽未了 光陰且莫此中催

절간에 오래 머문 나그네 파순[60]에 부끄럽지만,
신선의 산이 진경을 그르치지 않으리라 믿네.

---

60) 파순(波旬) : 욕계(欲界) 제6천(天)의 주인으로 마왕의 이름이다.

낙안봉 머리에 사조[61] 같은 시인을 이끌고 가고,

승천사 안에서 회민[62]을 방문하여 함께 거니네.

비로소 산해[63] 따라 마음의 깨달음을 노래하고,

점점 이 곳의 연하와 더불어 법신을 단속하네.

더구나 내가 사는 집이 바로 방장산 밑에 있어,

순박한 풍도 없어지지 않아 태초와 이웃함에랴.

空門久客愧波旬 只信蓬萊不誤眞

落鴈峰頭携謝朓 承天寺裏訪懷民

始從山海琴心悟 漸與烟霞句法身

况是吾家方丈下 淳風不死太初隣

천 층의 흰 구름에 동천이 드넓으니,

인간세상 살기 어려움 알지 못하겠네.

붉은 국화 길가에 피고 주막집 문 열렸으며,

푸른 소나무 비스듬한 곳에 시단을 열었네.

밤새도록 초막 섬돌엔 귀뚜라미가 원망하고,

---

61) 낙안봉……사조(謝朓) : 낙안봉은 화산(華山)의 남쪽 봉우리를 말함. 사조는 중국 남북조시대 남조 제(齊)나라의 문장가. 이 고사는 이백(李白)이 낙안봉에 올라 사조의 경인시(驚人詩)를 가져오지 못한 것을 한스러워했다는 고사를 가리킨다.

62) 승천사……회민(懷民) : 회민은 중국 송나라 때 사람 장회민(張懷民)을 말함. 소식(蘇軾)이 승천사로 장회민을 찾아가 달밤에 함께 거닐었다는 고사를 말한다.

63) 산해(山海) : 조식(曺植)을 가리키는 듯하다.

이른 가을 단풍 숲엔 기러기가 추위 알리네.
선방에서 묵는 하룻밤 잠을 이루지 못하는데,
노송나무 그늘과 대숲 소리가 자리에 가득.

白雲千疊洞天寬 不識人間行路難
紫菊垂邊開酒戶 碧松偃處作詩壇
夜闌草砌蛩吟怨 秋早楓林鴈報寒
借宿禪房無夢寐 檜陰竹籟滿蒲團

■ 작자 : 최숙민(崔琡民, 1837~1905)
■ 출전 :『溪南集』 권1, 「大源庵-月村河公達弘 竹坡梁公湜永 月皐趙丈性家 溪上河友載文 及余兄弟 同遊天嶺 河上舍在九 江城朴斯文尙台 聞風追到-」.

○ 대원암

돌고 돌아 만 겹 깊은 두류산에 들어왔는데,
작은 암자가 시내를 따라 근원을 찾게 하네.[64]
냇물 근원이 다한 곳이 어디쯤일지 알겠으니,
밤새 똘똘거리는 냇물 소리가 내 마음을 씻네.

轉入頭流萬疊深 小庵卻逐磵源尋
磵源窮處知何在 通夜淙琤洗我心

■ 작자 : 송병순(宋秉珣, 1839~1912)
■ 출전 :『心石齋集』 권1, 「大源庵」.

64) 작은……하네. : 대원암의 이름이 큰 도의 근원을 의미하기 때문에 대원암 앞의 시내에서 근원을 생각한 것이다.

○ 대원암

십오 년 만에 다시 찾아온 이 대원암,
산색은 여전하고 물소리는 더 성대하네.
사찰을 한 차례 중수해 눈이 휘둥그레지니,
드넓은 곳[65]에 사는 사람 정히 얼마나 될까.

十五年來重到地 山光依舊水聲多
一新梵宇猶驚眼 廣居居者正如何

- 작자 : 김진호(金鎭祜, 1845~1908)
- 출전 : 『勿川集』 권1, 「大源菴」.

○ 대원암 시냇가 바위 위에 술자리를 마련하고서 공경히 퇴계 선생이 탁영담을 노래한 시의 운자를 써서 지음

방장산 유람객이 태청궁[66] 같은 곳에 오르니,
사찰 누각이 나를 맞이하여 석양빛에 밝구나.
푸른 못은 나도 모르게 몸을 온전히 의지하고,
등 뒤에 떠 있는 막 뜬 달을 돌아보고 놀라네.
아름다운 유람 함께 참여하는 모임에 만족하고,
노숙한 이들 술 마시는 정취 여전히 갖고 있네.
요란한 범패 경쇠 소리는 귀를 시끄럽게 할 뿐,

65) 드넓은 곳 : 인(仁)을 의미한다.
66) 태청궁(太淸宮) : 도교에서 말하는 천존(天尊)이 사는 삼청궁(三淸宮)의 하나. 여기서는 대원암이 신선세계에 있음을 말한 것이다.

돌아가서 큰 종[67]을 크게 두드려서 울리게 하리.

方丈行人躡太淸 寺樓邀我夕陽明

碧潭不覺身全倚 新月翻驚背後橫

佳遊偶愜參同契 老宿猶存許欸情

唄磬零零徒聒耳 歸來大叩洪鍾聲

■ 작자 : 이정모(李正模, 1846~1875)

■ 출전 : 『紫東集』 권1, 「大源菴溪石上設酌 敬用退陶先生濯纓潭韻」.

○ 여러 벗들과 대원암을 유람하다

가는 길 향기로운 숲을 끼고 돌고 돌며,

바람은 산들산들 저녁 풍경소리 들리네.

붉은 누각 멀리 계곡에 임한 것이 보이고,

흰 옷 입은 승려들 웃으며 문에서 맞이하네.

路挾香林轉 風飄晩磬聞

丹樓迴臨壑 白衲笑迎門

꿈속에선 천 시내의 달이 둘러있고,

흉금은 한 조각의 구름에 열렸었지.

기쁜 마음으로 물외에서 함께했으니,

유자와 승려를 다시 어찌 구분하리.

67) 큰 종 : 남명 조식의 「제덕산계정주(題德山溪亭柱)」에 보이는 '천석종(千石鍾)'을 가리키는 듯하다.

夢繞千溪月 襟開一榻雲

欣然同象外 儒釋更何分

■ 작자 : 이도추(李道樞, 1847~1921)

■ 출전 :『月淵集』 권1,「與諸友 遊大源菴」.

○ 대원암에서 동생 태현(泰見)-영래(瓔來)-과 함께 지음-당시 동생은 대원암에서 약을 복용하고 있었다.-

둘째 동생 질병 없이 건강해져서,

회포를 온전히 펴게 되기를 비네.

대나무 통엔 물 흐르는 소리 차갑고,

약 달이는 난간엔 봄소식이 찾아왔네.

서로 만나 책상 마주하고 독서를 했고,

서로 이끌고 올라 선경을 유람했었지.

청컨대 좋은 약을 잘 복용하여서,

그대 뱃속 가득한 티끌 치료하게.

仲兮無恙在 懷抱十分開

竹筧泉聲冷 藥欄春意回

相逢讀書榻 携上遊仙臺

請吸瓊瑤液 醫君滿腹埃

방장산의 구름이 깊숙한 이곳,

서루의 창이 객을 향해 열렸네.

산중의 심경 등불 너머 아득하고,

선계의 꿈은 경쇠소리에 돌아오네.

속인이 사흘 동안 암자에 머무는데,

야윈 승려는 오대산[68]을 말하고 있네.

조용히 서책을 펴놓고 앉아 있자니,

속진이 끊어진 것을 참으로 느끼네.

方丈雲深處 書牕向客開

山心燈外邃 仙夢磬中回

俗子淹三日 羸僧說五臺

悠然開卷坐 眞覺絕塵埃

■ 작자 : 조호래(趙鎬來, 1854~1920)

■ 출전 : 『霞峰集』 권1, 「大源菴 與舍弟泰見瓔來 共賦-時舍弟服藥于此-」.

○ 대원암을 유람하다

암자 하나가 푸른 산 그윽한 곳에 숨어 있는데,

사방은 구름과 숲으로 막히고 허공만이 뚫렸네.

사람들이 오고 간 지 세월이 많이도 흘렀고,

꽃이 피었다가 지기를 몇 번이나 하였던가.

등불은 옛 탁자에 모셔진 세 부처를 밝히고,

종소리는 허공에 솟은 한 누각으로 들리네.

냇물은 맑고 연무는 아득해 환상계와 같으니,

장차 이 풍물을 주머니 가득 담아가기 좋구나.

---

68) 오대산 : 문수보살이 주석하는 산이다.

孤菴隱在碧山幽 四塞雲林出上頭

人去人來多歲月 花開花落幾春秋

燈明古卓蹲三佛 鍾落中天起一樓

水淨烟迷如幻界 好將風物滿囊收

■ 작자 : 전기주(全基柱, 1855~1917)

■ 출전 : 『菊圃續稿』 권1, 「遊大源菴」.

○ 대원암

흰 구름과 시냇물이 속세로 흘러가는 곳,

한 시렁 능엄경이 깊은 산속에 고요하네.

시내에는 어부가 없어서 물고기들 즐겁고,

봄철 숲 무성한 골짜기엔 새들만 날아드네.

외진 곳의 심성 관찰 모두 백족화상[69] 같고,

멀리 와서 흥취 펴며 홍안의 신선과 짝하네.

이 절 승려가 심지 않은 복사꽃이 물에 떠가,

속진의 소란함 절간에 이르게 했다고 한하네.

白雲流水闢塵寰 一架楞嚴靜裏山

澗罟無人魚有樂 春林成谷鳥獨攀

僻處觀心皆白足 遠來輸興伴紅顔

69) 백족화상(白足和尙) : 동진(東晉)나라 때 고승 구마라습(鳩摩羅什)의 제자 담시(曇始)를 말함. 발이 얼굴보다 희었다고 하며, 흙탕물을 밟아도 더럽혀지지 않았다고 한다. 후대에는 세속의 더러움에 오염되지 않은 청정한 수도승을 지칭하는 사람으로 쓰였다.

居僧不種桃花水 恨使塵囂到此間

■ 작자 : 권기덕(權基德, 1856~1898)

■ 출전 :『三山遺稿』 권2,「大源庵」.

○ 대원암

이 절 승려 우물 안의 하늘을 애써 지키며,

온 종일 불경을 담론하다 달빛 아래서 조네.

단지 대원암에 부처의 세계가 존재함을 믿고,

무이계곡[70]에서 배 타고 오를 줄은 모른다네.

菴僧苦守井中天 盡日談經對月眠

祗信大源存佛界 不知移上武夷船

■ 작자 : 문진귀(文鎭龜, 1858~1931)

■ 출전 :『訥菴集』 권1,「大源菴」.

○ 대원사에서 묵다

깊게 잠긴 사찰의 문 우뚝 솟은 한 암자,

북쪽 숲에 비낀 햇빛 새벽 종소리 들리네.

유람객은 밤새의 비에 한창 수심에 잠겼는데,

승려는 천 겹의 오래된 구름 위에 앉아 있네.

길을 향기롭게 하는 풀은 방장실 앞에 피었고,

70) 무이계곡 : 송나라 때 주희(朱熹)가 은거하며 노래한「무이도가(武夷櫂歌)」의 무이구곡(武夷九曲)을 의미한다. 여기서는 주자학을 지칭한다.

못을 끼고 있는 꽃 도인의 모습처럼 시들었네.
가을 산 저녁 풍경 편안히 마주하고 앉았는데,
창밖의 염불소리가 나의 게으름을 경각시키네.

深鎖沙門一鷲峰 北林斜日起曉鍾

遊客方愁雨一夜 胡僧坐老雲千重

香逕草開方丈室 劒池花晩道人容

由然對坐秋山暮 窓外梵音警我慵

■ 작자 : 하헌진(河憲鎭, 1859~1921)

■ 출전 :『克齋集』 권1, 「宿大源寺」.

○ 대원사로 돌아와 묵다

방장산에서 돌아오다 이 절간에서 묵는데,
제천의 우뚝한 나무들 무성함에 황홀하네.
여산에서 밝은 풍경을 노래하고 싶었지만,
형산에서 먹구름이 요동치는 줄 알겠구나.
선경은 원래 속인을 오게 하지 않는 법이니,
이 유람 한가함을 허비한 것 부끄러움 많네.
다시 다른 풍경 보면서 시축에 시를 짓는데,
굽이마다 맑은 시내 다듬이질 소리로 들리네.

方丈歸來宿祗林 諸天雲樹惚蕭森

縱欲匡廬吟日照 識能衡岳撼天陰

靈境元非來俗子 今行多愧費閒心

更收餘景題殘軸 曲曲淸流響晩砧

■ 작자 : 하헌진(河憲鎭, 1859~1921)

■ 출전 :『克齋集』 권1, 「歸宿大源寺」.

○ 대원사

서풍에 객을 전송하며 속세로 나오니,
방장산 만 길의 정상에 올랐던 듯하네.
처음엔 운무 따라 벼랑을 오르려 했고,
또 원숭이와 함께 나무 붙잡고 올랐네.
하늘이 만든 고찰에선 범인을 초탈하는 생각,
달이 중추의 철이 되자 더욱 둥근 모습일세.
차 마신 뒤 무심한데 길 떠나길 재촉하여,
느릿느릿 꿈속에 놀던 숲속 풍경 읊조리네.

西風送客出塵寰 擬上方壺萬仞山
始逐雲煙崖欲過 又同猿猱樹堪攀
天開古寺超凡想 月到中秋更好顏
茶罷無心催去棹 遲遲吟夢在林間

■ 작자 : 정재성(鄭載星, 1863~1941)

■ 출전 :『苟齋集』 권3, 「大源寺」.

○ 계남(溪南) 최장(崔丈)을 모시고 대원암을 유람하였는데, '자시유인불상래(自是遊人不上來)'[212] 구를 가지고 운자를 나누어 인(人) 자를 얻어서 지음

방장산에는 선계의 암자가 빼어난데,

곱고 고운 기화요초가 봄을 만났네.
달이 뜨자 시내는 물빛이 흔들리고,
구름 떠가자 산색이 다시 새롭구나.
익힌 음식을 알지 못하는 신선 세계,
오랫동안 꿈속에서 자주 상상했었네.
유람하기로 이번에 약속을 하게 되었는데,
대낮의 종소리 아름다운 손님을 맞이하네.
밝고 밝은 물외 세계를 유람하는 흥취,
높고 높은 머리 위에 쓴 우리들의 유건.
따르는 자들 영특하고 준걸한 자 많으니,
능히 모인 자리에서 보배로운 존재되리.
강론을 하면서 가끔씩 쉬는 것도 없으니,
부지런히 논의하며 좋은 시간을 아끼네.
우리 앞에 백 갈래의 길이 나 있으니,
우리에게 근면하고 노고하라 경계하네.
하루 종일 강론을 해도 싫증냄이 없어서,
다시 깊은 뜻 가르치며 정녕하게 일러주네.
흥망과 성쇠는 오래 가지 않는 법인데,
어리석은 승려가 문득 새벽을 알리네.
옛날 현인[72]의 지향을 돌이켜 생각하니,

71) 자시유인불상래(自是遊人不上來) : 주자의 「무이도가(武夷櫂歌)」 제8곡시에 보인다.
72) 옛날 현인 : 주희를 가리킴.

그 노래[73]에 원인이 있는 줄을 알겠네.

누가 알겠는가, 꽃을 찾아 나선 날,

학문을 않고 한가로이 노니는 사람을.

方丈仙庵出 姸姸瑤草春

月湧溪動色 雲歸山更新

蒸烘不曾識 長時夢想頻

杖屨今有約 午鍾報佳賓

皎皎物外趣 翛翛頭上巾

陪從多英俊 堪爲席上珍

講論無時歇 孜孜惜良辰

前頭百歧出 戒我勤且辛

窮日情無厭 更深誨諄諄

興亡未千古 癡僧忽報晨

回思昔賢志 嘯咏知有因

誰識訪花日 不學偷閒人

■ 작자 : 정제용(鄭濟鎔, 1865~1907)

■ 출전 : 『계재집(溪齋集)』 권6, 「陪溪南崔丈 遊大源庵 以自是遊人不上來 分韻得人字」.

○ 벗 박봉여(朴鳳汝)-재순(在舜)-와 함께 대원사를 유람하다

한 평생을 분주히 보낸 한 나그네가,

---

73) 그 노래 : 주희의 「무이도가」를 말함.

오늘은 여유 있게 하룻밤이 한가롭네.

속세의 마음 아직 안정되지 않았는데,

종소리 들으며 인간세상으로 돌아오네.

擾擾百年客 悠悠一夜閒

塵心猶未定 鍾落復人間

■ 작자 : 정제용(鄭濟鎔, 1865~1907)

■ 출전 : 『溪齋集』 권6, 「與朴友鳳汝在舜 遊大源寺」.

○ 경자년(1900) 여름 최계남(崔溪南)[74], 정애산(鄭艾山)-재규(載圭)-을 모시고 대원사에서 피서를 하였는데 원근에서 찾아온 사람들이 수십 명이나 되었다. 『남명집(南冥集)』 중의 '여상동대 만품개저(如上東岱萬品皆低)'[75]를 가지고 운자를 나누어 상(上) 자를 얻어 지음

동쪽 태산이 허공에 높이 솟았는데,

온 세상이 손바닥처럼 작게 보이네.

공자께서 한 차례 올라 탄식하신 곳,

영원토록 사람들이 모두들 우러르네.

남명 선생이 그런 가르침을 계승하여,

이 뜻을 빌어다가 표방을 하였다네.

남명 선생은 식견이 고명하셨으니,

---

74) 최계남(崔溪南) : 최숙민(崔琡民, 1837~1905)을 말함. 계남은 그의 호이다.

75) 여상동대 만품개저(如上東岱萬品皆低) : 이 구절은 『남명집』 권두에 실린 정인홍(鄭仁弘)이 지은 「행장(行狀)」에 보인다.

어찌 조명하는 정도로만 하셨으리.
태산이 아무리 높다고 말을 하나,
용감히 곧장 가면 오를 수 있다네.
온갖 삼라만상 모두 눈앞에 있으니,
모든 이치가 저절로 밝게 드러나리.
이런 의미를 그 누가 능히 알리,
우리 고을에 두세 분 장로 계시네.

東岱出天半 九垓望如掌
夫子一臨嘆 萬世人俱仰
冥翁繼其傳 借此爲標榜
見識當高明 豈作管照樣
泰山雖云高 勇直可超上
萬品皆眼前 衆理自此昉
此意誰能識 吾黨二三丈

■ 작자 : 정제용(鄭濟鎔, 1865~1907)
■ 출전 : 『溪齋集』 권6, 「庚子夏 陪從崔溪南 鄭艾山載圭 避暑大源山中 遠近來會者 數十人 以南冥集中 如上東岱萬品皆低 分韻 得上字」

○ 대원사를 유람하다

지척에 천왕봉이 상제의 처소 가까이 다가가,
구름도 움직이지 않고 미세한 향기만 풍기네.
신령한 근원은 진경 찾은 객을 매우 기뻐하는데,
불가에서는 어찌하여 석가의 서적만을 전하는지.

고금에 현묘하고 공허한 설 인사를 어지럽혔지,

산과 시내 울창한데 세간의 심정은 소원하구나.

한 번 보고 일보 내딛는데 모두가 기이한 명승,

시속에 주워 담은 풍경 오히려 넉넉함이 있네.

咫尺天王近帝居 雲幡不動細香噓

靈源最喜尋眞客 釋氏那傳舍利書

今古玄空人事幻 溪山蒼鬱世情疎

一回一步皆奇勝 拾取囊中尙有餘

■ 작자 : 정한용(鄭漢鎔, 1866~1935)

■ 출전 : 『直齋遺稿』 권1, 「遊大源寺」.

○ 대원사

선찰의 누각에 이르자마자 낙조가 비치누나,

차를 청해 세간의 심정을 상쾌히 씻어냈네.

솔바람 소리 방문에 들리고 종소리 덩덩덩,

꽃의 기상 섬돌에 비추어 혜안이 밝아지네.

요동치는 물결의 빛 아름다운 문양을 만들고,

주위에 두른 산세는 마치 견고한 성과 같네.

신령한 곳의 빼어난 풍경 그려내기 어렵구나,

한 줄기 맑은 연무가 동구 밖에 늘어서 있네.

纔到禪樓落照生 呼茶快滌世間情

松風入戸鍾聲動 花氣映階慧眼明

擊盪波光排玉屑 周遭山勢作金城

靈區勝狀摸難盡 一陣淸烟洞口橫

■ 작자 : 정제국(鄭濟國, 1867~1945)

■ 출전 : 『柳溪遺稿』 권2, 「大源寺」.

○ 나는 50년 전에 정형로(鄭亨櫓)[76] · 한희녕(韓希甯)[77]과 함께 대원사에서 독서하였는데, 지금 와 보니 사찰 모습이 변하였고 노승은 모두 죽고 묵선사(默禪師)의 제자라고 하는 한 노승이 공경히 예를 표하여 서로 탄식하였다. 아, 그 사이 한순간에 세월이 흘러 옛날과 지금이 다른 것처럼 되었다

『주역』 읽던 소년이 지금 백발노인 되었으니,

유수 같은 오십 년 세월 구름처럼 흘러갔네.

사찰의 흥폐에 대해서는 우선 말하지 말자,

인간사의 존망을 어찌 차마 들을 수 있으랴.

가부좌를 한 세 부처 예의가 있는 듯하고,

자못 깨달은 한 승려 단지 문채가 없을 뿐.

불가의 노승을 어찌 허여했는지 모르겠구나,

두 마음을 가지고서 입을 괴롭히며 말하네.

讀易少年今白紛 流華五十轉頭雲

梵宮興廢姑停說 人事存亡可忍聞

76) 정형로(鄭亨櫓) : 정제용(鄭濟鎔, 1865~1907)을 말함. 형로는 그의 자이다.

77) 한희녕(韓希甯) : 한유(韓愉, 1868~1911)를 말함. 희녕은 그의 자이다.

三佛并跏如有禮 一緇頗悟但無文

不知何許蓮華老 枉把雙心苦口云

■ 작자 : 하봉수(河鳳壽, 1867~1939)

■ 출전 : 『栢村集』 권3, 「五十年前 同鄭亨櫓 韓希甯 讀書于大源寺 今見樓觀改色 老僧皆死 惟有一老僧 自謂黙師弟子 頂禮相歎 噫 其間一瞬年華長似古今也」.

○ 대원사

하늘과 나란히 높이 솟은 두세 개 봉우리,

냇가에 있는 사찰 저녁나절 바람을 이끄네.

요란한 폭포와 새소리 내 귀를 번거롭게 했는데,

돌연히 청정하게도 들리는 종소리를 다시 듣네.

齊天高揷兩三峰 梵宇臨溪引晩風

亂瀑啼禽煩我耳 翻然淸澈更聞鍾

■ 작자 : 이관후(李觀厚, 1869~1949)

■ 출전 : 『偶齋集』 권1, 「大源寺」.

○ 대원사에서 독서하다-임인년(1902)-

손에 한 권의 서책을 들고서,

절에 와 산중의 객이 되었네.

때로는 전초현 사람 본받아서,

땔나무 해다 백석을 삶아먹네.[78]

手持一卷書 來作山中客

時效全椒人 束薪煮白石

■ 작자 : 권상정(權相政, 19세기 후반)

■ 출전 : 『學山集』 권1, 「讀書大源寺」.

○ **대원사에서 새벽에 일어나 소회를 쓰다**－을사년(1905)－

산중 암자에 다시 찾아온 날,

봄 풍물이 점점 생동하는 때.

우리 도는 무극을 말하였는데,

좋은 벗들 좋은 시기에 만났네.

봉우리 깊어서 외로운 달을 거두고,

시내 길어서 산란한 구름 미혹하네.

오래 앉아있자니 새벽종을 치는데,

나의 이 마음 누굴 향해 말하나.

山庵重到日 春物漸生時

吾道垂無極 良朋負好期

峯深孤月斂 溪迴亂雲癡

坐久晨鐘發 玆心說向誰

78) 전초현……먹네. : 당나라 때 시인 위응물(韋應物)이 저주 자사(滁州刺史)로 있을 때 지은 시 「기전초산중도사(寄全椒山中道士)」에 전초현의 산중에 사는 도사가 땔나무를 해다가 백석을 삶아먹는다는 내용이 있다. 백석은 신선의 식량을 말한다.

■ 작자 : 하겸진(河謙鎭, 1870~1946)

■ 출전 :『晦峯集』 권1, 「大源寺 曉起書懷」.

○ 대원사를 유람하다

불가에서 대원의 동천을 잘 보호하여,

백 겹의 영산에 또 한 시내가 둘렀네.

박우와 함께 놀며 기이한 세계 탄식했고,

–일찍이 간암(艮岩) 박태형(朴泰亨)과 함께 이 절을 유람하였는데, 지금 박공은 이미 별세했다.–

『주자어류』 다시 간행하던 옛날이 생각나네.

–『주자어류』 책판을 이곳에서 판각했다.–

구름이 막은 종소리 사찰 밖에까지 들리고,

깊은 봄날 새소리 고목의 주변에서 들리네.

흰 머리에 선계 유람 비를 뚫고 다시 와서,

선방에 머물러 묵으며 한가로운 잠을 자네.

桑溟護得大源天 百匝靈山又一川

朴友同歡嗟異世–嘗與艮岩朴泰亨 同遊此寺 而今朴公 已沒焉– 朱編重役憶曾年–朱子語類板 刻于此–

鍾聲雲遏祇林外 禽語春深古木邊

白首仙緣緣雨重 禪房留宿做閑眠

■ 작자 : 한유석(韓禹錫, 1872~1947)

■ 출전 :『元谷集』 권2, 「遊大源寺」.

○ 늦은 봄날 유근후(柳厚根)·이재신(李在信)·조명규(趙明奎)·윤반(尹班)·정준명(鄭俊明) 및 족숙 두교(斗教), 족질 태헌(泰憲)과 함께 대원사를 유람하다

물은 돌고 산은 첩첩인 깊은 산속 한 암자,

십년 동안에 내가 두 번이나 찾아왔구나.

꽃은 만 떨기로 널려 예쁘게 비단을 펼친 듯,

구름은 천 길이나 높아 멀리 숲에 잠겨있네.

냇물소리가 귓전에 다가와 끝내 빗소린가 싶고,

산중의 달 창에 비추어 흉금을 상쾌하게 하네.

문득 신령한 구역에는 티끌이 없음을 알겠으니,

육진[79]을 텅 비게 한 뒤에야 진심을 보게 되리.

水洄山疊一庵深 十載之中我再尋

花遍萬叢勝展錦 雲高千丈遠藏林

澗聲來枕終疑雨 山月當窓可爽襟

頓覺靈區無玷累 六塵空後見眞心

■ 작자 : 정규석(鄭珪錫, 1876~1954)

■ 출전 : 『誠齋集』 권1, 「暮春日 同柳厚根 李在信 趙明奎 尹班 鄭俊明 及族叔斗教 族姪泰憲 遊大源寺」.

79) 육진(六塵) : 불교에서 말하는 심성을 더럽히는 육근(六根)을 통해 일어나는 육식(六識)의 대상이 되는 색(色)·성(聲)·향(香)·미(美)·촉(觸)·법(法) 여섯 가지를 말한다.

○ 신미년(1931) 여름 5월 벽정(壁亭) 및 소천(昭泉)의 제생들과 함께 대원사에서 피서하였는데, 모인 노소의 사람이 30여 인이나 되었다. 『매천집(梅泉集)』에 있는 시의 운자를 써서 지음

꽃비에 옥바람 불어 세속이 아니로구나,
천년의 고찰이 이런 신령한 곳에 있다네.
바위 구름 늦게 걷히지 봉우리마다 부처모습,
골짜기 시내 돌아 흐르는데 곳곳에 옥구슬.
좋은 새소리 듣고 나니 어찌 다른 새 있으리,
이 산에 와서 구경하니 다시 다른 산이 없네.
지팡이 짚고 온 종일 실컷 구경을 하다 보니,
온 숲에 저녁 기운이 돌아온 것도 몰랐구나.

花雨璇風非世寰 千年古寺在斯間
巖雲晩捲頭頭佛 峽水廻流面面環
好鳥盡聽那有鳥 此山來看更無山
散筇盡日貪遊償 未覺千林夕氣還

이곳이 어떤 곳인지 알겠으니 옛 등림[80]일세,
유생이 백발로 함께 찾아와서 구경을 하네.
활짝 핀 꽃 지나는 비에 그 빛깔을 더하고,
빽빽한 나무 구름에 엉켜 더욱 그늘 드리네.

80) 등림(鄧林) : 중국 고대 전설 속의 나무숲.

달이 뜨니 한가한 사람 먼저 꿈에서 깨고,

해가 비끼자 여러 새들 모두 입을 다무네.

여러 벗들 귀가 날짜 늦어진다 한하지 마소,

우리 몸 세속의 마음 탕척함을 문득 느끼네.

是知如何古鄧林 靑衿白髮共來臨

明花過雨因添色 稠樹凝雲益放陰

月出閒人先覺夢 日斜群鳥盡收吟

諸友莫恨歸笻晚 頓覺吾身滌世心

■ 작자 : 이교문(李敎文, 1878~1958)

■ 출전 :『止齋遺稿』 권1, 「辛未夏五月 與壁亭及昭泉諸生 避暑于大源寺 老少相集三十餘人 用梅泉集中韻」.

○ 경자년(1900) 여름 정애산(鄭艾山)[81] 선생을 모시고 대원사로 들어갔는데, 장편시 1편을 지어 선생께 받들어 올려 구구한 내 마음을 표하다

이 세상에서 마음을 드러낼 곳은,

양주의 갈림길[82]과 묵적의 실[83]이로세.

---

81) 정애산(鄭艾山) : 정재규(鄭載圭, 1843~1911)를 말함. 애산은 그의 호이다.

82) 양주(楊朱)의 갈림길 : 양주는 전국시대 극단적 이기주의를 주장한 사상가이다. 그는 사거리에서 "반걸음이라도 길을 잘못 가면 깨닫고 난 뒤에는 이미 천리를 잘못 가 있다."라고 하며 통곡하였다고 한다. 즉 사람은 마음을 쓰기에 따라 선인이 될 수도 있고, 악인이 될 수도 있다는 말이다.

83) 묵적(墨翟)의 실 : 전국 시대 묵적이 실을 물들이는 것을 보고서 푸른 물감에 물들이면 푸른색이 되고 노란 물감에 물들이면 노란색이 되는 것을 보고

우리의 도는 끝내 어떠한가,
엄정하게 묶은 깃발이 드리운 듯하네.
아득한 천년 뒤에 태어나서,
누가 능히 머리의 불을 끌까.
우뚝하신 노백헌[84] 선생이시여,
자굴산 앞에서 도를 창도하시네.
갈대 자리에서 친히 가르침 받아,
이미 바른 근원을 스스로 터득했네.
다행히 나는 한 세상을 함께 하여,
한 고을에 살면서 들은 것이 있네.
보잘것없는 성의로 사찰 유람 오니,
두드리지 않아도 큰 종소리 들리네.
떳떳한 본성 모두 하늘에서 내린 것,
십년 동안 태산북두처럼 우러렀네.
금년 불을 거두어들이는 여름철에,
선생을 모시고 단성에 이르렀네.
우리 고을은 산수가 아름다워서,
하나하나 모두 명승 아님이 없네.
높고 높은 방장산이여,
동방의 나라를 웅장하게 진압하네.

사람도 마음을 삼가지 않아서는 안 된다고 탄식한 데에서 유래한 말로, 사람은 습속의 영향으로 심정이 변한다는 말이다.

84) 노백헌(老柏軒) : 정재규(鄭載圭)의 호.

대원사 사찰 어찌 그리 우뚝한지,
빼어난 모습 두 봉우리 사이에 있네.
훌쩍 벗어나 티끌을 털고 싶은 생각,
높은 수레 점점 깊은 곳으로 들어가네.
국사를 모시고 옛 학문을 논하며,
함께 절간 종소리 편안히 듣네.
성대하고 아름다운 서른 명의 호걸들,
따르는 이들 모두 총명한 석학들이네.
비천한 저도 또한 이 자리에 참석하여,
봄바람이 부는 사석에 배알하게 됐네.
절벽은 천 길이나 까마득히 높다랗고,
맑은 술은 수많은 단지에 가득하구나.
꿈틀대는 벌레처럼 저절로 가련한 나,
혼매하여 아는 것이 하나도 없구나.
혈혈단신 도움 줄 수 있는 분 없어,
진흙 구덩이에서 갈 곳을 잃었네.
등가죽이 붙지 않게 밥이나 먹으니,
항상 굶주림 말하는 것이 당연하네.
이제 여기 와서 의지할 바 얻으니,
거의 소인으로 사는 것을 면하리.
원컨대 시종 잘 가르침을 내리시어,
춘풍이 고목에 불어오길 원합니다.

天下像心處 楊岐與墨絲

吾道竟何如 凜若綴旒垂

邈焉千載下 誰能救頭燃

卓哉老柏翁 倡道閣山前

芦下親薰炙 已自得正源

幸我同一世 鼎鐺尙有聞

賤誠薄緇衣 未叩洪鍾響

秉彝同出天 十載山斗仰

今年納火節 御者臨丹邱

吾州山水好 一一皆名區

巍巍方丈山 雄鎭斡維東

寺宇何傑傑 巧當兩峰中

超然思振衣 高駕轉入深

與國論舊學 同安聽鍾音

優優三十豪 追隨盡明碩

賤子亦往忝 得拜春風席

絕壁懸千尋 淸醪滿百榼

自憐蟲蠢蠚 冥冥無所知

孑孑失彊輔 擿埴迷所之

喫飯從脊皮 宜爾恒告飢

今來得所依 庶免小人域

願賜始終教 春風吹枯木

■ 작자 : 조병희(曺秉熹, 1880~1925)

■ 출전 : 『晦窩集』 권1, 「庚子夏 陪鄭艾山先生 入大源寺 因賦長句一篇

奉呈席下 以見區區」.

○ 대원사

사비승은 정성스럽게 환영을 하고,
늙은 부처는 잔잔하게 미소를 짓네.
감과 배는 온 숲에 떨어져 있고,
버섯들은 온 골짜기에서 자라났네.
새벽종소리 나그네 단잠을 깨우고,
저녁이슬은 사람들의 옷을 적시네.
젊어서 이곳에 와본 적이 있는데,
아련하여 전혀 꿈속에 본 듯하네.

沙彌迎欵欵 老佛笑微微

柹栗千林偃 菌蕈萬壑肥

曉鍾警客枕 夕露點人衣

年少曾經此 依俙渾夢機

■ 작자 : 김영규(金永奎, 1885~1966)

■ 출전 :『存谷遺稿』 권1,「大源寺」.

○ 대원사

돌길은 굽이돌고 냇물은 쏟아져 흐르는데,
깊은 산속 이 절은 모두 놀랍고 경이롭네.
이 별천지는 신이 천년 동안 보호한 경관,
한밤중에는 구월의 찬 바람소리가 들리네.

가장 높은 천왕봉은 약속함이 있는 듯,

이 절간의 금부처는 짐짓 미련이 남은 듯.

유람객 귀가를 생각하니 가을도 저무는 때,

흰 구름에 머리 돌리니 고향이 아득하구나.

石路盤回水駛淸 深山土木儘嗟驚

別區神護千年景 半夜風傳九月聲

最上天王如有約 此中金佛故留情

遊子思歸秋且晩 白雲回首渺鄕城

■ 작자 : 안종화(安鍾和, 1885~1937)

■ 출전 : 『約齋集』 권1, 「大源寺」.

○ 동생 성락(聖洛)-숙귀(肅龜)-, 족제 경건(敬建)과 함께 대원사를 유람하다-계미년(1943)-

방장산 진경 찾은 때는 봄이 저무는 철,

물외의 한가한 마음을 내 저절로 알겠네.

무엇 때문에 궁벽한 산속에서 술을 찾으리오,

위태로운 바위에 의지해 앉아 시나 지으리라.

종소리 구름 밖으로 울려 천년을 메아리치고,

부처는 인간을 보면서 만겁을 꼿꼿이 앉았네.

이번 유람 속세의 누를 초탈했다 하겠으니,

하룻밤을 묵어가며 승려와 기약을 했다네.

尋眞方丈暮春時 物外閒情我自知

何用窮山謀得酒 且依危石坐編詩

鍾傳雲外千年響 佛閱人間萬劫危

道是今行超俗累 一宵留話與僧期

■ 작자 : 권숙봉(權肅鳳, 1886~1962)

■ 출전 :『小溪遺稿』권1,「與舍弟聖洛肅龜 · 族弟敬建 遊大源寺」.

○ 대원암에 이르다

진경을 찾아 하루 종일 구름과 이웃하며,

지팡이 나막신에 훌쩍 속세 티끌 벗어났네.

땅에 들어선 웅장한 누각과 전각 골짝에 가득,

허공에 솟은 푸른 소나무 잣나무 문이 되었네.

시가지에 내 발걸음 머문 것 가련할 만하고,

승려들 부처의 은혜에 보답함 도리어 부럽네.

새벽 책상 적막한데 사람들은 일어나지 않아,

누워서 종소리 경쇠 소리 듣다 자신을 잊누나.

尋眞終日與雲隣 笻屐飄然絶世塵

凭地樓觀雄滿谷 參天松柏碧成門

堪憐城市留吾跡 還羡沙尼報佛恩

晨榻寥寥人未起 臥聽鍾磬却忘身

■ 작자 : 조상하(曺相夏, 1887~1925)

■ 출전 :『石菴遺稿』권1,「至大源庵」.

○ 대원사에서 황매천(黃梅泉)[85] 시의 운자를 써서 지음

오탁[86]의 속세서 혼탁한 수고로움 오래 근심했지,

이제 부처와 신선 사이 가까이 하게 됨이 많구나.

이름난 암자 이슬을 싫어해 구름이 항상 덮었으며,

들어가는 길 없는 듯하여 냇물도 또한 빙빙 도네.

나무들 점점 어두워지더니 하얀 빗방울 퍼부어,

여러 다락 상쾌함 더해 푸른 산에 가까이 있네.

사우들과 함께 한 성대했던 풍류를 생각하니,

슬프게도 어언 삼십 년의 세월이 흘러버렸구나.

久憫混勞五濁寰 今多得近佛仙間

名菴嫌露雲常掩 入路如無水亦環

萬樹漸冥傾白雨 群軒增爽逼蒼山

念前師友風流盛 怊悵於焉卅載還

-庚子夏 陪先師及諸丈五十餘人 過夏於此-

■ 작자 : 이교우(李敎宇, 1891~1944)

■ 출전 : 『果齋集』 권3, 「大源寺 用黃梅泉韻」.

○ 대원사에서 묵다

대나무 숲 어둑어둑하고 고찰은 그윽하구나,

서늘한 다락 동북쪽으로 시내 흘러가는 소리.

---

85) 황매천(黃梅泉) : 황현(黃玹, 1855~1910)을 말함. 매천은 그의 호이다.

86) 오탁(五濁) : 다섯 가지 혼탁한 중생의 세계를 말함. 곧 겁탁(劫濁), 견탁(見濁), 번뇌탁(煩惱濁), 중생탁(衆生濁), 명탁(命濁)을 말한다.

온 산이 둘러 있어 속진 세상 아득히 멀고,

한 경계 맑고 고요하여 부처 세계 아름답네.

밤이 되자 불법의 종소리 대전에서 울리고,

지난해엔 주자어류 서쪽 누각서 간행했지.

지금은 지난 일에 감격하는 사람이 없으니,

부질없이 허전한 마음에 수심을 일으키네.

竹樹鄣陰古寺幽 凉軒東北水聲流

千山圍合塵寰遠 一境淸寥佛界休

當夜法鍾鳴大殿 昔年朱語刊西樓

如今往事無人感 謾使哀腸惹起愁

■ 작자 : 하용환(河龍煥, 1892~1961)

■ 출전 : 『雲石遺稿』 권1, 「宿大源寺」.

○ 저물녘에 대원암에 이르다

석양녘에 사람들이 걸어 작은 다리 지나니,

천년 고찰 숲 사이에서 어렴풋이 보이누나.

요란한 폭포 세찬 소리에 원근이 혼미한데,

머리 돌리니 이미 만 겹의 산에 들어왔네.

夕陽人踏小橋還 古寺依俙見樹間

驚瀑一聲迷近遠 回頭已入萬重山

■ 작자 : 성환혁(成煥赫, 1908~1966)

■ 출전 : 『于亭集』 권1, 「暮抵大源庵」.

○ 다시 대원사를 유람하다

이 산을 향할 적에는 심천을 비교하지 않고서,
곧장 지팡이 나막신으로 한 번에 올라야 하네.
다시 오니 오랜 세월에 모두가 생소한 모습,
어려운 시 애써 짓느라 매번 마음을 괴롭히네.
밝은 해가 뜰을 비추는데 한 탑만이 선명하고,
맑은 시내 골짜기서 요란해 온 숲이 적막하네.
바위틈 난초 같은 시구에 검은 봉우리 같은 글씨,
방외에선 참으로 마음에 맞는 이 허여할 만하네.

不向玆山較淺深 直携笻屐一登尋
重來歲久皆生目 冥搜詩艱每苦心
白日照庭明獨塔 淸溪鳴壑寂千林
石蘭佳句玄峰筆 方外眞堪許賞音

■ 작자 : 성환혁(成煥赫, 1908~1966)
■ 출전 :『于亭集』권1,「重遊大源寺」.

○ 대원사

푸른 빛 비취빛 어지러이 사찰 주위 둘렀는데,
유람객이 절에 당도하니 속된 마음 멀어지네.
방장산은 모든 구역이 명승인줄 또한 알겠으니,
서역에서 온 사찰이 깊은 산속에 온전히 있네.
저녁 해 봉우리에 걸려 탑의 그림자 낮아지고,
계속 부는 바람에 물결 일고 종소리 진동하네.

이번 유람 급하게 지나침이 정히 한스러우니,
가을바람에 다시 찾아오겠다고 약속을 남기네.

蒼翠紛紛繞秖林 行人到此遠塵心

也知方丈千區勝 全在西來一閣深

斜日掛巒低塔影 長風捲水震鍾音

今行政恨悤悤過 留約秋風更到尋

■ 작자 : 성재기(成在祺, 1912~1979)

■ 출전 : 『定軒集』 권1, 「大源寺」.

제3절 대원사 시에 차운함

○ 대원동을 유람하며 이식산(李息山)[87]의 시에 차운함

대원사 동천을 찾아가기 위해서,
구름 뚫고 가니 걸음마다 그윽하네.
침침한 숲엔 밝은 햇살이 스며들고,
깊숙한 골짝엔 채색 연하가 걷혔네.
적막하게 사람 발자취 끊어진 곳에,
지저귀는 새들 벗을 찾아 우지지네.
그대와 함께 하는 요산요수의 지취,
오랜만에 한 차례 청유를 즐기는구나.

87) 이식산(李息山) : 이만부(李萬敷, 1664~1732)를 말함. 식산은 그의 호이다.

爲尋大源洞 穿雲步步幽

穹林晴日漏 邃壑彩霞收

寂寂人踪絕 嚶嚶鳥友求

與君山水趣 千古一淸遊

■ 작자 : 신명구(申命耈, 1666~1742)

■ 출전 : 『南溪集』 권1, 「遊大源洞 次李息山韻」.

○ 정명부(鄭明府)[88]가 대원사를 유람한 시에 삼가 화답함

남쪽 고을은 처리할 공무가 간결하여,

신령한 선경을 찾아 곧 길을 떠났다네.

시냇물이 줄어서 다리 얕은 줄 알았고,

구름이 걷혀 동천이 깊은 줄 알았겠지.

노란 국화꽃이 늦가을에 핀 것을 보고,

흰 구름이 크게 읊조리는 중에 보였으리.

대원사 아래에 선현의 발자취가 있으니,

그 정자[89]에 올라 마음 씻을 수 있었으리.

南州府事簡 靈境即行尋

水落知梁淺 雲歸識洞深

黃花逢晩節 白雲入高吟

下有先賢躅 登亭可洗心

88) 정명부(鄭明府) : 정기영(鄭箕永)을 말함. 명부는 그의 자이다.

89) 그 정자 : 덕천서원 앞에 있는 세심정(洗心亭)을 가리키는 듯하다.

■ 작자 : 권헌정(權憲貞, 1818~1876)

■ 출전 :『遯窩遺稿』 권1, 「謹和鄭明府遊大源寺韻」.

○ 대원암에서 현판의 시에 차운함

굽이굽이 돌고 돌아 속세와 단절된 이곳은,

이 지리산에서 손꼽히는 가장 빼어난 명승.

온갖 시내 멀리서 차가운 풍경소리로 들리고,

한 누각 우뚝하여 흰 구름을 잡을 수 있을 듯.

별천지에서 다시 많은 기이한 구경거리 찾으며,

대원암을 다시 유람하니 모두가 낯익은 모습들.

혹시 조금이라도 속세의 누가 될까 염려를 하여,

흐르는 냇물을 인간세상으로 향하지 못하게 하네.

天廻萬轉絕塵寰 屈指名區最此山

百澗遠從寒磬落 一樓高可白雲攀

別天更覓多奇翫 初地重遊總舊顔

或恐些兒爲俗累 莫敎流水向人間

■ 작자 : 정제용(鄭濟鎔, 1865~1907)

■ 출전 :『계재집(溪齋集』 권6, 「大源庵 次板上韻」.

○ 대원사에서 처사 소응천(蘇凝天)[90]이 지은 현판에 걸

90) 소응천(蘇凝天) : 18세기 호남 지방에 산 인물로 지조가 높고 영웅적 풍모가 있었다고 한다.

린 시를 읽고서 그 격조가 높고 예스러운 것을 사랑하여 장난 삼아 그의 시를 본떠 지음

참된 근원을 찾고 찾아 별천지에 이르니,
두류산 이외에는 다시 산이랄 게 없구나.
눈앞의 온갖 생각들 지금은 어디에 있는지,
천상의 신선들을 잡아당길 수 있을 듯하네.
꽃과 새가 봄을 애석해하니 물성을 알겠고,
연하가 물에 씻기니 속된 얼굴 부끄럽구나.
옥처럼 두른 산들 모두 참된 선경이 되니,
내 몸이 세간에 있는 줄을 알지 못하겠네.

覓覓眞源到別寰 頭流以外更無山
眼前百念今安在 天上群仙若可攀
花鳥憐春知物性 烟霞掃水愧塵顔
琅環渾是爲眞境 不識吾身在世間

■ 작자 : 정제용(鄭濟鎔, 1865~1907)
■ 출전 :『溪齋集』권6,「大源寺 讀蘇處士凝天板上詩 愛其格調高古 戲效其作」.

○ 대원사를 중건하고 낙성한 시에 차운함

불가의 운수도 비색과 형통이 번갈아 찾아드니,
옛 섬돌에 새 지붕이 비취빛 그늘에 감싸였네.
고려 시대 창건되어 세상에 전한 것 오래인데,
나한들로 하여금 깊은 산속에 웅거하게 했구나.

마루에 오르니 신선의 자질이 이루어지는 듯,

목탁 치니 속진을 청정하게 할 줄 먼저 아네.

沙門否泰迭相尋 舊砌新甍擁翠陰

肇自高麗傳世遠 故教羅漢據山深

陞堂始若凝仙骨 擊柝先知澄俗心

宇內幾多名勝地 行人到此費長吟

■ 작자 : 하우선(河禹善, 1894~1975)

■ 출전 : 『澹軒集』 권2, 「次大源寺重建落成韻」.

○ 대원사에서 묵고 출발할 때 운영루(雲影樓) 현판에 걸린 시의 운자를 써서 지음

절의 누각 운영루는 정히 광대무변하구나,

푸른 봉우리 우러르고 푸른 시내 굽어보네.

은은하게 들리는 종소리 허공에 울려 퍼지니,

이번 유람 아마도 신선과 함께 하는 유람이리.

寺樓雲影正悠悠 仰看青岑俯碧流

隱隱鐘聲天半落 玆遊疑是挾仙遊

■ 작자 : 이시화(李時華, 미상)

■ 출전 : 『松山遺稿』 권1, 「宿大源寺 臨發 拈雲影樓板上韻」.

제4절 대원사에 이르러 승려에게 지어 줌

○ 대원암 현판의 시에 차운하여 신감선사(信鑑禪師)에게 줌

선종 사찰 아득히 멀어 속진에서 떨어져 있는데,

온갖 굽이 흐르는 시내에 만 겹으로 포개진 산.

꽃비가 내리다가 개인 때 삼계[91]가 청정하기에,

구름사다리 위태로운 곳을 지팡이 하나로 찾네.

새는 그윽한 흥취 노래해 승려 염불소리에 섞이고,

바람은 날리는 폭포수 보내 나그네 얼굴에 뿌리네.

복사꽃이 냇물에 떠 밖으로 나가는 것을 금하니,

응당 그 소식 인간세상에까지 이르지는 않으리.

禪宮迢遞隔塵寰 百曲溪流萬疊山

花雨晴時三界淨 雲梯危處一筇攀

鳥牽幽興和僧梵 風送飛淙上客顏

禁得桃花浮出水 未應消息到人間

■ 작자 : 손명래(孫命來, 1664~1722)

■ 출전 :『昌舍集』 권1, 「次大院庵板上韻 贈信鑑師」.

○ 대원암에서 묵으며 원대사(元大師)에게 줌

생각건대 그 옛날 지팡이 나막신으로 유람했지,

91) 삼계(三界) : 불교에서 말하는 욕계(欲界), 색계(色界), 무색계(無色界)를 말한다.

절에 모여 연등 달던 일 꿈속처럼 깜깜하구나.
오래된 탑과 뜬 구름이 길이 부처를 보호하고,
새벽 누각 맑은 경쇠 소리 신선인가 의심했네.
관리들이 나를 떨어뜨려 산수에 지취를 두었고,
원숭이와 학이 사람을 속인 것이 어언 이십 년.
이 때문에 계속 예전에 왔던 곳을 다시 찾으니,
오늘도 다시 와서 머무는 것을 거절하지 마소.

憶曾笻屐此盤旋 蓮社經燈夢黯然

古塔浮雲長護佛 曉樓淸磬却疑仙

簪纓誤我林泉志 猿鶴譏人二十年

爲是聯翩陳跡地 不辭今日更留連

■ 작자 : 이지용(李志容, 1753~1831)
■ 출전 : 『南皐集』 권1, 「宿大源菴 贈元大師」.

○ 대원암에서 청호대사(淸湖大師)에게 줌 大源菴 贈淸湖大師

만 겹의 산과 구름 속 외로운 한 암자,
그 안에 대사가 사는데 형체 수척하네.
선정에 든 진심은 어떤 곳을 생각하는지,
온 세상 비추는 달이 맑은 호수에 있네.

雲山萬疊一菴孤 中有尊師道骨癯

入定眞心何處想 諸天印月在淸湖

■ 작자 : 권재규(權在奎, 1835~1893)
■ 출전 : 『直菴集』 권1, 「大源菴 贈淸湖大師」.

○ 대원사에서 희녕(希甯)[92]의 시에 차운해 줌

산은 수많은 비녀를 묶고서 서 있는 듯,

시내는 수많은 옥구슬을 던지며 오는 듯.

나그네는 사영운의 나막신[93]을 신었고,

암자 승려는 원공[94]의 술잔을 허락하네.

대지에는 강산이 협소하기만 한데,

방장산에는 동천이 크게 열렸구나.

적막한 곳에서 꿈속으로 들었는데,

냉기에 깨어난 뒤엔 재처럼 되었네.

山束千簪立 溪投萬玉來

客乘靈運屐 僧許遠公桮

大地江山窄 方壺洞府開

寥寥入夜夢 冷作覺後灰

- 작자 : 정제용(鄭濟鎔, 1865~1907)
- 출전 : 『溪齋集』 권6, 「大源寺 次贈希甯」.

---

92) 희녕(希甯) : 한유(韓愉, 1868~1911)의 자.

93) 사영운(謝靈運)의 나막신 : 사영운 남북조 시대 남조 송(宋)나라의 시인으로 산수 유람을 좋아하여 항상 나막신을 준비하였다가 올라갈 때는 앞굽을 떼어내고, 내려갈 적에는 뒷굽을 떼어냈다고 한다.

94) 원공(遠公) : 진(晉)나라 때 여산(廬山) 동림사(東林寺)에 주석한 승려. 도연명이 절에 오면 술 마시는 것을 허락했다고 한다.

제5절 대원사에서 여럿이 함께 지음[聯句]

○ 대원암에서 만월대(滿月臺)[95] 연구시(聯句詩)에 차운함

곡령[96]의 푸른 소나무 날씨 추워져도 변치 않아, –계남(溪南)[238]–

그 바람 소리 오히려 동국의 안정을 열었네. –노백헌(老柏軒)[98]–

백번 죽는 데서 그친 노래[99] 정령이 살아있어, –전태수(田兌秀)–

그 의리 삼강오륜 부지해서 사업이 관대했네. –하용식(河庸植)–

열성조 그 충성 포상 숭상해 세교 부지하니, –조병희(曺秉熙)–

여러 현인들이 사모하여 마음을 분발하였네. –이교우(李敎宇)–

오랜 세월 지난 뒤에 우리들 늦게 태어났으니, –허만헌(許萬憲)–

만월대의 맑은 유람도 계속하기가 어렵겠구나. –허용구(許容九)–

鵠嶺蒼松歲已寒 風聲猶啓大東安

歌終百死精靈在 義植三綱事業寬

列聖褒崇扶世敎 羣賢思慕激心官

歸來百載吾生晩 滿月淸遊續亦難

---

95) 만월대(滿月臺) : 만월대는 개성에 있는 고려 왕조의 왕궁인데, 대원사에 만월대가 있었기 때문에 고려 왕조의 정몽주를 떠올리며 지은 것이다. 정몽주는 조선 도학의 시조로 일컬어지기 때문에 그의 정신을 추앙하는 내용으로 시가 구성되어 있다.

96) 곡령(鵠嶺) : 개성 송악산을 가리킴. 여기서는 고려 왕조를 지칭하는 의미로 쓰인 듯하다.

97) 계남(溪南) : 최숙민(崔琡民, 1837~1905)의 호.

98) 노백헌(老柏軒) :정재규(鄭載圭, 1843~1911)의 호.

99) 노래 : 정몽주가 부른 단심가(丹心歌)를 말함.

■ 작자 : 정재규(鄭載圭, 1843~1911)

■ 출전 : 『老柏軒集』 권2, 「大源庵 次滿月臺聯句」.

○ 대원암에서 만월대 연구(聯句)의 운자를 써서 서로 지음

방장산의 가을바람 밤이 되자 싸늘하구나, -정제용(鄭濟鎔)-

겹겹의 흰 구름 속에 와서 앉아 편안하네. -최제립(崔濟立)-

좋은 벗들 만나 술 마시니 얼큰하게 취하고, -한유(韓愉)-

명승에서 시를 지으니 시상이 넉넉하구나. -남정우(南廷瑀)-

속세 밖의 산수가 모두 우리들의 물상이니, -권재규(權載奎)-

세간의 푸르고 붉은 관복 이 무슨 상관이리. -권재채(權載采)-

풍류 즐기는 모임엔 미명을 독차지 못하니, -권봉현(權鳳鉉)-

훗날에 이런 모임 어려움을 응당 알리라. -하우식(河祐植)-

方丈秋風入夜寒 白雲千疊坐來安

樽逢好友酩酊醉 詩到名區意思寬

塵外溪山皆我物 世間靑紫是何官

風流洛社罔專美 異日應知此會難

■ 작자 : 권봉현(權鳳鉉, 1872~1936)

■ 출전 : 『梧岡集』 권1, 「大源庵 用滿月臺聯句韻 相賦」.

○ 이후산(李厚山)-도복(道復)-의 대원사 시의 운자를 써서 후산(厚山) 및 박정산(朴貞山)-희정(熙珵)- 두 공에게 올린 연구(聯句)

강북과 강남으로 길이 거의 빙 두르는데, –정형로(鄭亨櫓)[100]–
유생들이 편안히 허공의 구름 속에 있네. –최순약(崔淳若)[101]–
적벽에서 서로 만나 천 번이나 취하였고, –한희녕(韓希寧)[102]–
하루 사이에 방장산을 실컷 구경하누나. –남사형(南士珩)[103]–
두 소매에 바람 일으키며 길가는 나그네. –권군오(權君五)[104]–
몇 차례 종소리에 신선세계 닫아버렸네. –하성락(河聖洛)[105]–
그대 위해 긴긴 밤 맑은 시상 떠오르길, –권응소(權應韶)[106]–
푸른 소나무 계수나무 산에 달빛이 가득. –하중락(河中洛)[107]–

江北江南路幾環 居然衿佩碧雲間

相逢赤壁千回醉 剩得方壺一日閒

雙袖風生歸野客 數聲鍾落鎖仙關

爲君遙夜淸詩發 松桂靑葱月滿山

■ 작자 : 하우식(河祐植, 1875~1943)

■ 출전 : 『澹山集』 권1, 「用李厚山道復大源寺韻 呈厚山及朴貞山熙珵兩公聯句」.

---

100) 정형로(鄭亨櫓) : 정제용(鄭濟鎔, 1865~1907)을 말함. 형로는 그의 자이다.
101) 최순약(崔淳若) : 최제립(崔濟立, ?~?)을 말함. 순약은 그의 자이다.
102) 한희녕(韓希寧) : 한유(韓愉, 1868~1911)를 말함. 희녕은 그의 자이다.
103) 남사형(南士珩) : 남정우(南廷瑀, 1869~1947)를 말함. 사형은 그의 자이다.
104) 권군오(權君五) : 권재규(權載奎, 1870~1952)를 말함. 군오는 그의 자이다.
105) 하성락(河聖洛) : 하우식(河祐植, 1875~1943)을 말함. 성락은 그의 자이다.
106) 권응소(權應韶) : 권봉현(權鳳鉉, 1872~1936)을 말함. 응소는 그의 자이다.
107) 하중락(河中洛) : 하용식(河庸植, 1880~1907)을 말함. 중락은 그의 자이다.

○ **최계남**(崔溪南)-숙민(琡民)-, **정노백헌**(鄭老柏軒)-재규(載圭)- **두 어른을 모시고 함께 대원암에서 피서할 적에 여러 사우들과 더불어 같이 연구**(聯句)**를 지음**

초가을 어느 날 날씨가 하도 좋아,
대원사에 와 앉으니 산수가 맑구나. -정형로(鄭亨櫓)-
산색은 처마 끝 낙수 너머로 보이고,
여울 물소리 딱딱한 베게까지 들리네. -최순약(崔淳若)-
연하는 온 골짜기에 잠겨 있고,
무더위는 삼복더위 기세 꺾였네. -한희녕(韓希寧)-
사영운이 강락공 된 것 절로 우습구나,[108]
어찌하여 완적은 보병교위를 지냈던가.[109] -남사형(南士珩)-
원대한 회포 빠르게 나는 새에 붙이고,
장대한 지향 큰 고래를 잡는 것이라네. -권군오(權君五)-
신선의 발자취를 밟기를 원하니,
속세의 감정일랑 모두 다 잊기를. -권자덕(權子德)[110]-
학문을 강마할 적엔 터득함이 기쁘고,
담소를 할 적엔 화평함을 추구하네. -권응소(權應韶)-
흥성했던 국가가 지금은 쇠잔하니, -하성락(河聖洛)-

108) 사영운(謝靈運)이……우습구나. : 사영운은 남북조 시대 송나라의 유명한 산수시인인데, 강락공의 봉작을 계승하여 벼슬살이한 것을 조롱한 것이다.
109) 어찌하여……지냈던가. : 완적은 진(晉)나라 때 죽림칠현의 한 사람인데, 나중에 보병교위로 벼슬살이한 것을 말한다.
110) 권자덕(權子德) : 권재채(權載采, 1872~1918)를 말함. 자덕은 그의 자이다.

상심한 마음에 잠을 이루지 못하네. —정형로(鄭亨櫓)—

早秋天氣好 來坐溪山淸

岳色當簷滴 灘聲透枕勁

烟霞藏萬壑 炎酷失三庚

自笑謝康樂 何如阮步兵

遐懷付逸翮 壯志戮長鯨

願躡仙人躅 渾忘塵世情

講磨歡得得 談笑任平平

興國卽今夕 怊然眠不成

■ 작자 : 하우식(河祐植, 1875~1943)

■ 출전 :『澹山集』 권1, 「奉同崔溪南-琡民- 鄭老柏軒-載圭- 兩丈 避暑 大源菴 與諸士友 共賦聯句」.

제6절 대원사 용추(龍湫)에서

○ 대원암에 들어가 용추를 구경하고 시를 지어 함께 유람한 이여회(李汝雷)-진상(震相)-, 박훈경(朴薰卿)-치복(致馥)-에게 보임

시냇가의 평평한 바위에 누우니,

한 번 도약하면 하늘로 오를 듯.

큰 골짜기는 냇물을 삼켰다 토해내고,

층층의 절벽은 갈고리처럼 이어졌네.

조물주의 조화를 도울 이 뉘 있으리,

이곳은 인간세상과 통하지 않는구나.

가만히 생각하니 장구히 허여하는 듯,

천추의 비경이 완연히 눈앞에 있구나.

溪邊平舖臥 一躍可行天

大壑能呑吐 層崖相句連

有誰助神化 不與通人烟

默想長如許 千秋宛在前

■ 작자 : 김인섭(金麟燮, 1827~1903)

■ 출전 : 『端磎集』 권2, 「入大源菴 觀龍湫 有作 示諸同遊李汝雷-震相- 朴薰卿-致馥-」.

○ **무오년**(1858) **봄 여러 벗들과 대원암에서 독서할 적에 한가한 날 용추동을 유람하다**-박봉길(朴鳳吉), 민백홍(閔百弘), 박정섭(朴正涉), 최한모(崔翰模), 조석린(曺錫璘) 한성순(韓性順), 정재기(鄭在基), 석용진(石龍震), 정현효(鄭顯孝), 박상택(朴尙宅) 등 열 명의 벗들과 함께-

햇볕이 따뜻한 봄날에 봄옷이 새로 지어져서,

대원암 용추에 와 용 떠난 뒤의 소리를 듣네.

협곡이 토해내는 붉은 꽃잎 비단이 펼쳐진 듯,

바위는 푸른 병풍을 펼친 듯 속세와 떨어졌네.

遲遲春日服初成 來聽湫龍去後聲

峽吐花紅開錦境 巖張屛翠隔塵情

분명한 산색은 가벼운 티끌조차 다 씻은 듯,
수많은 나무와 꽃들은 모두 스스로 새 단장.
풍류를 실컷 맛보며 끝내 떠날 생각 잊으니,
이 몸이 아마도 반쯤은 신선이 된 듯하구나.

分明山色洗輕塵 萬樹千花摠自新
剩得風流竟忘去 此身疑是伴仙人

- 작자 : 박동혁(朴東奕, 1829~1889)
- 출전 :『病窩遺稿』 권1, 「戊午春 與諸友 讀書大源庵 暇日出遊龍湫洞-同朴鳳吉 閔百弘 朴正涉 崔翰模 曺錫璘 韓性順 鄭在基 石龍震 鄭顯孝 朴尙宅 十友-」.

○ 을사년(1905) 가을 여러 벗들과 대원사로 향하다가 도중에 기록함-당시 대원사에서 『주자어류』를 간행하고 있었다.-

용추(龍湫)

한 번 신령한 곳에 오니 모두 진경이라,
지팡이를 멈추고서 신선을 찾아 나서네.
푸른 이끼 덮은 글자 선현이 남긴 유적이고,
비취빛 절벽에 쓴 시 뒷날 후인에게 맡기네.
동구는 정나라[111]에 머물러 숨어도 괜찮을 곳,

111) 정(鄭)나라 : 중국 주(周)나라 때 서도(西都) 기내(畿內)의 땅으로, 여기서는 도회지를 가리킨다.

무릉도원 찾아 하필 억지로 진나라를 떠나리.
성난 물결 쏟아지고 못 속의 용이 포효하니,
찬바람에 냉기가 유건을 적시는 줄도 모르네.

一得靈區面面眞 且停歸策訪仙人
蒼苔沒字遺前躅 翠壁題詩屬後塵
谷口不妨留隱鄭 武陵何必强逃秦
驚波噴薄潛龍吼 不覺霜飄冷灑巾

■ 작자 : 정종화(鄭鍾和, 1881~1938)
■ 출전 : 『希齋集』 권1, 「乙巳秋 同諸益 作大源行 路中記行-時刊朱語於源寺-」.

○ 권잠산(權潛山)[112] · 정문옥(鄭文玉)-민용(珉鎔)-과 함께 대원사 용추를 유람하다

밑이 보이지 않는 용추는 거울이나 그림 같은데,
계속 우레 치는 듯한 곳에서 은구슬이 떨어지네.
분명 이곳은 용이 잠겨 살고 있는 곳이로구나,
비를 비는 농가에서 매번 기우제를 지낸다네.

無底石湫幻鑑圖 長雷鳴處落銀珠
分明此地龍潛伏 祈雨農家每引壺

■ 작자 : 조상하(曺相夏, 1887~1925)

112) 권잠삼(權潛山) : 권세용(權世容)을 말함. 자는 후중(厚重)이며, 잠산은 그의 호이다.

■ 출전 :『石菴遺稿』 권1, 「同權潛山 · 鄭文玉-珉鎔- 遊大源龍湫」.

제7절 대원사를 나오며

○ 대원동을 나오며

선녀를 만난 듯하여 이별하기 애석하구나,

동천의 아침햇살 받으며 느릿느릿 떠나네.

정녕하게 숲속의 새들에게 말을 남겼으니,

가을바람 비단물결 물들 때에 다시 찾으리.

如對仙娥惜別離 洞天朝日去遲遲

丁寧寄語林間鳥 不負秋風錦葉時

■ 작자 : 정식(鄭栻, 1683~1746)

■ 출전 :『明庵集』 권3, 「出大源洞」.

○ 대원사 동구를 나오며

사흘을 선방에서 묵은 뒤 동천을 나오는데,

흰 구름에 누런 낙엽이 긴 시내 에워쌌네.

노년을 만난 늙은이 다리 오히려 강건하여,

산수를 오가며 소년처럼 노닐기를 배우네.

三宿禪房出洞天 白雲黃葉擁長川

逢秋老脚猶强健 來往溪山學少年

■ 작자 : 신병조(愼炳朝, 1846~1924)

■ 출전 : 『士笑遺稿』 권1, 「出大源洞口」.

○ 대원사 동구를 나오며

한 줄기 은하수가 하늘가에 비낀 듯한 곳,

뱃속 가득 청량감과 화려함 귀갓길이 좋네.

눈앞엔 길게 펼쳐진 두류산이 뻗어 있는데,

깊은 숲에 꽃이 다 진 것이 단지 아까울 뿐.

一道銀河天際斜 淸華滿腹好還家

眼前長得頭流在 秖惜穹林落盡花

■ 작자 : 이도추(李道樞, 1847~1921)

■ 출전 : 『月淵集』 권2, 「出大源洞口」.

○ 대원사 동구를 나오며

푸른 절벽 문득 끊어지니 또 맑은 시내 나타나고,

천 봉우리 멀리 보니 자색 비취색이 가지런하네.

좋은 즙액 선계에 많아 선계유람을 약속했지,

속세를 돌아보니 새들이 공연히 우지 짖네.

지팡이 짚고 물소리 들으며 꽃다운 물가 따르고,

나막신 신고 구름을 뚫고서 돌사다리를 건너네.

온갖 가지 이름난 향기 소매 속에 가득 담고서,

선인들이 노래한 아름다운 시구에 화답하리라.

蒼崖忽斷又淸溪 遙望千峰紫翠齊

瓊液多靈仙有約 塵寰回首鳥空啼

詩節聽水隨芳渚 步屧穿雲度石梯

百種名香盈在袖 將賡爾雅品先題

-암자에 심어놓은 꽃과 나무를 하나하나 품평하여 읊조림. 庵中所栽花木一一品詠-

■ 작자 : 정제용(鄭濟鎔, 1865~1907)

■ 출전 : 『溪齋集』 권6, 「出大源洞口」.

○ 대원사에서 돌아오는 길에

맑은 시냇물은 하얀 바위에 부딪히고,

붉은 연하는 늙은 나뭇가지에 엉켰네.

그윽한 경계는 마음이 온통 있었던 곳,

아쉬운 마음을 안고 세속으로 나오네.

방장산은 우러러 보아도 미칠 수 없고,

선녀는 가물가물 아득히 먼 곳에 있네.

상서로운 바람 불어 와서 그치질 않고,

난새와 봉새 구름 서린 다리에 내려앉네.

산하에는 비바람이 가득 뿌리고 있으니,

고개 들어 보는 마음 근심스럽기만 하네.

淸流擣白石 丹霞凝老杪

幽境意俱到 悠然出塵表

方丈仰不及 仙姬在縹緲

祥飇吹不歇 鸞鳳下雲嶠

山河風雨滿 翹首心悄悄

- 작자 : 안종화(安鍾和, 1885~1937)
- 출전 :『約齋集』권1,「大源歸路」.

부록 : 인명록

- 강병주(姜柄周, 1839~1909) : 자는 학수(學叟), 호는 두산(斗山), 본관은 진양이다. 현 사천시 곤양면(昆陽面)에 살았다. 허전(許傳)에게 수학하였다. 저술로 『두산집』이 있다.
- 강성중(姜聖中, 1898~1939) : 자는 상견(尙見), 호는 이당(梨堂), 본관은 진양이다. 진주에 살았다. 하겸진(河謙鎭)에게 수학하였다. 저술로 『이당유고』가 있다.
- 강 익(姜 翼, 1523~1567) : 자는 중보(仲輔), 호는 개암(介庵), 본관은 진양이다. 함양에 살았다. 정희보(鄭希輔) · 조식(曺植)에게 수학하였다. 저술로 『개암집』이 있다.
- 강태수(姜台秀, 1872~1949) : 자는 극명(極明), 호는 우재(愚齋), 본관은 진양이다. 진주 원당에 살았다. 곽종석(郭鍾錫)에게 수학하였다. 저술로 『우재집』이 있다.
- 곽재겸(郭再謙, 1547~1615) : 자는 익보(益甫), 호는 괴헌(槐軒), 본관은 현풍이다. 대구에 살았다. 저술로 『괴헌집』이

있다.

- 곽종석(郭鍾錫, 1846~1919) : 자는 명원(鳴遠), 호는 면우(俛宇), 본관은 현풍이다. 현 산청군 단성면 사월리에서 태어나 여러 곳을 옮겨 다니며 살았다. 이진상(李震相)에게 수학하였다. 저술로 『면우집』이 있다.
- 권 길(權 佶, 1712~1774) : 자는 정보(正甫), 호는 경모(敬慕), 본관은 안동이다. 현 산청군 단성면 양계리에서 출생하였다. 저술로 『경모재유고』가 있다.
- 권기덕(權基德, 1856~1898) : 자는 자후(子厚), 호는 삼산(三山), 본관은 안동이다. 현 산청군 단성면에 살았다. 정재규(鄭載圭)에게 수학하였다. 저술로 『삼산유고』가 있다.
- 권녕호(權寧鎬, ?~?) : 자는 명숙(明淑), 본관은 안동이다.
- 권도용(權道溶, 1877~1963) : 자는 호중(浩仲), 호는 추범(秋帆), 본관은 안동이다. 현 산청군 단성면에서 출생하였으며 주로 함양에서 살았다. 곽종석(郭鍾錫)에게 수학하였다. 저술로 『추범문원(秋帆文苑)』이 있다.
- 권두희(權斗熙, 1859~1923) : 자는 도민(道敏), 호는 석초(石樵), 본관은 안동이다. 현 산청군 단성면에 살았다. 송병선(宋秉璿)에게 수학하였다. 저술로 『석초유집』이 있다.
- 권 뢰(權 逨, 1800~1873) : 자는 경중(景中), 호는 용이와(龍耳窩), 본관은 안동이다. 고성(固城)에 살았다. 유심춘(柳尋春)에게 수학하였다. 저술로 『용이와집』이 있다.
- 권봉현(權鳳鉉, 1872~1936) : 자는 응소(應韶), 호는 오강(梧

岡), 본관은 안동이다. 현 산청군 단성면에 살았다. 조성가(趙性家)에게 수학하였다. 저술로 『오강집』이 있다.

- 권봉희(權鳳熙, 1837~1902) : 자는 성강(聖岡), 호는 석오(石梧), 본관은 안동이다. 저술로 『석오문집』이 있다.
- 권붕용(權鵬容, 1900~1970) : 자는 문선(文善), 호는 근암(近庵), 본관은 안동이다. 하동에 살았다. 변영만(卞榮萬)에게 수학하였다. 저술로 『근암유고』가 있다.
- 권상정(權相政, 19세기 후반 출생) : 자는 형오(衡五), 호는 학산(學山), 본관은 안동이다. 현 산청군 신등면 단계에 살았다. 허유(許愈) · 김인섭(金麟燮) 등에게 학문을 질정하였다. 장화식(蔣華植) · 정규석(鄭珪錫) 등과 교유하였다. 저술로 『학산집』이 있다.
- 권상직(權相直, 1868~1950) : 자는 경오(敬五), 호는 경산(敬山), 본관은 안동이다. 권헌기(權憲璣)의 아들로 현 산청군 단성면에 살았다. 저술로 『경산유고』가 있다.
- 권상찬(權相纘, 1857~1905) : 자는 경칠(慶七), 호는 우석(于石), 본관은 안동이다. 현 산청군 신등면 단계에 살았다. 허전(許傳)에게 수학하였다. 저술로 『우석유고』가 있다.
- 권숙봉(權肅鳳, 1886~1962) : 자는 성소(聖韶), 호는 소계(小溪), 본관은 안동이다. 현 산청군 신등면 단계에 살았다. 하겸진(河謙鎭) · 권재규(權載奎) 등에게 학문을 질정하였다. 저술로 『소계유고』가 있다.
- 권운환(權雲煥, 1853~1918) : 자는 순경(舜卿), 호는 명호(明

湖), 본관은 안동이다. 저술로 『명호문집』이 있다.

- 권 위(權 煒, 1708~1786) : 자는 상중(象仲), 호는 상계(霜溪), 본관은 안동이다. 현 산청군 단성면에 살았다. 저술로 『상계집』이 있다.
- 권재규(權在奎, 1835~1893) : 자는 남거(南擧), 호는 직암(直菴), 본관은 안동이다. 현 산청군 단성면에 살았다. 허전(許傳)에게 수학하였다. 저술로 『직암집』이 있다.
- 권재규(權載奎, 1870~1952) : 자는 군오(君五), 호는 송산(松山), 본관은 안동이다. 현 산청군 단성면에 살았다. 최숙민(崔琡民)·정재규(鄭載圭) 등에게 수학하였다. 저술로 『이당집(而堂集)』이 있다.
- 권재채(權載采, 1872~1918) : 자는 자덕(子德), 호는 습재(習齋), 본관은 안동이다. 현 산청군 단성면에 살았다. 최숙민(崔琡民)·정재규(鄭載圭) 등에게 수학하였다. 저술로 『습재유고』가 있다.
- 권재환(權載丸, 1888~1951) : 자는 자용(子庸), 호는 일헌(一軒), 본관은 안동이다. 현 합천군 삼가면 삼산(三山)에 살았다. 전우(田愚)에게 수학하였다. 저술로 『일헌문집』이 있다.
- 권정용(權正容, 1874~1899) : 자는 문중(文中), 호는 춘파(春坡), 본관은 안동이다. 함양에서 출생하였다. 저술로 『춘파유고』가 있다.
- 권중도(權重道, 1680~1722) : 자는 여행(汝行), 호는 퇴암(退庵), 본관은 안동이다. 현 산청군 단성면에 살았다. 이현일

(李玄逸)에게 수학하였다. 저술로 『퇴암집』이 있다.

- 권태정(權泰珽, 1879~1929) : 자는 응선(應善), 호는 성재(惺齋), 본관은 안동이다. 권상찬(權相纘)의 아들로 현 산청군 단성면 입석리에 살았다. 저술로 『성재유고』가 있다.
- 권평현(權平鉉, 1897~1969) : 자는 공술(孔述), 호는 화은(華隱), 본관은 안동이다. 의령에 살았다. 하우식(河祐植)에게 수학하였다. 저술로 『화은집』이 있다.
- 권헌기(權憲璣, 1835~1893) : 자는 여순(汝舜), 호는 석범(石帆), 본관은 안동이다. 현 산청군 단성면 입석리에 살았다. 저술로 『석범유고』가 있다.
- 권헌정(權憲貞, 1818~1876) : 자는 학로(學老), 호는 둔와(遯窩), 본관은 안동이다. 권문임(權文任)의 후손으로 현 산청군 단성면 구인(九印)에 살았다. 저술로 『둔와유고』가 있다.
- 권호명(權顥明, 1778~1849) : 자는 현지(見之), 호는 죽하(竹下), 본관은 안동이다. 권문임(權文任)의 후손으로 현 산청군 단성면에 살았다. 사람들이 문옥(文玉)·필옥(筆玉)·인옥(人玉)의 삼옥(三玉)으로 일컬었다. 저술로 『죽하유고』가 있다.
- 권 흔(權 俒, 1723~1792) : 자는 대수(大叟), 호는 남창(南窓), 본관은 안동이다. 현 산청군 단성면 강누리에 살았다. 저술로 『남창집』이 있다.
- 김규태(金奎泰, 1902~1966) : 호는 고당(顧堂), 본관은 서흥이다. 김굉필(金宏弼)의 13대손으로 경북 현풍에 살다가 전남

구례로 이주해 살았다. 정기(鄭琦)에게 수학하였다. 저술로 『고당집』이 있다.

- 김극영(金克永, 1863~1941) : 자는 순부(舜孚), 호는 매서(梅西), 본관은 의성이다. 김우옹(金宇顒)의 후손이며, 김황(金榥)의 부친이다. 저술로 『신고당집(信古堂集)』이 있다.
- 김기수(金基洙, 1818~1878) : 자는 치원(致遠), 호는 백후(柏後), 본관은 상산이다. 가야산 아래 부산리에서 출생하였다. 유치명(柳致明)에게 수학하였다. 저술로 『백후집』이 있다.
- 김기용(金基鎔, 1869~1947) : 자는 경모(敬模), 호는 기헌(幾軒), 본관은 상산이다. 현 산청군 신등면 법물리에 살았다. 곽종석(郭鍾錫)에게 수학하였다. 저술로 『기헌집』이 있다.
- 김기주(金基周, 1844~1882) : 자는 성규(聖規), 호는 매하(梅下), 본관은 상산이다. 현 산청군 신등면 법물리에 살았다. 허전(許傳) · 이진상(李震相)에게 수학하였다. 저술로 『매하집』이 있다.
- 김 뉴(金 紐, 1527~1580) : 자는 순경(舜卿), 호는 박재(璞齋), 본관은 선산이다. 김종직(金宗直)의 손자로 밀양에 살았다. 민구령(閔九齡)에게 수학하였다. 저술로 『박재집』이 있다.
- 김 돈(金 墩, 1702~1770) : 자는 백후(伯厚), 호는 묵재(默齋), 본관은 상산(商山)이다. 현 산청군 신등면 법물리에 살았다. 저술로 『묵재집』이 있다.
- 김리표(金履杓, 1812~1881) : 자는 사형(士衡), 호는 상우당(尙右堂), 본관은 상산이다. 현 산청군 신등면 법물리에 살았

다. 유치명(柳致明)·이진상(李震相)에게 수학하였다. 저술로 『상우당집』이 있다.

- 김면운(金冕運, 1775~1839) : 자는 천찬(天贊), 호는 오연(梧淵), 본관은 의성이다. 김우옹(金宇顒)의 후손으로 진주에 살았다. 저술로 『오연집』이 있다.
- 김명겸(金命兼, 1635~1689) : 자는 경일(景鎰), 호는 삼함재(三緘齋), 본관은 울산이다. 김대명(金大鳴)의 후손으로 진주에 살았다. 하홍도(河弘度)에게 수학하였다. 저술로 『삼함재집』이 있다.
- 김 석(金 碩, 1627~1680) : 자는 계창(季昌), 호는 소산(小山), 본관은 상산이다. 현 산청군 신등면 법물리에 살았다. 저술로 『소산정문집』이 있다.
- 김성운(金聖運, 1673~1730) : 자는 대집(大集), 호는 주담(珠潭), 본관은 울산이다. 현 하동군 북천면 화정리에 살았다. 덕산 진주담 가에 서실을 짓고 살았다. 저술로 『주담집』이 있다.
- 김성탁(金聲鐸, 1843~1920) : 자는 경중(敬衆), 호는 항와(恒窩), 본관은 상산이다. 현 산청군 신등면 법물리에 살았다. 허전(許傳)에게 수학하였다. 저술로 『항와집』이 있다.
- 김수오(金壽五, 1721~1795) : 자는 군일(君一), 호는 남애(南厓), 본관은 의성이다. 김우옹(金宇顒)의 후손으로 현 산청군 단성면에 살았다. 이상정(李象靖)에게 수학하였다. 저술로 『남애유집』이 있다.
- 김영규(金永奎, 1885~1966) : 자는 경오(敬五), 호는 존곡(存谷),

본관은 상산이다. 현 산청군 신등면 법물리에 살았다. 김인섭(金麟燮) · 김진호(金鎭祜)에게 수학하였다. 저술로 『존곡유고』가 있다.

- 김영시(金永蓍, 1875~1952) : 자는 서구(瑞九), 호는 평곡(平谷), 본관은 상산이다. 현 산청군 신등면 법물리에 살았다. 박치복(朴致馥) · 김진호(金鎭祜)에게 수학하였다. 저술로 『평곡집』이 있다.
- 김영조(金永祚, 1842~1917) : 자는 오겸(五兼), 호는 죽담(竹潭), 본관은 김해이다. 산청에 살았다. 최익현(崔益鉉)을 따라 해인사·쌍계사 등지를 유람하였다. 저술로 『죽담집』이 있다.
- 김우옹(金宇顒, 1540~1603) : 자는 숙부(肅夫), 호는 동강(東岡), 본관은 의성이다. 경북 성주에 살았다. 조식(曺植)의 외손서로 그에게 수학하였다. 저술로 『동강집』이 있다.
- 김인섭(金麟燮, 1827~1903) : 자는 성부(聖夫), 호는 단계(端磎), 호는 상산이다. 현 산청군 신등면 법평에 살았다. 유치명(柳致明) · 허전(許傳)에게 수학하였다. 저술로 『단계집』이 있다.
- 김재식(金在植, 1873~1940) : 자는 중연(仲衍), 호는 물계(勿溪), 호는 상산이다. 현 산청군 신등면 법물리에 살았다. 김진호(金鎭祜)에게 수학하였다. 저술로 『수재집(修齋集)』이 있다.
- 김종우(金宗宇, 1854~1900) : 자는 주서(周胥), 호는 정재(正齋), 본관은 경주이다. 진주에 살았다. 하겸진(河謙鎭) 등과 함께 독서하였다. 저술로 『정재유고』가 있다.
- 김진호(金鎭祜, 1845~1908) : 자는 치수(致受), 호는 물천(勿

川), 본관은 상산이다. 현 산청군 신등면 법물리에 살았다. 허전(許傳) · 이진상(李震相) 등에게 수학하였다. 저술로 『물천집』이 있다.

- 김창흡(金昌翕, 1653~1722) : 자는 자익(子益), 호는 삼연(三淵), 본관은 안동이다. 김상헌(金尙憲)의 증손자이며, 김창협(金昌協)의 동생이다. 벼슬에 관심을 두지 않고 자연을 벗 삼아 살았다. 저술로 『삼연집』이 있다.
- 김태명(金泰鳴, 1661~1721) : 자는 달부(達夫), 호는 향계(香溪), 본관은 의성이다. 합천에 살았다. 저술로 『향계집』이 있다.
- 김현옥(金顯玉, 1844~1910) : 자는 풍오(豊五), 호는 산석(山石), 본관은 김해이다. 산청에 살았다. 기정진(奇正鎭)에게 수학하였다. 저술로 『산석집』이 있다.
- 김회석(金會錫, 1856~1934) : 자는 봉언(奉彦), 호는 우천(愚川), 본관은 선산이다. 거창에 살았다. 송병선(宋秉璿)에게 수학하였다. 저술로 『우천집』이 있다.
- 김휘운(金輝運, 1756~1819) : 자는 치화(穉和), 호는 아호(鵝湖), 본관은 의성이다. 김우옹(金宇顒)의 후손으로 진주에 살았다. 저술로 『아호유고』가 있다.
- 남정우(南廷瑀, 1869~1947) : 자는 사형(士珩), 호는 입암(立巖), 본관은 의령이다. 현 의령군 유곡면 판곡에 살았다. 정재규(鄭載圭)에게 수학하였다. 저술로 『입암집』이 있다.
- 노국빈(盧國賓, 1747~1821) : 자는 숙장(叔章), 호는 만헌(晩

軒), 본관은 광주이다. 현 합천군 초계면에 살았다. 저술로 『만헌유고』가 있다.

• 문국현(文國鉉, 1838~1911) : 자는 태용(泰用), 호는 방주(芳洲), 본관은 남평이다. 문익성(文益成)의 후손으로 진주에 살았다. 허전(許傳)에게 수학하였다. 저술로 『방주집』이 있다.

• 문상해(文尙海, 1765~1835) : 자는 성용(聖庸), 호는 창해(滄海), 본관은 남평이다. 문익성(文益成)으로 후손으로 진주에 살았다. 저술로 『창해집』이 있다.

• 문선호(文宣浩, 1865~1903) : 자는 성천(性天), 호는 운암(雲菴), 본관은 남평이다. 현 합천군 대병면에 살았다. 장복추(張福樞)·곽종석(郭鍾錫)에게 수학하였다. 저술로 『운암유집』이 있다.

• 문재림(文在琳, 1789~1848) : 자는 이서(而瑞), 호는 죽파(竹坡), 본관은 강성이다. 현 하동군 북천면 직전리에 살았다. 저술로 『죽파유고』가 있다.

• 문정유(文正儒, 1761~1839) : 자는 경명(景明), 호는 동천(東泉), 본관은 남평이다. 합천에 살았다. 이상정(李象靖)에게 수학하였다. 저술로 『동천집』이 있다.

• 문진귀(文鎭龜, 1858~1931) : 자는 우서(禹瑞), 호는 눌암(訥庵), 본관은 남평이다. 합천에 살았다. 허유(許愈)·정재규(鄭載圭) 등과 삼가향교에서 교육하였다. 저술로 『눌암집』이 있다.

• 문 후(文 後, 1574~1644) : 자는 행선(行先), 호는 연강재(練江齋), 본관은 강성(江城)이다. 현 사천시 곤명면에 살았다.

하항(河沆) · 정구(鄭逑) 등에게 수학하였다. 저술로 『연강재집』이 있다.

- 민영채(閔泳寀, 1881~1913) : 자는 자경(子敬), 호는 백암(栢岩), 본관은 여흥이다. 산청에 살았다. 하겸진(河謙鎭)에게 수학하였다. 『백암유고』가 있다.
- 박경가(朴慶家, 1779~1841) : 자는 남길(南吉), 호는 학양(鶴陽), 본관은 고령이다. 경북 고령에 살았다. 정종로(鄭宗魯)에게 수학하였다. 저술로 『학양집』이 있다.
- 박공진(朴公鎭, 1806~1867) : 자는 주중(周仲), 호는 이안정(二安亭), 본관은 밀양이다. 현 산청군 단성면 사월리에 살았다. 저술로 『이안정집』이 있다.
- 박규호(朴圭浩, 1850~1930) : 자는 찬여(瓚汝), 호는 사촌(沙村), 본관은 밀양이다. 현 산청군 단성면 사월리에 살았다. 이진상(李震相)에게 수학하였다. 저술로 『사촌집』이 있다.
- 박동혁(朴東奕, 1829~1889) : 자는 순중(舜仲), 호는 병와(病窩), 본관은 밀양이다. 현 산청군 신안면 진태리에 살았다. 저술로 『병와유고』가 있다.
- 박래오(朴來吾, 1713~1785) : 자는 복초(復初), 호는 니계(尼溪), 본관은 밀양이다. 현 산청군 단성면 사월리에 살았다. 저술로 『니계집』이 있다.
- 박명직(朴命稷, 1781~1852) : 자는 명여(命汝), 호는 전호(箭湖), 본관은 밀양이다. 거창에 살았다. 저술로 『전호집』이 있다.

- 박상태(朴尙台, 1838~1900) : 자는 광원(光遠), 호는 학산(鶴山), 본관은 밀양이다. 현 산청군 신등면 단계리에 살았다. 허전(許傳)에게 수학하였다. 저술로 『학산집』이 있다.
- 박원종(朴遠鍾, 1887~1944) : 자는 성진(聲振), 호는 직암(直庵), 본관은 밀양이다. 현 산청군 단성면 사월리에 살았다. 곽종석(郭鍾錫)에게 수학하였다. 저술로 『직암유집』이 있다.
- 박 인(朴 絪, 1583~1640) : 자는 백화(伯和), 호는 무민당(无悶堂), 본관은 고령이다. 현 합천군 야로면에 살았다. 정인홍(鄭仁弘)에게 수학하였다. 저술로 『무민당집』이 있다.
- 박재식(朴在植, 19세기 말 출생) : 자는 우흠(禹欽), 본관은 밀양이다. 박언부(朴彦孚)의 후손으로 삼가(三嘉)에서 산청 특리로 이주해 살았다.
- 박제인(朴齊仁, 1536~1618) : 자는 중사(仲思), 호는 황암(篁嵒), 본관은 경주이다. 함안에 살았다. 조식(曺植)에게 수학하였다. 저술로 『황암집』이 있다.
- 박지서(朴旨瑞, 1754~1819) : 자는 국정(國禎), 호는 눌암(訥庵), 본관은 태안(泰安)이다. 박민(朴敏)의 후손으로 진주에 살았다. 저술로 『눌암집』이 있다.
- 박치복(朴致馥, 1824~1894) : 자는 훈경(薰卿), 호는 만성(晚醒), 본관은 밀양이다. 함안 출신으로 현 합천군 삼가면에 살았다. 유치명(柳致明)·허전(許傳) 등에게 수학하였다. 저술로 『만성집』이 있다.
- 박태무(朴泰茂, 1677~1756) : 자는 춘경(春卿), 호는 서계(西

溪), 본관은 태안이다. 박민(朴敏)의 증손으로 진주에 살았다. 저술로 『서계집』이 있다.

- 박태형(朴泰亨, 1864~1925) : 자는 문행(文幸), 호는 간암(艮嵒), 본관은 함양이다. 진주에 살았다. 송병선(宋秉璿)에게 수학하였다. 저술로 『간암집』이 있다.
- 박헌수(朴憲脩, 1872~1959) : 자는 영숙(永叔), 호는 입암(立庵), 본관은 밀양이다. 박래오(朴來吾)의 5세손으로 현 산청군 단성면 사월리에 살았다. 곽종석(郭鍾錫)에게 수학하였다. 저술로 『입암집』이 있다.
- 박후대(朴垕大, 1675~1756) : 자는 덕초(德初), 호는 안경와(安敬窩), 본관은 함양이다. 박천우(朴天佑)의 증손으로, 현 합천군 삼가면에 살다가 현 산청군 단성면으로 이주했다. 저술로 『안경와집』이 있다.
- 배대유(裵大維, 1563~1632) : 자는 자장(子張), 호는 모정(慕亭), 본관은 분성(盆城)이다. 현 창녕군 영산면에 살았다. 정인홍(鄭仁弘)에게 수학하였다. 저술로 『모정집』이 있다.
- 배도홍(裵道泓, 1866~1956) : 자는 맹여(孟汝), 호는 매담재(梅潭齋), 본관은 달성(達城)이다. 고성에 살았다. 송병선(宋秉璿)·송병순(宋秉珣)에게 수학하였다. 저술로 『매담재유고』가 있다.
- 배성호(裵聖鎬, 1851~1929) : 자는 경로(敬魯), 호는 금석(錦石), 본관은 분성이다. 현 산청군 생초면에 살았다. 허전(許傳)에게 수학하였다. 저술로 『금석집』이 있다.

- 성재기(成在祺, 1912~1979) : 자는 백경(伯卿), 호는 정헌(定軒), 본관은 창녕이다. 권도용(權道溶)에게 수학하였다. 저술로 『정헌유집』이 있다.
- 성채규(成采奎, 1812~1891) : 자는 천거(天擧), 호는 회산(悔山), 본관은 창녕이다. 성여신(成汝信)의 후손으로 현 산청군 시천면에 살았다. 저술로 『회산집』이 있다.
- 성환부(成煥孚, 1870~1947) : 자는 인술(仁述), 호는 정곡(正谷), 본관은 창녕이다. 진주 수곡에 살았다. 하겸진(河謙鎭) 등과 교유하였다. 저술로 『정곡유집』이 있다.
- 성환혁(成煥赫, 1908~1966) : 자는 사첨(士瞻), 호는 우정(于亭), 본관은 창녕이다. 성환부(成煥孚)의 족제로 진주 수곡에 살았다. 권도용(權道溶) 등에게 수학하였다. 저술로 『우정집』이 있다.
- 손명래(孫命來, 1664~1722) : 자는 현승(顯承), 호는 창사(昌舍), 본관은 밀양이다. 창녕에서 출생했으며, 만년에는 진주에 살았다. 저술로 『창사집』이 있다.
- 송병선(宋秉璿, 1836~1905) : 자는 화옥(華玉), 호는 연재(淵齋), 본관은 은진이다. 송시열(宋時烈)의 9세손으로 대전시 회덕에 살았다. 을사늑약 이후 자결하였다. 저술로 『연재집』이 있다.
- 송병순(宋秉珣, 1839~1912) : 자는 동옥(東玉), 호는 심석재(心石齋), 본관은 은진이다. 송시열(宋時烈)의 9세손이며 송병선의 아우로, 대전시 회덕 출신이다. 저술로 『심석재집』이

있다.

- 송호문(宋鎬文, 1862~1907) : 자는 자삼(子三), 호는 수재(受齋), 본관은 은진이다. 현 합천군 대병면에 살았다. 윤주하(尹胄夏)에게 수학하였다. 저술로 『수재집』이 있다.
- 신명구(申命耈, 1666~1742) : 자는 국수(國叟), 호는 남계(南溪), 본관은 평산이다. 현 경북 칠곡군 약목면에 살았는데, 한 동안 지리산 덕산에 우거하였다. 저술로 『남계집』이 있다.
- 신병조(愼炳朝, 1846~1924) : 자는 국간(國幹), 호는 사소(士笑), 본관은 거창이다. 진주에 살았다. 저술로 『사소유고』가 있다.
- 신수이(愼守彜, 1688~1768) : 자는 군서(君敍), 호는 황고(黃皐), 본관은 거창이다. 현 거창군 위천면에 살았다. 이재(李縡)에게 수학하였다. 저술로 『황고집』이 있다.
- 신익황(申益愰, 1672~1722) : 자는 명중(明仲), 호는 극재(克齋), 본관은 평산이다. 현 경북 구미시 인동동에 살았다. 이현일(李玄逸)에게 수학하였다. 저술로 『극재집』이 있다.
- 심상복(沈相福, 1871~1951) : 자는 경회(景晦), 호는 치당(恥堂), 본관은 청송이다. 진주에 살았다. 송병선(宋秉璿) · 송병순(宋秉珣)에게 수학하였다. 저술로 『치당집』이 있다.
- 심종환(沈鍾煥, 1876~1933) : 자는 맹뢰(孟雷), 호는 수강(守岡), 본관은 청송이다. 현 합천군 대양면 이계리에 살았다. 허유(許愈) · 곽종석(郭鍾錫) 등에게 수학하였다. 저술로 『수강집』이 있다.
- 안덕문(安德文, 1747~1811) : 자는 장중(章仲), 호는 의암(宜

庵), 본관은 탐진이다. 의령에 살았다. 저술로 『의암집』이 있다.

- 안유상(安有商, 1857~1929) : 자는 여형(汝衡), 호는 도천(陶川), 본관은 순흥이다. 함안에 살았다. 이진상(李震相)에게 수학하였다. 저술로 『도천집』이 있다.
- 안익제(安益濟, 1850~1909) : 자는 의겸(義謙), 호는 서강(西岡), 본관은 탐진이다. 안덕문(安德文)의 현손으로 의령에 살았다. 저술로 『서강유고』가 있다.
- 안종창(安鍾彰, 1865~1918) : 자는 치행(致行), 호는 희재(希齋), 본관은 경주이다. 칠원에 살았다. 장복추(張福樞) · 이종기(李種杞) 등에게 수학하였다. 저술로 『희재집』이 있다.
- 안종화(安鍾和, 1885~1937) : 자는 예숙(禮叔), 호는 약재(約齋), 본관은 광주(廣州)이다. 함안에 살았다. 곽종석(郭鍾錫)에게 수학하였다. 저술로 『약재집』이 있다.
- 안 찬(安 鑽, 1829~1888) : 자는 경안(景顔), 호는 치사(癡史), 본관은 탐진이다. 의령에 살았다. 허전(許傳)을 종유하였다. 저술로 『치사집』이 있다.
- 오 장(吳 長, 1565~1617) : 자는 익승(翼承), 호는 사호(思湖), 본관은 함양이다. 산청에 살았다. 오한(吳僩) · 정구(鄭逑)에게 수학하였다. 저술로 『사호집』이 있다.
- 유덕룡(柳德龍, 1563~1644) : 자는 시현(時見), 호는 초료당(鷦鷯堂), 본관은 문화이다. 현 합천군 삼가면에 살았다. 하항(河沆)에게 수학하였다. 저술로 『초료당실기』가 있다.

- 유문룡(柳汶龍, 1753~1821) : 자는 문현(文見), 호는 괴천(槐泉), 본관은 진주이다. 현 산청군 단성면에 살았다. 정종로(鄭宗魯)에게 수학하였다. 저술로 『괴천집』이 있다.
- 유석정(劉錫正, 1866~1908) : 자는 순화(舜和), 호는 간취(澗翠), 본관은 거창이다. 산청에 살았다. 허유(許愈) · 곽종석(郭鍾錫)에게 수학하였다. 저술로 『간취집』이 있다.
- 유세창(柳世彰, 1657~1715) : 자는 회중(晦仲), 호는 송곡(松谷), 본관은 문화이다. 진주에 살았다. 저술로 『송곡유집』이 있다.
- 유 잠(柳 潛, 1880~1951) : 자는 회부(晦夫), 호는 택재(澤齋), 본관은 진주이다. 산청에 살았다. 곽종석(郭鍾錫)에게 수학하였다. 저술로 『택재집』이 있다.
- 윤동야(尹東野, 1757~1827) : 자는 성교(聖郊), 호는 현와(弦窩), 본관은 파평이다. 거창 등지에 살았다. 이만운(李萬運) · 정종로(鄭宗魯)에게 수학하였다. 저술로 『현와집』이 있다.
- 윤주하(尹冑夏, 1846~1906) : 자는 충여(忠汝), 호는 교우(膠宇), 본관은 파평이다. 거창에 살았다. 이진상(李震相) · 허전(許傳) 등에게 수학하였다. 저술로 『교우집』이 있다.
- 이갑룡(李甲龍, 1734~1799) : 자는 우린(于鱗), 호는 남계(南溪), 본관은 성주이다. 현 산청군 단성면 사월리에 살았다. 하필청(河必淸)에게 수학하였다. 저술로 『남계집』이 있다.
- 이관후(李觀厚, 1869~1949) : 자는 중립(重立), 호는 우재(偶齋), 본관은 벽진이다. 의령에 살았다. 장복추(張福樞)에게 수학하였다. 저술로 『우재집』이 있다.

• 이교문(李敎文, 1878~1958) : 자는 명선(鳴璇), 호는 지재(止齋), 본관은 전의이다. 현 산청군 단성면에 살았다. 정재규(鄭載圭)·권운환(權雲煥)에게 수학하였다. 저술로 『지재집』이 있다.
• 이교우(李敎宇, 1891~1944) : 자는 치선(致善), 호는 과재(果齋), 본관은 전의이다. 현 산청군 단성면에 살았다. 정재규(鄭載圭)에게 수학하였다. 저술로 『과재집』이 있다.
• 이규남(李圭南, 19세기 후반) : 자는 순거(舜擧), 호는 남호(南湖), 본관은 경주이다. 산청에 살았다. 김인섭(金麟燮)·김진호(金鎭祜) 등에게 수학하였다.
• 이규직(李圭直, 1863~1911) : 자는 방언(方彦), 호는 옥하(玉下), 본광은 강양(江陽)이다. 현 사천시 곤명면에 살았다. 김인섭(金麟燮)·허유(許愈) 등에게 수학하였다. 저술로 『옥하집』이 있다.
• 이규하(李圭夏, 1857~1938) : 자는 회길(悔吉), 호는 우천(愚川), 본관은 경주이다. 조식의 문인인 이종영(李宗榮)의 후손으로 의령에 살았다. 저술로 『우천유고』가 있다.
• 이근오(李覲吾, 1760~1834) : 자는 성응(聖應), 호는 죽오(竹塢), 본관은 울산이다. 현 울주군 웅촌면 석천리에 살았다. 남용만(南龍萬)에게 수학하였다. 저술로 『죽오집』이 있다.
• 이도묵(李道默, 1843~1916) : 자는 치유(致維), 호는 남천(南川), 본관은 성주이다. 현 산청군 단성면 남사 마을에 살았다. 허전(許傳)에게 수학하였다. 저술로 『남천집』이 있다.
• 이도복(李道復, 1862~1938) : 자는 양래(陽來), 호는 후산(厚

山), 본관은 성주이다. 현 산청군 단성면에 살았다. 송병선(宋秉璿)에게 수학하였다. 저술로 『후산집』이 있다.

- 이도용(李道容, ?~?) : 이도묵의 동생으로 자는 공유(孔維), 호는 용재(庸齋), 본관은 성주이다.
- 이도원(李道源, 1898~1978) : 자는 공승(孔承), 호는 칙재(則齋), 본관은 성주이다. 현 산청군 단성면에 살았다. 족형 이도복(李道復) 및 권재규(權載奎)에게 수학하였다. 저술로 『칙재유고』가 있다.
- 이도추(李道樞, 1847~1921) : 자는 경유(擎維), 호는 월연(月淵), 본관은 성주이다. 현 산청군 단성면 남사 마을에 살았다. 허전(許傳)에게 수학하였다. 저술로 『월연집』이 있다.
- 이동백(李東白, 1777~1853) : 자는 자회(子晦), 호는 방산(防山), 본관은 재령(載寧)이다. 진주에 살았다. 저술로 『방산집』이 있다.
- 이만부(李萬敷, 1664~1732) : 자는 중서(仲舒), 호는 식산(息山), 본관은 연안이다. 경북 상주에 살았다. 덕천서원 원장을 역임하였다. 저술로 『식산집』이 있다.
- 이병훈(李秉焄, 1885~?) : 자는 태건(台建), 본관은 재령이다. 함안에 살았다.
- 이봉상(李鳳相, 1870~1956) : 자는 사용(士庸)·복여(馥汝), 호는 운강(雲岡), 본관은 성주이다. 현 산청군 단성면 입석리에 살았다. 권도용(權道溶)에게 수학하였다. 저술로 『운강집』이 있다.

- 이상규(李祥奎, 1846~1922) : 자는 명뢰(明賚), 호는 혜산(惠山), 본관은 함안이다. 현 산청군 단성면에 살았다. 허전(許傳)에게 수학하였다. 저술로 『혜산집』이 있다.
- 이상돈(李相敦, 1841~1911) : 자는 내희(乃熙), 호는 물재(勿齋), 본관은 재령이다. 진주 봉대리에 살았다. 허전(許傳)에게 수학하였다. 저술로 『물재집』이 있다.
- 이상보(李尙輔, 1827~1903) : 자는 승언(承彦), 호는 만우(晩愚), 본관은 합천이다. 허전(許傳)에게 수학하였다. 서예로 당대에 이름이 났다.
- 이수필(李壽弼, 1864~1941) : 자는 정윤(廷允), 호는 소산(素山), 본관은 재령이다. 현 진주시 대곡면 마진리에 살았다. 중년 이후 영해 · 삼천포 등지로 옮겨 살았다. 저술로 『소산집』이 있다.
- 이시분(李時馩, 1588~1663) : 자는 여문(汝聞), 호는 운창(雲牕), 본관은 장수이다. 현 산청군 단성면에 살았다. 정구(鄭逑)에게 수학하였다. 저술로 『운창집』이 있다.
- 이여빈(李汝馪, 1556~1631) : 자는 덕훈(德薰), 호는 감곡(鑑谷) · 취사(炊沙), 본관은 우계(羽溪)이다. 경북 영주에 대대로 살았다. 50세 때 문과시험에 합격하여 성균관 전적 등을 역임하였으며, 상주제독과 진주제독을 지냈다. 저술로 『취사집』이 있다.
- 이용수(李瑢秀, 1875~1943) : 자는 성여(性汝), 호는 성암(性菴), 본관은 전주이다. 태종의 장자 양녕대군의 후손으로

진주에 살았다. 조병규(趙昺奎)에게 수학하였다. 저술로 『성암집』이 있다.

- 이우윤(李佑贇, 1792~1855) : 자는 우이(禹爾), 호는 월포(月浦), 본관은 성주이다. 진주에 살았으며, 족조 이지용(李志容)에게 수학하였다. 저술로 『남포집』이 있다.
- 이인재(李寅梓, 1870~1929) : 자는 여재(汝材), 호는 성와(省窩), 본관은 성산이다. 경북 고령에 살았다. 곽종석(郭鍾錫)에게 수학하였다. 저술로 『성와집』이 있다.
- 이정모(李正模, 1846~1875) : 자는 성양(聖養), 호는 자동(紫東), 본관은 철성(鐵城)이다. 현 의령군 정곡면 석곡리에 살았다. 박치복(朴致馥) · 이진상(李震相)에게 수학하였다. 저술로 『자동집』이 있다.
- 이제권(李濟權, 1817~1881) : 자는 술첨(述瞻), 호는 각포(覺圃), 본관은 함안이다. 진주에 살았다. 허전(許傳)에게 수학하였다. 저술로 『각포집』이 있다.
- 이준구(李準九, 1851~1924) : 자는 평칙(平則), 호는 신암(信菴), 본관은 여주이다. 함안에 살았다. 최익현(崔益鉉)에게 수학하였다. 저술로 『신암집』이 있다.
- 이지영(李之榮, 1855~1931) : 자는 치윤(致允), 호는 눌암(訥菴), 본관은 경주이다. 이제현(李齊賢)의 후손으로 진주에 살았다. 권재규(權載奎) · 이교우(李教宇) 등과 교유하였다. 저술로 『눌암집』이 있다.
- 이지용(李志容, 1753~1831) : 자는 자옥(子玉), 호는 남고(南

皐), 본관은 성주이다. 현 산청군 단성면에 살았다. 이갑룡(李甲龍)에게 수학하였다. 저술로 『남고집』이 있다.

- 이진상(李震相, 1818~1886) : 자는 여뢰(汝雷), 호는 한주(寒洲), 본관은 성주이다. 경북 성주에 살았으며, 이원조(李源祚) · 유치명(柳致明)에게 수학하였다. 저술로 『한주집』이 있다.
- 이찬식(李纘植, 1831~1886) : 자는 문겸(文兼), 호는 심담(心潭), 본관은 전의(全義)이다. 현 산청군 단성면에 살았다. 김인섭(金麟燮) 등과 교유하였다. 저술로 『심담유집』이 있다.
- 이태하(李泰夏, 1888~1973) : 자는 우경(禹卿), 호는 남곡(南谷), 본관은 철성이다. 저술로 『남곡유집』이 있다.
- 이택환(李宅煥, 1854~1924) : 자는 형락(亨洛), 호는 회산(晦山), 본관은 성주이다. 현 산청군 단성면에 살았다. 최익현(崔益鉉)에게 수학하였다. 저술로 『회산집』이 있다.
- 이현섭(李鉉燮, 1879~?) : 자는 태중(泰仲), 본관은 재령이다. 창원에 살았다.
- 이현욱(李鉉郁, 1879~1948) : 자는 보경(輔卿), 호는 동암(東菴), 본관은 재령이다. 진주에 살았다. 곽종석(郭鍾錫) 등에게 수학하였다. 저술로 『동암집』이 있다.
- 이홍서(李鴻瑞, 1711~1780) : 자는 점여(漸汝), 호는 하고(霞痼), 본관은 합천이다. 이희안(李希顔)의 후손이다. 저술로 『합천이씨세고(陜川李氏世稿)』에 실린 『하고공유고(霞痼公遺稿)』가 있다.
- 이희석(李羲錫, 1895~?) : 자는 경부(敬夫), 호는 치암(耻菴),

본관은 인천이다. 현 합천군 삼가면 토동에 살았다. 권재규(權載奎)에게 수학하였다. 저술로 『치암유고』가 있다.

- 임진부(林眞怤, 1586~1657) : 자는 낙옹(樂翁), 호는 임곡(林谷), 본관은 은진이다. 현 합천군 삼가면에 살았다. 임운(林芸)의 후손으로 이흘(李屹)에게 수학하였다. 저술로 『임곡집』이 있다.
- 장석신(張錫藎, 1841~1923) : 자는 순명(舜鳴), 호는 과재(果齋), 본관은 인동(仁同)이다. 경북 칠곡에 살았다. 장복추(張福樞)에게 수학하였다. 저술로 『과재집』이 있다.
- 장재한(張在翰, 1875~1965) : 자는 노약(魯若), 호는 분계(汾溪), 본관은 단양이다. 진주에 살았다. 한유(韓愉) · 권재규(權載奎) 등과 교유하였다. 저술로 『분계유고』가 있다.
- 장화식(蔣華植, 1871~1947) : 자는 효중(孝重), 호는 복암(復菴), 본관은 아산(牙山)이다. 경북 청도에 살았다. 이종기(李種杞)에게 수학하였다. 저술로 『복암집』이 있다.
- 전기주(全基柱, 1855~1917) : 자는 방언(邦彦), 호는 국포(菊圃), 본관은 전주이다. 진주에 살았다. 정재규(鄭載圭)에게 수학하였다. 저술로 『국포집』이 있다.
- 전기진(田璣鎭, 1889~?) : 자는 순형(舜衡), 호는 비천(飛泉), 본관은 담양이다. 의령에 살았다. 전우(田愚)에게 수학하였다. 저술로 『비천집』이 있다.
- 정광학(鄭匡學, 1791~1866) : 자는 시가(時可), 호는 서호(西湖), 본관은 해주이다. 진주에 살았다. 저술로 『서호유고』가 있다.

- 정규석(鄭珪錫, 1876~1954) : 자는 성칠(聖七), 호는 성재(誠齋), 본관은 해주이다. 진주에 살았다. 정재규(鄭載圭)에게 수학하였다. 저술로 『성재집』이 있다.
- 정규영(鄭奎榮, 1860~1921) : 자는 치형(致亨), 호는 한재(韓齋), 본관은 진양이다. 현 사천군 곤양면에 살았다. 허전(許傳)에게 수학하였다. 저술로 『한재집』이 있다.
- 정기식(鄭基軾, 1884~1958) : 자는 상덕(尙德), 호는 청천(晴川), 본관은 진양이다. 하동에 살았다. 하겸진(河謙鎭)에게 수학하였다. 저술로 『청천유고』가 있다.
- 정 기(鄭 琦, 1878~1905) : 자는 경회(景晦), 호는 율계(栗溪), 본관은 서산이다. 전남 구례에 살았다. 정재규(鄭載圭)에게 수학하였다. 저술로 『율계집』이 있다.
- 정덕영(鄭德永, 1885~1956) : 자는 직부(直夫), 호는 위당(韋堂), 본관은 연일이다. 정제용(鄭濟鎔)의 아들로 현 산청군 시천면에 살았다. 하겸진(河謙鎭)에게 수학하였다. 저술로 『위당유고』가 있다.
- 정도현(鄭道鉉, 1895~1977) : 자는 경부(敬夫), 호는 여암(厲菴), 본관은 하동이다. 함양에 살았다. 전우(田愚)에게 수학하였다. 저술로 『여암집』이 있다.
- 정돈균(鄭敦均, 1855~1941) : 자는 국장(國章), 호는 해사(海史), 본관은 진주이다. 하달홍(河達弘)의 후손으로 현 하동군 옥종면 안계 마을에 살았다. 곽종석(郭鍾錫)에게 수학하였다. 저술로 『해사유고』가 있다.

- 정상점(鄭相點, 1693~1767) : 자는 중여(仲輿), 호는 불우헌(不憂軒), 본관은 해주이다. 정문부(鄭文孚)의 후손으로 진주에 살았다. 저술로 『불우헌집』이 있다.
- 정상호(鄭相虎, 1680~1752) : 자는 선보(善甫), 호는 동야(東野), 본관은 해주이다. 정즙(鄭楫)의 아들로 진주에 살았다. 저술로 『동야집』이 있다.
- 정　식(鄭　栻, 1683~1746) : 자는 경보(敬甫), 호는 명암(明庵), 본관은 해주이다. 진주에 살았다. 저술로 『명암집』이 있다.
- 정우윤(鄭瑀贇, 1823~1892) : 자는 주범(周範), 호는 간취당(澗翠堂), 본관은 진주이다. 진주에 살았다. 허전(許傳)에게 수학하였다. 저술로 『간취당유집』이 있다.
- 정이심(鄭以諶, 1590~1656) : 자는 신화(愼和), 호는 모헌(慕軒), 본관은 진양이다. 진주에 살았다. 이광악(李光岳)에게 수학하였으며, 정온(鄭蘊)·하홍도(河弘度) 등과 교유하였다. 저술로 『모헌유집』이 있다.
- 정　장(鄭　樟, 1569~1614) : 자는 직부(直夫), 호는 만오(晩悟), 본관은 청주이다. 정구(鄭逑)의 아들로, 경북 성주에 살았다. 저술로 『만오집』이 있다.
- 정재규(鄭載圭, 1843~1911) : 자는 후윤(厚允), 호는 노백헌(老柏軒), 본관은 초계이다. 현 합천군 쌍백면 묵동에 살았다. 기정진(奇正鎭)에게 수학하였다. 저술로 『노백헌집』이 있다.
- 정재성(鄭載星, 1863~1941) : 자는 취오(聚五), 호는 구재(苟齋), 본관은 진양이다. 거창 다전에 살았다. 곽종석(郭鍾錫)

에게 수학하였다. 저술로 『구재집』이 있다.

- 정제국(鄭濟國, 1867~1945) : 자는 국명(國明), 호는 유계(柳溪), 본관은 해주이다. 진주에 살았다. 저술로 『유계유고』가 있다.
- 정제용(鄭濟鎔, 1865~1907) : 자는 형로(亨櫓), 호는 계재(溪齋), 본관은 연일이다. 진주에 살았다. 곽종석(郭鍾錫)에게 수학하였다. 저술로 『계재집』이 있다.
- 정종화(鄭鍾和, 1881~1938) : 자는 사강(士剛), 호는 희재(希齋), 본관은 진주이다. 진주 반곡리에 살았다. 하겸진(河謙鎭)에게 수학하였다. 저술로 『희재집』이 있다.
- 정 즙(鄭 楫, 1645~1728) : 자는 계통(季通), 호는 사무재(四無齋), 본관은 해주이다. 정문부(鄭文孚)의 증손으로 진주에 살았다. 저술로 『사무재집』이 있다.
- 정택중(鄭宅中, 1851~1927) : 자는 응신(應辰), 호는 국포(菊圃), 본관은 진양이다. 현 사천시 곤명면에 살았다. 저술로 『국포유고』가 있다.
- 정필달(鄭必達, 1611~1693) : 자는 가행(可行), 호는 팔송(八松), 본관은 진주이다. 거창에 살았다. 정온(鄭蘊) 등에게 수학하였다. 저술로 『팔송집』이 있다.
- 정한용(鄭漢鎔, 1866~1935) : 자는 학로(學櫓), 호는 직재(直齋), 본관은 연일이다. 현 하동군 옥종면 정수리에 살았다. 저술로 『직재유고』가 있다.
- 정헌철(鄭憲喆, 1886~1969) : 일명 낙시(樂時)라고도 한다. 자는 안경(顔卿), 호는 석재(石齋), 본관은 초계이다. 진주 백

곡(柏谷)에 살았다. 하겸진(河謙鎭)에게 수학하였다. 저술로 『석재유고』가 있다.

- 정환주(鄭煥周, 1833~1899) : 자는 명신(命新), 호는 미산(薇山), 본관은 하동이다. 함양 개평에 살았다. 임헌회(任憲晦) 등에게 수학하였다. 저술로 『미산유고』가 있다.
- 조 겸(趙 琭, 1569~1652) : 자는 형연(瑩然), 호는 봉강(鳳岡), 본관은 임천(林川)이다. 조지서(趙之瑞)의 증손으로 진주에 살았다. 저술로 『봉강집』이 있다.
- 조긍섭(曺兢燮, 1873~1933) : 자는 중근(仲謹), 호는 심재(深齋), 본관은 창녕이다. 곽종석 · 이종기 · 장복추 · 김흥락 등 영남의 거유들과 학문을 토론하였다. 저술로 『암서집(巖西集)』 · 『심재집(深齋集)』 등이 있다.
- 조병규(趙昺奎, 1849~1931) : 자는 응장(應章), 호는 일산(一山), 본관은 함안이다. 함안에 살았다. 허전(許傳)에게 수학하였다. 저술로 『일산집』이 있다.
- 조병희(曺秉熹, 1880~1925) : 자는 회중(晦仲), 호는 회와(晦窩), 본관은 창녕이다. 진주 원당에 살았다. 곽종석(郭鍾錫) · 하겸진(河謙鎭)에게 수학하였다. 저술로 『회와집』이 있다.
- 조봉우(曺鳳愚, 1852~?) : 자는 성오(性五), 호는 동산(東山), 본관은 창녕이다. 현 합천군 초계면에 살았다. 송락헌(宋洛憲)에게 수학하였다. 저술로 『동산집(東山集)』이 있다.
- 조상하(曺相夏, 1887~1925) : 자는 문경(文卿), 호는 석암(石菴), 본관은 창녕이다. 조식(曺植)의 11세손으로 진주 대하

리에서 살았다. 저술로 『석암유고』가 있다.

- 조선도(趙善道, 1580~1640) : 자는 이순(而順), 호는 묵곡(默谷), 본관은 함안이다. 저술로 『묵곡실기』가 있다.
- 조성가(趙性家, 1824~1904) : 자는 직교(直敎), 호는 월고(月皐), 본관은 함안이다. 현 하동군 옥종면에 살았다. 기정진(奇正鎭)에게 수학하였다. 저술로 『월고집』이 있다.
- 조성렴(趙性濂, 1836~1886) : 자는 낙원(洛元), 호는 심재(心齋), 본관은 함안이다. 함안에 살았다. 허전(許傳)에게 수학하였다. 저술로 『심재집』이 있다.
- 조성윤(趙性胤, 1845~1914) : 자는 영순(永純), 호는 광천(廣川), 본관은 함안이다. 함안에 살았다. 저술로 『광천집』이 있다.
- 조성주(趙性宙, 1821~1919) : 자는 계호(季豪), 호는 월산(月山), 본관은 함안이다. 조성가(趙性家)의 형으로 현 하동군 옥종면에 살았다. 기정진(奇正鎭)에게 수학하였다. 저술로 『월산유고』가 있다.
- 조 용(曺 鎔, 1837~1903) : 자는 중소(仲昭), 호는 성계(惺溪), 본관은 창녕이다. 조식(曺植)의 9세손으로 진주 북천리에 살았다. 저술로 『성계집』이 있다.
- 조용상(曺庸相, 1870~1930) : 자는 이경(彝卿), 호는 현재(弦齋), 본관은 창녕이다. 조원순(曺垣淳)의 아들로 현 산청군 삼장면에 살았다. 최숙민(崔琡民)에게 수학하였다. 저술로 『현재유초』가 있다.

- 조임도(趙任道, 1585~1664) : 자는 덕용(德勇), 호는 간송(澗松), 본관은 함안이다. 함안에 살았다. 장현광(張顯光)에게 수학하였다. 저술로 『간송집』이 있다.
- 조한규(趙瀚奎, 1887~1957) : 자는 수경(受卿), 호는 척암(惕菴), 본관은 함안이다. 함안에 살았다. 전우(田愚)에게 수학하였다. 저술로 『척암집』이 있다.
- 조호래(趙鎬來, 1854~1920) : 자는 태긍(泰兢), 호는 하봉(霞峯), 본관은 함안이다. 조종도(趙宗道)의 후손으로 진주에 살았다. 허전(許傳)에게 수학하였다. 저술로 『하봉집』이 있다.
- 조희규(曺禧奎, 1830~1877) : 자는 한서(漢瑞), 호는 창와(菖窩), 본관은 창녕이다. 조식(曺植)의 동생 조환(曺桓)의 후손으로 현 합천군 삼가면에 살았다. 이진상(李震相)에게 수학하였다. 저술로 『창와집』이 있다.
- 조희일(趙希逸, 1575~1638) : 자는 이숙(怡叔), 호는 죽음(竹陰), 본관은 임천(林川)이다. 부친은 조원(趙瑗)이고, 모친은 이준민(李俊民)의 딸이다. 문과에 급제하여 요직을 두로 역임한 뒤 경상도 관찰사를 지냈다. 저술로 『가림세고(嘉林世稿)』에 『죽음유고』가 들어 있다.
- 주시범(周時範, 1883~1932) : 자는 면오(勉五), 호는 수재(守齋), 본관은 상주이다. 의령에 살았다. 곽종석(郭鍾錫)에게 수학하였다. 저술로 『수재유고』가 있다.
- 진극경(陳克敬, 1546~1617) : 자는 경직(景直), 호는 백곡(栢谷), 본관은 여양(驪陽)이다. 진주 백곡에 살았다. 조식(曺植)

에게 수학하였다. 저술로 『백곡실기』가 있다.

- 최광진(崔匡鎭, 1816~1885) : 자는 중일(仲一), 호는 매은(梅隱), 본관은 전주이다. 진주에 살았다. 저술로 『회은집』이 있다.
- 최긍민(崔兢敏, 1883~1970) : 자는 시중(時仲), 호는 신암(愼庵), 본관은 삭녕이다. 사천에 살았다. 곽종석(郭鍾錫)에게 수학하였다. 저술로 『신암집』이 있다.
- 최동익(崔東翼, 1868~1912) : 자는 여경(汝敬), 호는 청계(晴溪), 본관은 전주이다. 고성에 살았다. 장복추(張福樞) 등에게 수학하였다. 저술로 『청계집』이 있다.
- 최명대(崔鳴大, 1713~1774) : 자는 성백(聲伯), 호는 은재(隱齋), 본관은 전주이다. 진주에 살았다. 저술로 『산남세고(山南世稿)』에 들어 있는 『은재유집』이 있다.
- 최병식(崔秉軾, 1867~1928) : 자는 맹거(孟車), 호는 옥간(玉澗), 본관은 경주이다. 현 합천군 삼가면에 살았다. 정재규(鄭載圭)에게 수학하였다. 저술로 『옥간집』이 있다.
- 최숙민(崔琡民, 1837~1905) : 자는 원칙(元則), 호는 계남(溪南), 본관은 전주이다. 현 하동군 옥종면에 살았다. 기정진(奇正鎭)에게 수학하였다. 저술로 『계남집』이 있다.
- 최우순(崔宇淳, 1832~1911) : 자는 순구(舜九), 호는 서비(西扉), 본관은 전주이다. 고성 학산리에 살았다. 저술로 『서비집』이 있다.
- 최원근(崔元根, 1850~1923) : 자는 달선(達善), 호는 이산(二

山), 본관은 화순이다. 산청에 살았다. 허전(許傳)에게 수학하였다. 저술로 『이산집』이 있다.

- 최익현(崔益鉉, 1833~1907) : 자는 찬겸(贊謙), 호는 면암(勉菴), 본관은 경주이다. 경기도 포천에 살았다. 이항로(李恒老)에게 수학하였다. 저술로 『면암집』이 있다.
- 최정모(崔禎模, 1892~1941) : 자는 도민(道敏), 호는 춘호(春湖), 본관은 전주이다. 저술로 『춘호집』이 있다.
- 최정진(崔鼎鎭, 1800~1868) : 자는 관부(寬夫), 호는 화산(花山), 본관은 전주이다. 저술로 『화산집』이 있다.
- 최효습(崔孝習, 1874~1944) : 자는 증헌(曾憲), 호는 춘암(春巖), 본관은 삭녕이다. 진주에 살았다. 전우(田愚)에게 수학하였다. 저술로 『춘암사고』가 있다.
- 하겸락(河兼洛, 1825~1904) : 자는 우석(禹碩), 호는 사헌(思軒), 본관은 진양이다. 현 산청군 단성면 남사 마을에 살았다. 이우윤(李佑贇)에게 수학하였다. 저술로 『사헌집』이 있다.
- 하겸진(河謙鎭, 1870~1946) : 자는 숙형(叔亨), 호는 회봉(晦峯), 본관은 진양이다. 진주 수곡에 살았다. 곽종석(郭鍾錫)에게 수학하였다. 저술로 『회봉집』이 있다.
- 하경락(河經洛, 1876~1947) : 자는 성권(聖權), 호는 제남(濟南), 본관은 진양이다. 하진(河溍)의 후손으로 진주 성태리에 살았다. 박치복(朴致馥) · 허유(許愈) · 김진호(金鎭祜)에게 수학하였다. 저술로 『제남집』이 있다.
- 하경칠(河慶七, 1825~1898) : 자는 성서(聖瑞), 호는 농은(農

隱), 본관은 진양이다. 조식(曺植)의 문인 하항(河恒)의 후손으로 진주 수곡에 살았다. 저술로 『농은유집』이 있다.

- 하경현(河景賢, 1779~1833) : 자는 유중(儒仲), 호는 고재(顧齋), 본관은 진양이다. 진주 수곡에 살았다. 정종로(鄭宗魯)에게 수학하였다. 저술로 『고재집』이 있다.
- 하계락(河啓洛, 1868~1933) : 자는 도약(道若), 호는 옥봉(玉峯), 본관은 진양이다. 진주 수곡에 살았다. 곽종석(郭鍾錫)에게 수학하였다. 저술로 『옥봉집』이 있다.
- 하달영(河達永, 1611~1664) : 자는 혼원(混源), 호는 구이당(具邇堂), 본관은 진양이다. 하협(河悏)의 아들로 진주 단목에 살았다. 저술로 『지상세제록(池上世濟錄)』에 실린 『구이당유집』이 있다.
- 하달홍(河達弘, 1809~1877) : 자는 윤여(潤汝), 호는 월촌(月村), 본관은 진양이다. 현 하동군 옥종면에 살았다. 유치명(柳致明)에게 수학하였다. 저술로 『월촌집』이 있다.
- 하범운(河範運, 1792~1858) : 자는 희여(熙汝), 호는 죽오(竹塢), 본관은 진양이다. 하진(河溍)의 후손으로 진주 성태리에 살았다. 유심춘(柳尋春)에게 수학하였다. 저술로 『죽오집』이 있다.
- 하봉수(河鳳壽, 1867~1939) : 자는 채오(采五), 호는 백촌(栢村), 본관은 진양이다. 진주 백곡에 살았다. 곽종석(郭鍾錫)에게 수학하였다. 저술로 『백촌집』이 있다.
- 하세응(河世應, 1671~1727) : 자는 여제(汝濟), 호는 지명당(知

命堂), 본관은 진양이다. 하수일(河受一)의 후손으로 진주 수곡에 살았다. 이만부(李萬敷)를 종유하였다. 저술로『지명당집』이 있다.

- 하세희(河世熙, 1647~1686) : 자는 호여(皥汝), 호는 석계(石溪), 본관은 진양이다. 하수일(河受一)의 후손으로 진주에 살았다. 하홍도(河弘度)에게 수학하였다. 저술로『석계유고』가 있다.
- 하수일(河受一, 1553~1612) : 자는 태이(太易), 호는 송정(松亭), 본관은 진양이다. 진주 수곡에 살았다. 하항(河沆)에게 수학하였다. 저술로『송정집』이 있다.
- 하영규(河泳奎, 1871~1926) : 자는 경실(景實), 호는 사계(士溪), 본관은 진양이다. 하봉운(河鳳運)의 증손으로 진주 수곡에 살았다. 저술로『사계유고』가 있다.
- 하용환(河龍煥, 1892~1961) : 자는 자도(子圖), 호는 운석(雲石), 본관은 진양이다. 하경칠(河慶七)의 증손으로 진주 수곡에 살았다. 곽종석(郭鍾錫)에게 수학하였다. 저술로『운석유고』가 있다.
- 하 우(河 寓, 1872~1963) : 자는 광숙(廣叔), 호는 잠재(潛齋), 본관은 진양이다. 진주 수곡에 살았다. 곽종석(郭鍾錫)에게 수학하였다. 저술로『잠재유고』가 있다.
- 하우선(河禹善, 1894~1975) : 자는 자도(子導), 호는 담헌(澹軒), 본관은 진양이다. 하철(河澈)의 후손으로 현 하동군 옥종면에 살았다. 곽종석(郭鍾錫)·하겸진(河謙鎭)에게 수학하

였다. 저술로 『담헌집』이 있다.

- 하우식(河祐植, 1875~1943) : 자는 성락(聖洛), 호는 담산(澹山), 본관은 진양이다. 하징(河憕)의 후손으로 진주 단목에 살았다. 최익현(崔益鉉)·전우(田愚)에게 수학하였다. 저술로 『담산집』이 있다.
- 하우현(河友賢, 1768~1799) : 자는 강중(康仲), 호는 예암(豫菴), 본관은 진양이다. 하세희(河世熙)의 후손으로 진주에 살았다. 저술로 『예암집』이 있다.
- 하응로(河應魯, 1848~1916) : 자는 학부(學夫), 호는 니곡(尼谷), 본관은 진양이다. 현 하동군 옥종면 안계 마을에 살았다. 허전(許傳)에게 수학하였다. 저술로 『니곡집』이 있다.
- 하응명(河應命, 1699~1769) : 자는 성휴(聖休), 호는 치와(癡窩), 본관은 진양이다. 하달영(河達永)의 증손으로 진주 단목에 살았다. 저술로 『치와집』이 있다.
- 하익범(河益範, 1767~1813) : 자는 서중(敍中), 호는 사농와(士農窩), 본관은 진양이다. 진주 단목에 살았다. 송환기(宋煥箕)에게 수학하였다. 저술로 『사농와집』이 있다.
- 하일호(河一浩, 1717~1796) : 자는 이보(履甫), 호는 죽와(竹窩), 본관은 진양이다. 진주 단목에 살았다. 저술로 『지상세제록(池上世濟錄)』에 수록된 『죽와유집』이 있다.
- 하재문(河載文, 1830~1894) : 자는 희윤(羲允), 호는 동료(東寮), 본관은 진양이다. 진주 수곡에 살았다. 하달홍(河達弘)에게 수학하였다. 저술로 『동료유고』가 있다.

- 하정근(河貞根, 1889~1973) : 자는 중호(重浩), 호는 묵재(默齋), 본관은 진양이다. 진주 단목에 살았다. 저술로 『묵재집』이 있다.
- 하종락(河鍾洛, 1895~1969) : 자는 명국(鳴國), 호는 소계(小溪), 본관은 진양이다. 하진(河溍)의 후손으로 진주 성태리에 살았다. 하겸진(河謙鎭)에게 수학하였다. 저술로 『소계유고』가 있다.
- 하 진(河 溍, 1597~1658) : 자는 진백(晉栢), 호는 태계(台溪), 본관은 진양이다. 현 산청군 단성면 남사 마을에 살았다. 성여신(成汝信)에게 수학하였다. 저술로 『태계집』이 있다.
- 하진달(河鎭達, 1778~1835) : 자는 영서(英瑞), 호는 역헌(櫟軒), 본관은 진양이다. 하징(河憕)의 후손으로 진주 단목에 살았다. 하진태(河鎭台)에게 수학하였다. 저술로 『역헌집』이 있다.
- 하진현(河晉賢, 1776~1846) : 자는 사중(師仲), 호는 용와(容窩), 본관은 진양이다. 진주 수곡에 살았다. 이갑룡(李甲龍)에게 수학하였다. 저술로 『용와집』이 있다.
- 하 징(河 憕, 1563~1624) : 자는 자평(子平), 호는 창주(滄洲), 본관은 진양이다. 진주 단목에 살았다. 저술로 『창주집』이 있다.
- 하 항(河 沆, 1538~1590) : 자는 호원(浩源), 호는 각재(覺齋), 본관은 진양이다. 진주 수곡에 살았다. 조식(曺植)에게 수학하였다. 저술로 『각재집』이 있다.
- 하헌진(河憲鎭, 1859~1921) : 자는 맹여(孟汝), 호는 극재(克

齋), 본관은 진양이다. 하필청(河必淸)의 후손으로 진주 수곡에 살았다. 허유(許愈) · 곽종석(郭鍾錫)에게 수학하였다. 저술로 『극재유집』이 있다.

- 하협운(河夾運, 1823~1906) : 자는 한서(漢瑞), 호는 미성(未惺), 본관은 진양이다. 진주 수곡에 살았다. 저술로 『미성유고』가 있다.
- 하홍달(河弘達, 1603~1651) : 자는 치원(致遠), 호는 낙와(樂窩), 본관은 진양이다. 하홍도(河弘度)의 동생으로 현 하동군 옥종면 안계 마을에 살았다. 저술로 『낙와공유고』가 있다.
- 하홍도(河弘度, 1593~1666) : 자는 중원(重遠), 호는 겸재(謙齋), 본관은 진양이다. 현 하동군 옥종면 안계 마을에 살았다. 하수일(河受一)에게 수학하였다. 저술로 『겸재집』이 있다.
- 한우석(韓禹錫, 1872~1947) : 자는 군세(君世), 호는 원곡(元谷), 본관은 청주이다. 진주 원당에 살았다. 저술로 『원곡집』이 있다.
- 한 유(韓 愉, 1868~1911) : 자는 희녕(希甯), 호는 우산(愚山), 본관은 청주이다. 진주 백곡에 살았다. 조성가 · 전우에게 수학하였다. 저술로 『우산집』이 있다.
- 허시창(許時昌, 1634~1690) : 자는 달원(達元), 호는 다곡(茶谷), 본관은 김해이다. 김해에 살았다. 저술로 『다곡집』이 있다.
- 허 신(許 信, 1876~1946) : 자는 덕예(德輗), 호는 뇌산(雷山), 본관은 김해이다. 진주 금만리에 살았다. 권재규(權載奎) ·

조긍섭(曺兢燮) 등과 교유하였다.

- 허 유(許 愈, 1833~1904) : 자는 퇴이(退而), 호는 후산(后山), 본관은 김해이다. 현 합천군 삼가면에 살았다. 이진상(李震相)에게 수학하였다. 저술로 『후산집』이 있다.
- 허 찬(許 巑, 1850~1932) : 자는 태현(泰見), 호는 소와(素窩), 본관은 양천이다. 의령에 살았다. 허전(許傳)에게 수학하였다. 저술로 『소와집』이 있다.
- 황지열(黃志烈, 1846~1926) : 자는 임현(任現), 호는 초산(楚山), 본관은 경주이다. 조병규(趙昺奎)와 교유하였다. 저술로 『초산시집』이 있다.

최석기

1954년 강원도 원주 출생
성균관대학교 한문교육과 졸업
동 대학교 대학원 문학석사, 문학박사
한국고전번역원 연수부, 상임연구원 졸업
한국고전번역원 국역실 전문위원
현 경상대학교 인문대학 한문학과 교수

▶ 논저 및 역서
『성호 이익의 학문정신과 시경학』, 『한국경학가사전』, 『나의 남명학 읽기』, 『남명정신과 문자의 향기』, 『남명과 지리산』, 『조선시대 대학도설』, 『조선시대 중용도설』, 『조선 선비의 마음 공부, 정좌』, 『선인들의 지리산유람록』 등

남명(南冥) 순례길의 노래 2
도학(道學)의 성지(聖地), 덕산(德山)에서

2017년 11월 23일 초판 1쇄 인쇄
2017년 11월 30일 초판 1쇄 발행

지 은 이 최석기

발 행 인 한정희
발 행 처 경인문화사
총괄이사 김환기
편 집 김지선 한명진 박수진 유지혜
마 케 팅 김선규 하재일 유인순
출판번호 제406-1973-000003호(1973년 11월 8일)
주 소 경기도 파주시 회동길 445-1 경인빌딩 B동 4층
전 화 031-955-9300 팩 스 031-955-9310
홈페이지 www.kyunginp.co.kr
이 메 일 kyungin@kyunginp.co.kr

ISBN 978-89-499-4315-2 93910
값 18,000원